Émergence et transformations du puritanisme en Angleterre 1559-1642

Sabrina Juillet Garzón

ellipses

Remerciements

Merci infiniment à Agustin, Marion A., Rose-May P.D., Sarah P.P., Cécile D., Louise F., Julie V.P., Anne P., Laurent C. et Luc B. pour leurs précieux conseils.

ISBN 9782340-071711

8/10 rue la Quintinie 75015 Paris

www.editions-ellipses.fr

Introduction

Le puritanisme est né de la Réforme en Angleterre au seizième siècle. Il est plus encore le fruit du « Règlement élisabéthain » (*Elizabethan Settlement*), à partir de 1559. Il se transforme au gré des réformes religieuses et des prises de consciences confessionnelles. Le puritanisme est une manière de considérer l'Église qui, rapidement, devient aussi un mode de vie. Concept religieux et politique, sa confrontation à la société le transforme ainsi en courant culturel. Il revêt même des aspects de caractère identitaire lorsqu'il commence à se décliner en puritanisme anglo-hollandais et anglo-américain pour se transformer définitivement en puritanisme américain, au dix-septième siècle.

Ce livre présente une étude sur le puritanisme de ses origines jusqu'à son affirmation politique, au début des années 1640. Ce choix chronologique délibéré permet de se concentrer sur ses transformations qui l'ont porté à son apogée, lors de la prise de pouvoir politique des puritains dans les années 1640 et 1650.

L'étude proposée ici ne se limite pas au seul royaume d'Angleterre. Le puritanisme anglais s'est en effet développé au contact de ses voisins protestants, en Écosse et sur le continent. Il s'est aussi transformé et s'est affirmé avec le départ des puritains anglais pour la Nouvelle Angleterre, à partir des années 1620. Fidèles du roi mais dissidents, ils ont adapté leur religion et leur mode de vie à leurs terres d'accueil et y ont redéfini la religion et la culture qu'ils y ont associées.

Les guerres civiles des années 1640 et l'établissement du Commonwealth puritain seraient une « révolution puritaine » selon Samuel Gardiner ou encore Christopher Hill. Elles sont sans aucun doute le résultat des multiples évolutions de ce courant religieux, né discrètement au sein de l'épiscopat élisabéthain pour se renforcer au fil des réformes religieuses et politiques des souverains successifs Jacques Ier et Charles Ier. Leur promotion du droit divin des rois à diriger l'Église a exacerbé les débats doctrinaux et dogmatiques liés à la question du gouvernement de l'Église. Tout cela, associé aux peurs des protestants des royaumes britanniques d'Angleterre et d'Écosse liées aux politiques religieuses favorables, d'abord, à une entente avec le monde catholique, puis menées par des partisans de l'arminianisme, a permis à certains puritains de se révéler et de se constituer progressivement comme contrepouvoir. Ils ont finalement réussi à prendre totalement le pouvoir. Cette étude s'arrête là, en 1642, au moment où commence la guerre civile en Angleterre. L'épiscopat et ses évêques ont alors perdu leurs prérogatives et la cour de Haute justice a été abolie. La presse pamphlétaire faisant la promotion de groupes qualifiés de radicaux n'est plus censurée. L'Écosse covenantaire termine ses négociations avec le Parlement de Westminster, composé d'une majorité de puritains, pour une aide militaire en échange de l'engagement de l'Angleterre d'établir une Église calviniste sur le modèle écossais. En 1642, le puritanisme est donc déjà profondément établi et entame son apogée.

La période 1559-1642 est une époque mouvementée sur les plans politiques, religieux et identitaires tant sur l'île britannique que sur le continent européen. Le puritanisme s'y développe favorablement. L'historiographie du puritanisme et des puritains est fournie. Elle met en évidence la grande difficulté des historiens à définir ce qu'est le puritanisme et le puritain tellement ces deux termes évoluent rapidement durant cette période. Selon John Spurr, le dix-septième siècle est pour l'Angleterre le « siècle puritain ». C'est aussi pour lui le siècle où le non-conformisme religieux, protestant, est devenu un véritable contre-pouvoir social et politique[1].

Samuel Gardiner a qualifié les guerres civiles des années 1640 et le Commonwealth de « révolution puritaine ». Il a même publié un recueil de documents pour le justifier[2]. Il situe l'émergence du puritanisme « révolutionnaire » en 1625 au moment de l'accession de Charles Ier aux trônes d'Angleterre et d'Écosse, et plus précisément aux premiers débats sur les finances royales du troisième parlement du roi. Gardiner suggère-t-il par-là que le puritanisme se serait transformé en parti politique contestataire de poids en prenant comme appui les questions économiques au sein du Parlement ? Christopher Hill et les thèses dites marxistes produites dans sa lignée le clament fortement. Hill est pourtant remis en question par John Morrill, Conrad Russell et Mark Kishlansky, qui considèrent que l'aspect économique associé au puritanisme n'est qu'un aspect et non une raison de l'émergence et de l'affirmation de ce courant religieux, qui en devient finalement aussi politique et social. L'évolution du pouvoir monarchique en est selon eux le facteur premier. Les liens étroits avec l'Écosse calviniste dans le contexte de l'organisation de la succession d'Élisabeth Ire puis de l'Union des couronnes des premiers Stuarts britanniques, mais aussi

1. John Spurr, *English Puritanism*, Jeremy Black (ed.), Londres, MacMillan, 1998, p. 1.
2. Samuel Gardiner, *The Constitutional Document or the Puritan Revolution. Documents*, Oxford, Clarendon Press, 1889.

les échanges avec les calvinistes du continent, sont autant de facteurs qui ont impacté les transformations du puritanisme. L'œuvre colossale de Patrick Collinson sur les puritains élisabéthains le démontre, tout comme celle de Peter Lake ou de Kevin Sharpe pour ce qui concerne plus particulièrement les puritains sous Charles Ier. Cette perspective est reprise par Bernard Cottret en France[1]. Ce dernier s'est longuement interrogé sur les formes de protestantisme en Angleterre. Il les a richement mise en perspective avec celles du continent. Durant quatre décennies, il a mené de nombreux chercheurs dans son sillage. L'auteur de ce livre en fait partie.

Ce livre propose une étude du puritanisme et des puritains à travers trois grands chapitres.

Chapitre 1 : Du puritanisme aux puritains

Ce premier chapitre est constitué de trois grandes parties. La première vise à définir le puritain à partir des représentations et stéréotypes qui lui sont associés. Elle s'appuie sur les définitions ayant été tentées jusqu'à présent. Elle s'intéresse à cette occasion aux expressions et réceptions de l'image et du caractère du puritain dans l'imaginaire commun, au théâtre et en littérature. Dans sa seconde et sa troisième parties, cette étude démontre que le puritanisme est le fruit des Réformes religieuses et du phénomène de confessionnalisation sur l'île britannique et en Europe plus globalement.

1. Patrick Collinson, *The Elizabethan Puritan Movement*, Londres, Routledge, (1967) 2020 ; Peter Lake, « Lancelot Andrewes, John Buckeridge, and Avant-Garde Conformity at the Court of James I", in Linda Levy Peck (ed.), *The mental World of the Jacobean Court*, 1991 ; Kevin Sharpe, *The Personal Rule of Charles I*, New Haven & Londres, Yale University Press, 1992 ; Bernard Cottret, *Histoire d'Angleterre. XVIe-XVIIIe siècle*, Paris Presses Universitaires de France, 1996 ; Bernard Cottret, *Histoire de la Réforme*, Paris, Perrin, 2000.

Ce chapitre apportera des clés de compréhension sur les évolutions et enjeux religieux de la période étudiée par un rappel de la Réforme en Angleterre jusqu'au règne d'Élisabeth Ire. Elle explique comment les règnes consécutifs d'Henri VIII à Marie Ire et les prises de position des monarques en matière de politique religieuse et de pratiques de la religion ont progressivement donné naissance à des mouvements protestants radicaux qui vont se révéler et s'imposer à partir du règne d'Élisabeth Ire.

Ce chapitre regardera ensuite plus particulièrement les principes, dogmes et textes fondateurs du puritanisme mais aussi ceux qui l'ont fait évoluer. Il démontre ainsi que le puritanisme et ses multiples visages sont le fruit et le reflet de leur temps et que leurs transformations sont en accord avec celles de la religion et de la pensée en Angleterre mais aussi dans le reste de l'Europe en pleine(s) réforme(s).

Chapitre 2

Le second chapitre de cet ouvrage entre plus particulièrement dans l'étude des évolutions religieuses et politiques du puritanisme durant les règnes d'Élisabeth Ire, Jacques Ier et Charles Ier.

La *via media* élisabéthaine

Cette première partie propose une étude de l'émergence du puritanisme dans le cadre de la politique religieuse menée par la reine Élisabeth Ire à partir de 1558. Elle interroge l'impact de l'émergence du puritanisme sur la politique nationale et internationale de l'Angleterre entre 1559 et 1603.

L'uniformisation des Églises selon Jacques VI & Ier pour ses royaumes de Grande-Bretagne (1584-1625)

Cette partie propose une étude de la politique d'unité et d'uniformité religieuse britannique du roi Jacques VI d'Écosse menée d'abord à partir des années 1580, dans le but de préparer l'union qu'il espère de l'Angleterre et de l'Écosse dans le cas de son accession au trône d'Angleterre, à partir ensuite de 1603 une fois la couronne d'Angleterre obtenue. Cette politique conditionne fortement les prises de position confessionnelles de ses sujets protestants. Les puritains, qui, au moment de son accession sur le trône d'Angleterre, ont espoir qu'il continue la réforme de l'Église d'Angleterre selon leurs recommandations, sont déçus. Leurs déceptions se transforme alors en une frustration qui les pousse progressivement à une dissidence plus ou moins assumée, mais qui sème indubitablement les graines de la discorde entre eux et l'Église établie.

L'uniformité religieuse selon Charles Ier et l'affirmation du puritanisme en politique, 1625-1637

Cette partie couvre la période 1625-1637. Elle présente les enjeux et les conséquences de la politique d'uniformité des Églises d'Angleterre et d'Écosse de Charles Ier et de son conseiller, l'archevêque William Laud. L'ambition du roi d'uniformiser les Églises de ses royaumes par une Église épiscopale s'est confrontée à l'opposition politique des puritains anglais devenus très nombreux au Parlement anglais. Cette étude s'ouvre à cette occasion à l'Écosse, qui se mobilise à cette même époque contre cette uniformisation religieuse, que les presbytériens écossais considèrent comme une menace envers son autonomie vis-à-vis de l'Angleterre. En effet, la résistance écossaise a été une occasion pour les puritains calvinistes anglais et pour les presbytériens écossais de soutenir les parlementaires puritains et dénoncer les pratiques royales qu'ils jugent néfastes pour les sujets et la foi protestante sur l'île entière.

La prise de pouvoir des puritains en Angleterre, 1638-1642

Cette partie présente enfin la Première guerre des évêques, qui résulte de la résistance presbytérienne écossaise et qui fait entrer l'île britannique dans une guerre civile durant laquelle les puritains prennent le pouvoir politique en Angleterre.

Chapitre 3 : puritanisme et société(s)

Ce chapitre revient sur la mise en œuvre du puritanisme au sein de la société comme nouveau mode de vie chrétien exemplaire. Il démontre la volonté d'une réforme des mœurs dès les années 1580. Cette dernière fait du puritanisme anglais non plus une mouvance politico-religieuse, mais bien un mode de vie fondé sur la religion et par la religion qui sera par la suite valorisé par le régime d'Oliver Cromwell sur l'île britannique ainsi qu'en Nouvelle Angleterre, en Amérique.

En effet, certains groupes de puritains vont progressivement chercher à créer leur Terre promise, ou Nouvelle Jérusalem, où ils pourront évoluer dans la grâce de Dieu. Ils n'hésitent pas pour cela à quitter leur pays natal et leurs amis pour s'installer sur le continent puis en Amérique. Ce chapitre présente cette évolution décisive du puritanisme lors de son contact avec l'étranger.

Le puritanisme anglais s'est installé au sein des colonies du royaume d'Angleterre à partir de 1620 avec la volonté affirmée des puritains de pouvoir vivre librement leur foi. La dernière partie de ce chapitre sera l'occasion de revenir sur les raisons qui ont poussé les puritains anglais, dont une partie était exilée en Hollande et en France sous prétexte d'être persécutée par le roi et son Église, à partir pour l'Amérique, en Nouvelle Angleterre. Ces « Pères pèlerins » y établissent d'abord la colonie puritaine de Plymouth. D'autres colonies vont ensuite s'établir sur leur exemple. Cette partie s'interroge sur l'établissement et l'évolution du puritanisme anglais qui va progressivement se transformer en puritanisme américain entre les années 1620 et 1640.

Ce livre a été écrit dans le cadre de la question au concours de l'agrégation interne et externe. L'auteur souhaite tout le succès possible aux candidats et espère que ces quelques pages apporteront matière pour consolider leurs connaissances et leur réflexion pour mieux appréhender cette question lors du concours.

Chapitre 1

Du puritanisme aux puritains

I
Qu'est-ce qu'un puritain ?

Le puritain est strict, sobre, intransigeant, moralisateur. Il est toujours vêtu de couleurs sombres. Les loisirs et les plaisirs n'ont pas de place dans sa vie très communautaire…

Cette image du puritain est ancrée dans les esprits depuis que le puritanisme existe. Elle est fortement teintée de préjugés et ne correspond pas forcément à la réalité d'autant plus que le puritanisme n'a jamais cessé d'évoluer et de se transformer. Cette description pourrait toutefois refléter les préjugés qui ont été diffusés sur les puritains du régime de Cromwell, dans les années 1650. Cette période particulière de l'histoire de l'Angleterre, dominée par un système politique et religieux dit puritain, a, en effet, grandement participé à la construction de cette image. Ce régime très strict, où le divertissement était même banni, n'avait pas forcément été apprécié des Anglais alors. Oliver Cromwell a, en effet, poussé ces caractéristiques à leur extrême durant la décennie au cours de laquelle il a dirigé le gouvernement, au point où, à sa mort, les Anglais n'en pouvant plus d'autant d'austérité jusque dans leur vie quotidienne, ont soutenu sans équivoque un retour à la monarchie.

Le puritanisme est en effet, souvent associé à son puritain le plus emblématique, Oliver Cromwell. Bernard Cottret décrit ce dernier comme le reflet de ses coreligionnaires, dans le sens le plus large possible du terme. Il est à leur image et porte en lui toutes les caractéristiques associées aux puritains, cumulées et progressivement assumées au fil du temps. Ainsi, son portrait semble être généralisé à tous les puritains. La philosophie portée par le régime de Cromwell dans les années 1650 tend à valoriser le puritanisme par des traits de caractère d'une fervente religiosité de ceux qui le pratiquent. Le puritain est ainsi présenté alors comme un homme de parole et de bon sens : il sait se montrer actif et généreux. Il cherche « le développement de la conscience morale, et par-delà, de l'autonomie du sujet. Mais son inflexibilité débouche parfois sur la raideur, voire le fanatisme sectaire. »[1] C'est du moins ce à quoi les contemporains pensent que les puritains semblent tendre au début du dix-septième siècle, où la confessionnalisation a déjà fait quelque chemin et où le sentiment qu'il faille s'affirmer dans sa différence par rapport au système et à la pensée établie devient le cheval de bataille de la chrétienté réformée. Le puritanisme a atteint son apogée sous le Commonwealth, en imposant la conception puritaine du seul groupe des indépendants, alors au pouvoir, sur l'île entière grâce à Cromwell. C'est la mort de ce dernier qui a entamé leur déchéance. Personne après lui n'a réussi à maintenir le puritanisme au pouvoir, quel que fût sa forme.

Dès la Restauration, de fait, les Anglais n'ont rien tenté d'efficace et de concret pour maintenir une quelconque forme que ce soit de puritanisme au sein de l'Église et de l'État. La page du puritanisme a ainsi été tournée d'un coup. Les procès et les exécutions des meneurs puritains, accusés dès lors de régicides, ont fini de mettre fin au puritanisme politique. En revanche, le puritanisme religieux et social a continué à vivre, ou plutôt à survivre, à travers les « sectes », terme générique référant

1. Bernard Cottret, *Cromwell*, Paris, Fayard, 1992, p. 31.

désormais aux divers groupes de dissidents et de non-conformistes. Les Stuarts ont finalement accepté de les tolérer, de façon là encore toute relative, car les persécutions envers les plus véhéments ont continué jusqu'au début des années 1690. Beaucoup de ces communautés ont émigré en conséquence de cela. La Nouvelle Angleterre a continué d'être le lieu d'accueil privilégié, car terre anglaise mais suffisamment éloignée du monarque et de son Église d'État pour ne pas interférer dans leur mode de vie choisi.

Avoir une image réaliste et globale du puritain et du puritanisme est donc bien plus difficile qu'il ne paraît. Le puritanisme anglais ne se définit pas et encore moins ne se reflète dans l'exemple du puritanisme cromwellien de l'interrègne. Tous les historiens traitant de l'histoire du protestantisme sans exception cherchent à définir le puritain et le puritanisme. Force est de constater que la tâche est presque impossible tant les différences et les évolutions à travers le temps sont nombreuses. Le puritanisme est un puzzle gigantesque. Chaque puritain, chaque expérience individuelle et communautaire en est une pièce. Il existe pourtant quelques caractéristiques que nous allons répertorier ici afin d'aider à avoir une image plus claire de ce mouvement et de ses partisans.

Peut-on parler de visages du puritanisme ?

Au départ, « puritain » n'est qu'un surnom générique référant aux protestants anglais du règne d'Élisabeth Ire cherchant à purifier l'Église d'Angleterre de tout ce qui pourrait rappeler l'Église catholique romaine. Avec le temps et les réformes religieuses, le puritain devient un protestant de plus en plus radical dans son approche de la religion. Petit à petit, en effet, il prend une charge dogmatique qui va conditionner son mode de vie et la perception qu'en ont les autres protestants et plus encore l'État[1]. Il est dépeint comme un protestant différent et parfois, à part de la société.

Une des premières occurrences du terme « puritain » se trouve dans la réponse de John Whitgift, en 1573, à un traité de Thomas Cartwright. La référence est faite sous des termes négatifs, laissant préjuger que le puritain est un imposteur qui se croit au-dessus des autres protestants du royaume :

> *This name Puritan is very aptly given to these men : not because they be pure [...] and separate themselves from all other churches and congregations as spotted and defiled : because also they suppose the Church which they have devised to be without all impurity... For why will they not come to our sermons or to our churches ?*[2]

Quant au puritanisme, ce ne serait qu'un mouvement qui serait en mutation constante selon les évolutions de ce à quoi il réagit. Il serait tout aussi vrai de parler de puritanismes, au pluriel, tant les subdivisions deviennent nombreuses entre les années 1560 et 1640. Confronté à la diversité des visages du puritain dans ses travaux sur les formes de protestantisme en Angleterre, l'historien Bernard Cottret en a conclu : « face à

1. De nombreuses définitions des puritains et du puritanisme ont été tentées, voir par exemple Bernard Cottret, *Histoire d'Angleterre*, p. 91, Christopher Hill, *The Collected Essays of -*. Vol. I. *Writing and Revolution in 17th Century England.* Vol. II. *Religion and Politics in 17th Century England.* Vol. III. *People and Ideas in 17th Century England,* Brighton, The Harvester Press, (1978) 1985, ou encore Nicholas Tyacke, *Aspects of English Puritanism, c. 1530-1700,* Manchester, Manchester University Press, 2001.
2. John Whitgift, *The Defense of the Answer to the Admonition Against the Reply of Thomas Cartwright*, Londres, 1573.

cette complexité, les historiens demeurent partagés : le puritanisme n'existerait pas, il n'y aurait jamais que des puritains, du reste fort dissemblables[1] ». Cette étude viendra appuyer ce constat et regardera en conséquence plus les puritains que les mouvements réactionnaires qui les ont créés et fait évoluer.

Le puritain : un protestant réactionnaire

Une définition reste une constante pour tous : le puritain est un opposant politique par ses critiques de l'Église épiscopale d'État établie à partir du règne élisabéthain. Il se fait connaître par ses remises en question du système et de l'autorité ecclésiastique de l'Église. Il se fait entendre à travers les expressions de sa volonté affirmée d'aller plus loin dans la réforme religieuse du pays jusqu'à prendre le pouvoir de l'Église et ensuite de l'État. Tout cela en fait un ensemble de groupes menaçant l'unité du royaume, sous les règnes d'Élisabeth Ire, Jacques VI & Ier et Charles Ier.

Sous Élisabeth Ire, les puritains sont ceux qui veulent simplement aller plus loin dans la réforme de l'Église en Angleterre pour l'éloigner des rites de Rome. En effet, comme le reste des protestants, ils ne considèrent celle-ci plus comme la vraie Église du Christ car trop fourvoyée. Sous Jacques VI & Ier, ils s'affirment en groupes confessionnels plus structurés, se déclarant d'inclinations calvinistes plus ou moins fortes, mais ils restent dans une tradition d'opposition qui était déjà la leur sous le règne précédent. Leur force politique prend une

1. Cottret, *Histoire de d'Angleterre*, p. 91. Bernard Cottret s'inscrit lui-même par sa réflexion dans celle de M.G. Finlayson, voir, Michael G. Finlayson, "Puritanism and Puritans: Labels or Libels?" *Canadian Journal of History/ Annales Canadiennes d'Histoire* 8, n° 3 (1973), p. 205.

ampleur nouvelle sous le règne de Charles Ier par leur opposition violente à l'arminianisme. La crise théologique européenne de la guerre de Trente ans apporte du poids à leurs revendications et à leurs actions. Leur émergence et leur affirmation sont donc intrinsèquement liées à leur prise de conscience confessionnelle, elle-même conditionnée par les contextes religieux et politiques aux niveaux national et européen. Ils sont le fruit de leur temps et évoluent en conséquence, d'où leur importance et l'impact qu'ils ont finalement eu durant le siècle qui a connu leur montée en puissance et leur chute, de 1559 à 1660.

Avant même l'apparition du terme « puritain », les Anglais parlent de « précisiens » (*precisians*) lorsqu'ils font référence à ceux qui veulent effacer toute trace de papisme encore présente dans l'Église d'Angleterre. Progressivement, cette appellation disparaîtra au profit du terme « puritain ». Ils ne sont pas tous calvinistes, loin de là. Ils ne sont pas tous non plus des séparatistes. En revanche, ils veulent tous une réforme plus profonde de l'Église d'Angleterre. Ce n'est que plus tard, durant le dix-septième siècle, que certains de ces groupes puritains vont décider de se séparer de l'Église d'État. Seuls quelques petits groupes s'isolent de l'Église établie à partir des années 1580. Ils fondent ainsi des communautés religieuses indépendantes. La plus connue est la congrégation browniste, menée par Robert Browne. Ce dernier est contraint à l'exil en conséquence de ses attaques séparatistes. Il serait alors dangereux pour l'unité du royaume, que d'autres protestants suivent son exemple. Sous le règne d'Élisabeth, le séparatisme est, en conséquence de cette menace, si sévèrement puni que peu s'engagent dans cette voie. De nouvelles tentatives réapparaissent sous le règne de Jacques Ier. Elles sont tout autant sanctionnées.

Le caractère contestataire du puritain et la menace qu'il représente pour l'Église établie et l'unité religieuse du royaume donnent une image souvent négative du puritain. Il est malgré tout sujet de tentatives de réhabilitation dans ce domaine. Ainsi, en 1595, George Chapman écrit un poème intitulé *An Humerous Dayes Mirth*, qui soutient une vision égalitaire prônée par le puritanisme. Il dépeint en effet un puritain qui ne voit pas de différence en religion entre les hommes, quel que soit leur statut. Dans un autre poème *The Gentleman Usher*, publié trois ans plus tard, en 1602, il précise sa pensée en affirmant que

> *a virtuous man is subject to no prince,*
> *But to his soul and honor*[1]

Robert Harley en 1621[2] décrit à son tour le puritain de manière positive, comme un protestant qui désire plus « pratiquer » que « professer » la parole de Dieu ; il enseigne avant tout à connaître Dieu et défend les Écritures comme seule règle pour vivre sa vie de chrétien. Le puritain sait obéir tel un enfant à ses supérieurs. Harley suggère à cette occasion que le puritain n'est donc pas en opposition avec le gouvernement de l'Église établie ; il ne remet pas en question l'autorité d'une hiérarchie potentiellement épiscopale, contrairement à ses contemporains qui font souvent l'amalgame entre puritains et presbytériens. Le puritain n'est pas enclin à se signer de la croix car il juge que c'est là marquer une coupure entre l'Ancien et le Nouveau Testaments, pourtant tous deux importants pour

1. George Chapman, *The Gentleman Usher*, Londres,1606. Voir aussi Christopher Hill, *The Intellectual Origins of the English Revolution. Revisited*. Oxford, Clarendon Press, 1997, p. 238.
2. BL, Add. MS, 70, 212, in J. Eales, "Sir Robert Harley, K.B. (1579-1656) and the Character of the Puritan", *British Library Journal* 15, 2 (1989), p. 150-2, reproduit dans l'anthologie de Key & Bucholz, *op. cit.*, p. 162.

connaître et comprendre Dieu. C'est là une manière pour Harley de démontrer que la Bible dans son ensemble est le pilier du puritain quand beaucoup de protestants anglais sont incités, par les calvinistes plus particulièrement, à ne considérer que le Nouveau Testament. Harley fait ainsi du puritain un fidèle sujet protestant du royaume d'Angleterre. Il en fait un exemple en insistant sur les bienfaits de sa différence. Il explique que cette dernière est uniquement due à sa détermination affirmée de vivre sa foi dans une Église aussi proche possible de l'Église primitive. Il en est d'autant plus sensé dans son approche de la religion et en est profondément pieux, démis de toute considération autre que celle de rester au plus près de la volonté de Dieu.

Contrairement à certaines idées reçues, les puritains ne rejettent pas forcément le pouvoir royal sur l'Église. Cela est particulièrement le cas sous le règne d'Élisabeth Ire. Ils ne refusent pas non plus tous l'épiscopat et ses évêques. Certains évêques et archevêques sont d'ailleurs vus comme des puritains. Sous les règnes de Jacques VI & Ier et Charles Ier, leur présence en grand nombre laisse penser qu'ils soutiennent un système parlementaire plus affirmé face à la monarchie ; de là à faire de cette institution un contre-pouvoir, il n'y a qu'un pas qui sera d'ailleurs franchi dans les années 1640. Ce sont bien les puritains présents à Westminster et dans les armées d'Oliver Cromwell et de Thomas Fairfax, qui feront tomber le roi et seront à l'origine de la prise de pouvoir total du Parlement. Pourtant, durant la période concernée par ce livre, 1559-1642, les puritains n'ont pas encore atteint ce degré de pouvoir. Celui-ci leur sera permis grâce aux victoires sur les champs de bataille à partir de 1644.

Jusque-là, le puritanisme reste cantonné à une critique de la politique religieuse royale et à une prise de conscience, au niveau social et non pas encore politique, d'une différence dans la manière de vivre sa foi et donc sa vie. La volonté des groupes puritains de réformer l'Église à la fin du seizième siècle s'étend en effet à une réforme des mœurs au sein de certaines de ces communautés. Leur prise de conscience, confessée et professée les mène souvent à se désolidariser de l'Église d'État, voire de la société toute entière pour vivre leur foi à part. Ils deviennent alors des dissidents. Ils sont toutefois peu nombreux à oser franchir ce pas jusque dans les années 1610-1620, années où suffisamment nombreux alors, ils sont plus enclins à se regrouper pour affronter l'autorité royale et sont contraints en conséquence à l'exil pour échapper à la prison. Ce sont ainsi des communautés entières constituées de familles qui migrent vers le continent puis vers la Nouvelle Angleterre. Ces exils renforcent les liens entre les membres de ces communautés déracinées et vivant, pour ceux partis pour les Amériques, en autarcie complète en raison de l'éloignement de l'Angleterre.

L'affirmation puritaine dans les années 1620 correspond aussi à l'assemblée de York House. Cette assemblée de conciliation entre le roi et ses sujets a lieu en février 1626 suite à une volonté de certains Londoniens de prendre en main la gestion des terres cléricales et de leurs revenus. Ils souhaitaient les confier pour cela à des ministres ou pasteurs. Une grande partie d'entre eux étaient membres de compagnies marchandes maritimes établies en Nouvelle Angleterre, dont la *Massachussetts Bay Company*. L'influence, voire le monopole des puritains anglais émigrés là-bas y était grande. On vit dans cette demande une manière de rétablir leur influence sur les terres anglaises dont ils auraient la gestion et où ils pourraient propager leur religion. Les puritains John Davenport, Richard Sibbes et William Gouge ont sollicité, pour s'installer sur ces terres, plus de deux cent familles calvinistes venant d'être chassées du Palatinat et des Pays-Bas par les armées du Saint Empire catholique. Ce soutien participe à l'amalgame entre calvinisme et puritanisme. De fait, les presbytériens ne se considèrent pas forcément puritains et vice versa. C'est du moins ce que remarque un certain Owen Feltham en 1628[1].

Le caractère réactionnaire des puritains face à la politique religieuse des monarques consécutifs serait-il responsable de la crise politique, religieuse et sociale que l'Angleterre a connu lors des guerres civiles des années 1640 ? Selon Christopher Hill, les puritains sont en effet *les* responsables de la guerre civile qui a éclaté dans les années 1640[2]. Accepter cette affirmation dans sa totalité, bien qu'elle soit légitime et argumentée, reviendrait toutefois à réduire là les perspectives d'approche. Considérer que les liens entre calvinistes/ ultra-calvinistes britanniques et européens ont conditionné les sujets protestants, puritains pour la plupart, afin qu'ils entrent en opposition ouverte contre le roi sur les questions de religion serait plus juste.

En effet, il serait inexact de penser que les puritains sont un seul et même groupe et que leurs idées et doléances étaient les mêmes. Le puritanisme est un ensemble de visions en faveur de l'Église d'Angleterre. Celles-ci ont grandement été influencées par les idées venant des réformes de l'étranger. Les puritains sont les reflets de la confessionnalisation qui a alors lieu en

1. Spurr, *op. cit.*, p. 18.
2. Christopher Hill, *The Intellectual Origins of the English Revolution. Revisited*, Oxford, Clarendon Press, 1997.

Europe. Leur seule véritable caractéristique commune est d'avoir un caractère identitaire national en étant anglais et de vouloir changer l'Église d'Angleterre. C'est aussi leur détermination à le faire qui les dissocie progressivement du reste des protestants du royaume. Nous y reviendrons.

Dans son étude du puritanisme anglais, John Spurr insiste sur le fait que sous les règnes d'Élisabeth et du roi Jacques, les puritains ne sont pour l'énorme majorité que des protestants comme les autres. Leurs particularités de manières ne sont pas encore ou qu'à peine visibles[1]. Il contredit ainsi la théorie de Christopher Hill arguant que les puritains étaient le fruit d'une émergence capitaliste pouvant désormais se permettre d'acheter un siège à la Chambre des Communes du Parlement et donc au pouvoir. Cette théorie tente de justifier l'idée que les puritains sont des bourgeois capitalistes, voire qu'ils sont à l'origine de la création de cette classe sociale dès les années 1630. Il n'en est rien. Il est possible de trouver des puritains dans toutes les classes sociales d'Angleterre. Leur prise de position favorable à une réforme plus poussée de l'Église est souvent, voire toujours due à des mouvements locaux, au sein des paroisses, menés par ou en réaction à des ministres. Pour ces derniers, les cérémonies et la liturgie utilisées sont encore trop papistes à leur goût. On retrouve ces réactions au sein même de l'épiscopat, soutenues par des théologiens persuadés qu'il reste encore beaucoup à faire pour se débarrasser complètement de toute trace de papisme.

Le puritanisme est alors fortement teinté de principes calvinistes, voire fortement presbytériens. Patrick Collinson soutient que les puritains presbytériens anglais n'ont jamais réussi à se mettre d'accord sur l'équilibre des pouvoirs entre la

1. Spurr, *op. cit.*, p. 2.

congrégation et le consistoire en raison du rapport de force qui s'effectue alors entre le pouvoir central et le pouvoir local mais aussi sur la question de l'oligarchie et de la démocratie[1]. Le puritanisme presbytérien anglais semble mettre en avant un caractère démocratique par ses congrégations ; or celles-ci restent très peu nombreuses pour s'affirmer clairement au niveau du gouvernement. Les apparences sont trompeuses quand portées par écrit par des membres de congrégations qui d'ailleurs deviennent souvent sectaires et quittent le pays, comme nous le verrons plus précisément dans le dernier chapitre de ce livre. Le presbytérianisme anglais est en réalité soutenu par les intérêts de l'oligarchie qui tente d'exister par la religion dans les paroisses.

La question de l'appartenance des puritains à un parti politique associé à celui d'un parti représentant le « peuple » ou le « pays », comme il est possible de le lire souvent, est à prendre avec précaution. En effet, cette catégorisation est née du fait que les partisans du roi, durant la guerre civile, étaient presque automatiquement, et pourtant pas toujours dans la réalité, loyaux à l'Église d'État, dirigées par le roi. L'amalgame de la prise de parti religieux avec la prise de parti politique est dès lors aisé. Automatiquement, l'amalgame se fait entre le puritanisme et le reste du pays. Or si cela reflète une certaine réalité dans les années 1640, cela est encore loin de l'être avant. Le puritain jusque-là n'est pas forcément un opposant au monarque. Ce qui n'est encore souvent qu'un désaccord doctrinal ne fait pas pour autant de mauvais sujets. D'ailleurs, jusqu'en Nouvelle Angleterre, malgré les différends religieux affirmés et la distance, les premiers puritains, installés dans la baie du Massachussetts, ne renient pas leur loyauté envers le roi.

1. Collinson, *op. cit.*, p. 103.

Le puritain : un calviniste prédestiné au salut ?

« Predestination is the root of puritanism » affirma Samuel Brooke, enseignant à Trinity College de Cambridge[1].

Le puritain est souvent associé au calvinisme, voire à l'ultra-calvinisme. Pourtant, ce n'est pas forcément le cas, particulièrement lorsqu'il s'agit des puritains élisabéthains. Il est toutefois vrai que les puritains les plus virulents sont en effet calvinistes. Les congrégations puritaines qui vont s'établir à partir de la fin du seizième siècle prônent des principes calvinistes. Ils ont alors comme caractéristique d'avoir la conviction de l'élection, ou croyance en la prédestination. Celle-ci conditionne totalement toutes leurs actions et leur mode de vie. Ils suivent la voie divine à travers la voix de Dieu qu'ils trouvent directement dans les Écritures. Ils ont le sentiment commun que l'Église épiscopale d'État n'est pas suffisamment réformée. Pour Collinson, les puritains sont les protestants les plus évangéliques et évangélisateurs[2], rappelant ainsi leur mission politique et sociale dans leur vie quotidienne. Pour autant, un puritain n'est pas forcément quelqu'un qui rejette totalement l'Église établie. L'émergence du presbytérianisme en Europe, et plus encore lorsqu'il est établi pour le système religieux en Écosse, le royaume voisin de l'Angleterre, à partir des années 1560, va immédiatement rencontrer l'intérêt des puritains. Commence alors la première transformation du puritanisme par une subdivision confessionnelle entre luthériens et calvinistes.

1. Spurr, *op. cit.*, p. 87 ; Yule, *Puritans in Politics, the Religious Legislation of the Long Parliament 1640-1647*. Cambridge University Press, 1981, p. 107.
2. Collinson, *op. cit.*, p. 73-75.

Une première nuance à la définition du puritanisme apparaît donc lorsque les presbytériens sont assimilés à ce courant. Ils sont d'abord appelés calvinistes, ou encore ultra-calvinistes ou ultra-protestants (*strong-line Calvinists*). Les presbytériens commencent véritablement à être appelés puritains lors de l'affaire Montagu suite à la publication de son pamphlet *A Gag for the New Gospel* (1624). Celui-ci y démontre le caractère non-orthodoxe du calvinisme et pointe ainsi du doigt les puritains qui semblent désormais s'inventer une confession en adoptant des doctrines calvinistes. Jusque-là, les puritains critiquaient certes l'Église d'Angleterre mais ne se disaient pas d'appartenance à une doctrine spécifique. Soudain, ils sont catégorisés comme calvinistes. L'évêque Carleton, de réputation puritaine, s'en offusque en 1624, tout comme l'évêque John Davenant en 1628[1]. Ces exemples démontrent que dans les années 1620, le puritanisme a passé une nouvelle étape dans sa définition par le besoin d'être associé à une doctrine et non plus à un simple mouvement réactionnaire envers l'Église établie. La réaction des deux évêques démontre bien que cette idée est nouvelle et qu'elle ne reflète pas la réalité du puritanisme. Elle démontre aussi que le caractère puritain se définit à travers le regard de l'autre.

Dans l'ensemble de son immense œuvre sur le puritanisme élisabéthain, Patrick Collinson rappelle aussi que le puritain change avec l'Église d'Angleterre[2]. C'est là le fondement caractéristique, et toute la complexité, du processus de confessionnalisation : chaque prise de position religieuse, individuelle, communautaire et nationale évolue avec son temps et est souvent le fruit d'une réaction à une situation à un temps

1. Spurr, *op. cit.*, p. 24.
2. Collinson, *Ibid.*

donné, et pas seulement en Angleterre. Ainsi, il serait encore plus juste de dire que le puritain et le puritanisme ont évolué avec l'Église d'Angleterre et la situation religieuse britannique et européenne plus globalement.

Bientôt, alors que le puritanisme est assimilé à un mouvement calviniste, la conviction d'avoir été choisis par Dieu pour être sauvés devient un trait de la spécificité des puritains. Cette généralisation pourtant fausse se confirme malgré tout durant la première moitié du dix-septième siècle. La réforme des mœurs entreprise par ces puritains calvinistes, à cette même période, renforce cette réputation. Ces puritains doivent mener une vie pieuse en reconnaissance envers Dieu et être des exemples pour les autres afin qu'ils puissent éventuellement accéder à leur tour au salut, car selon eux, certains peuvent encore être sauvés, même si la majorité des hommes sont et resteront damnés.

Les doutes quant à leur réelle prédestination poussent le puritain à s'affirmer pour convaincre les autres et soi-même. La raison et l'émotion doivent se réconcilier avec l'esprit pour pouvoir vivre sa foi dans une spiritualité qui semble parfois dégénérer en une certaine forme de rationalisme, moralisme ou mysticisme[1]. Les « Saints », ceux prédestinés au salut, sont considérés à part des autres, y compris par la liturgie qu'ils doivent utiliser. Ainsi, par exemple, William Perkings rédige en 1600 un catéchisme qui leur est dédié, *The Golden Chaine*. Il prépare les élus à se glorifier y compris après leur mort.

1. Spurr, *op. cit.*, p. 6 et G. Rupp, « A Devolution of Rapture in English Puritanism », in R. Knox (ed.), *Reformation, Conformity and Dissent – Essays for G.F. Nuttall*, 1977, p. 120.

Les communautés ayant adopté ce mode de vie divergent toutefois dans leur degré d'application des principes, somme toute fondés certes sur des Écritures communes mais potentiellement interprétées différemment selon le degré d'éducation et les capacités intellectuelles de chacun. Ceci est considéré comme d'autant plus vrai, que pour ceux refusant tout média, tel que les évêques, pour donner une ligne d'interprétation commune, ils ne peuvent se fier qu'à leur propre compréhension des Écritures, et au mieux, à celle de leur pasteur ou ministre du culte. Là encore, cette conviction change selon les groupes et les individus et évolue au fil des affirmations confessionnelles qui se définissent avec le temps et les regroupements. Elle reste pourtant attachée à l'image stéréotypée du puritain.

Le puritain, par son élection divine, se considère comme un être pur. Pour le rester, il doit se tenir le plus éloigné possible de toute source de péché. Il aura donc tendance à s'éloigner du monde. Concernant ce caractère, John Spurr note un paradoxe du puritain : celui-ci veut se retirer du monde pour mieux se rapprocher de Dieu et veut en même temps réformer le monde pour l'amener avec lui à Dieu[1]. Cet argument est lui aussi associé aux puritains car il explique pourquoi tant de congrégations puritaines se détachent progressivement de l'Église et de la société pour vivre parfois de manière presque autonome, voire indépendante. Pour autant, encore une fois, cela ne concerne qu'une partie des puritains et seulement à partir des années 1620.

Quelle que soit leur confession, les puritains se rejoignent sur le fait qu'ils jugent que l'Église d'Angleterre n'est pas encore assez réformée. Certaines pratiques le prouvent. L'obligation d'écouter la prière commune le dimanche matin n'est pas suffisante et

1. Spurr, *op. cit.*, p. 5.

recevoir éventuellement l'Eucharistie ou ce qu'ils considèrent comme une parodie du dernier repas du Christ, est un sacrilège. L'Église d'Angleterre demande à ce que les fidèles communient au moins trois fois par an, mais il semblerait qu'ils ne le fassent qu'une fois l'an. Elle ne sait donc pas faire appliquer le respect de l'obligation de culte de manière suffisamment stricte. Ce sont là du moins les arguments régulièrement avancés par ceux qui jugent que l'Église d'Angleterre a besoin de réformer ses cérémonies et d'approfondir sa manière d'appliquer sa liturgie.

Spurr explique que les puritains ont construit leur Église – ou devrions-nous dire leurs Églises – par la raison et par le cœur. Leur religion est fondée sur leur expérience spirituelle, sous forme de réponse à une relation émotionnelle avec Dieu[1]. Les systèmes théologiques qu'ils mettent progressivement en place dans chaque communauté diffèrent. L'harmonisation en est presque impossible à travers le pays, ce qui bien sûr les fragilise dans leur quête de transformation globale de l'Église et de la société, à moins que l'État autorise un jour comme un fait de la religion en Angleterre que l'Église du royaume soit une agrégation de communautés religieuses autonomes. Ce sera en quelque sorte le cas avec la tolérance religieuse envisagée à partir de la Restauration. Or durant la période étudiée dans cet ouvrage, cette possibilité est encore inenvisageable. Il faut en effet attendre que les prises de conscience confessionnelles se fassent et que deux guerres civiles aient lieu pour les accepter.

Les puritains prêchent les évangiles pour propager la foi. L'étude des Écritures, l'écriture et l'écoute de sermons sont au centre de leur vie quotidienne au sein de leur communauté et dans la sphère privée. La divine providence est partout et en

1. Spurr, *op. cit.*, p. 5-6.

tout. Le sabbat est le moment fort de la semaine au point où toute activité est arrêtée pour permettre d'honorer ce temps de prières. Leur foi doit être visible. Tout ce qui ressemble de près ou de loin à de l'immoralité est à bannir. Les puritains deviennent ainsi progressivement, aux yeux du monde, les chrétiens les plus fervents, jusqu'à mener une vie des plus austères, privée de loisirs et d'amusement pour les plus extrêmes d'entre eux.

Le puritain : un protestant en quête d'une nouvelle société ?

Les puritains s'autoproclament les « pieux » (« Godly »), les « Saints », « enfants de Dieux », les « élus » (de Dieu) [the elect (of God)] ou encore le « peuple de Dieu » (God's people), « le peuple du Seigneur » (the people of the Lord). Ils seraient donc inspirés directement par Dieu et à ce titre, ils doivent vivre une vie à son image. Ils sont des modèles pour le reste de la société. Forts de cette croyance, ils cherchent à imposer leur mode de vie pour réformer la société à leur image.

Les puritains n'approuvent généralement pas les célébrations dans lesquelles ils perçoivent les superstitions portées depuis des siècles par l'Église catholique. Ainsi, Noël est tout simplement rejeté par la majorité des groupes. Peu de Saints sont fêtés. Se divertir le dimanche au lieu de consacrer sa journée à Dieu devient même un sujet de conflit avec les rois Jacques Ier et Charles Ier. Leur insistance à vouloir imposer leur vision de l'Église leur donne la réputation d'être psychorigides. Pourtant, si le puritanisme survit et se développe à travers les décennies, c'est parce qu'il évolue avec l'Église d'État et adapte ses réactions selon les réformes établies. Les multiples prises de conscience confessionnelles, provoquant les subdivisions confessionnelles, prouvent la richesse et la flexibilité de ce grand mouvement appelé le puritanisme. L'ambiguïté, le paradoxe, l'incompréhension des actions et des modes de vie des puritains sont tout autant d'éléments qui dissocient ces derniers du reste des protestants d'Angleterre. Elle participe à les stigmatiser à travers des préjugés et des stéréotypes.

Les signes visibles du puritanisme : les représentations du puritain dans la littérature et le théâtre de son temps

Le puritain est l'objet de stéréotypes persistants. Les lignes qui suivent vont en présenter quelques-uns et essayer de les expliquer.

Les puritains sont des rabat-joie qui n'aiment pas s'amuser. Ils ne boivent pas, ne dansent pas, ne vont pas au théâtre. Ils passent leurs journées à prier et débattre de sermons et de moralité. Tout dans leur comportement diffère des autres Anglais, y compris leurs tenues. L'ensemble de ces stéréotypes se retrouvent dans la littérature et le théâtre. Ils sont ainsi véhiculés à travers le temps, finissant par s'ancrer dans une certaine forme de culture anglaise – puis américaine – fondée sur un protestantisme radical par son mode de vie strictement pieux critiqué, voire méprisé du reste de la société pour cela. D'où viennent ces préjugés et quelle part de réalité ont-ils ?

Les puritains sont habituellement imaginés avec un livre à la main, plus volontiers la Bible, et plus souvent encore en train de la lire. Ils portent des tenues sobres ; ils auraient ainsi pris l'habitude de s'habiller tout de noir pour refléter toujours plus la sobriété de leur vie publique et religieuse. Les calvinistes anglais revenus d'exil participent pour beaucoup à l'affirmation de cette mode. Leur différence avec les autres protestants en devient ainsi concrètement visible. Les ultra-protestants, les puritains plus généralement, sont dès lors souvent représentés n'arborant que des vêtements sombres et simples.

Le puritain est donc souvent moqué au théâtre (auquel par ailleurs il ne peut assister). Celui-ci est la source des vices de la paresse et de la débauche. Les puritains ont une culture « antagoniste à celle du théâtre »[1]. Les sermons contre le théâtre sont nombreux à Londres[2]. Pour les pamphlétaires considérés comme puritains tels que John Reynolds (1549-1607), Philip Stubbes (1555-1610), William Prynne (1600-1669), William Perkins (1588-1602), le théâtre est à bannir de la vie d'un bon chrétien. Pour eux, le théâtre est un lieu où les insultes fusent en raison de la consommation d'alcool à outrance. On s'y bagarre. Les voleurs y font leur marché dans une foule compacte concentrée sur le divertissement en cours. Enfin, pour eux, les spectateurs auraient mieux à faire à travailler ou prier plutôt que de se divertir de telle sorte. Un des points centraux évoqués par les puritains est le caractère contaminant du théâtre. Celui qui regarde les actions immorales est potentiellement sujet à s'approprier ces comportements. La scène est un lieu de tentation. Les défenseurs du théâtre répondent à cela

1. Huston Diehl, "Disciplining Puritans and Players: Early Modern English Comedy and the Culture of Reform", Vol. 32, n° 2, Faith and Faction: Religious Heterodoxy in the English Renaissance (Summer, 2000), Londres, The University of Notre Dame, p. 1.
2. Diehl, *op. cit.*, p. 81.

qu'au contraire, en démontrant et en se moquant de l'immoralité, le théâtre donne une leçon de moralité au spectateur. Cet argument est rarement entendu des partisans du puritanisme.

Les puritains n'aiment pas le théâtre et le théâtre le leur rend bien. Ben Jonson et William Shakespeare n'hésitent pas à les mettre en scène pour les ridiculiser à travers tous les stéréotypes imaginables. Ainsi, Shakespeare leur répond à travers plusieurs de ses personnages. Il aurait été influencé par les tracts de *Martin Marprelate* qui dépeignent longuement le puritain, eux aussi de manière caricaturale. Chez Shakespeare, le plus stéréotypé est le personnage de Malvolio, dans *La Nuit des Rois,* présenté sur scène à partir de 1602.

L'étymologie du nom est révélatrice des intentions de l'auteur : *Mal-volio* équivaut à « mal intentionné » en latin. Il dénonce aussi à travers lui une part d'hypocrisie du regard des puritains sur leur société. En la regardant de haut, il s'humilie lui-même. Sa vanité est en contradiction totale avec l'humilité exigée d'un chrétien pieux par les Saintes Écritures. Les puritains ne penseraient donc selon lui qu'à eux-même et ne porteraient que du mépris au reste de la société qu'ils considèreraient comme damnée et ne méritant pas leur aide. Malvolio correspond aux stéréotypes liés aux puritains : il est toujours vêtu de noir, donc de manière très austère. Il se déplace et parle avec hauteur ; il est clairement au-dessus des autres. Cela est renforcé par les remontrances moralisatrices qu'il ne cesse d'asséner au reste de la communauté d'Illyrie. Pourtant, dès qu'il se retrouve en présence de la belle Olivia, il en oublie tous ses grands principes. Pour elle, il n'hésite pas à abandonner ses vêtements noirs pour les remplacer par des vêtements de couleurs criardes, déployant alors tout le caractère hypocrite de son personnage. Il en devient aussi ridicule, voire plus, que le fou Feste qu'il se permet de critiquer devant Olivia (IV, 2).

Le personnage d'Angelo, dans *Mesures pour mesures* est tout aussi sévèrement dépeint. Il est une autre caricature des puritains par sa sobriété ainsi que par sa rigidité religieuse et morale. Il est hypocrite et opportuniste, voire manipulateur : il n'hésite pas à demander à Isabelle, sur le point de devenir nonne, de coucher avec lui sous prétexte que cela sauverait la vie de son frère. Il en devient foncièrement antipathique[1].

Ben Jonson parodie lui aussi le puritain à travers le personnage au nom évocateur de Zeal of the Land Busy (littéralement « Zèle de la Terre Occupé ») dans *La foire de la Saint-Barthélémie* (*Bartholomew Fair*), une pièce jouée pour la première fois en 1610. Zeal of the Land Busy est une caricature du puritain[2]. En mettant en avant son excès de zèle, Jonson crée une dialectique entre la discipline et le jeu. Il utilise l'opposition de ce dernier à l'art et aux règles du théâtre pour en faire un divertissement théâtral[3]. Tout ce qu'il dit ayant un lien avec la religion est exagéré. Tout ce qui a trait au théâtre est exprimé sous forme de sermon démontrant le sacrilège qu'est ce divertissement. Ce puritain veut « réformer » la scène qui n'est pas assez pure pour lui.

1. Dans l'acte III, scène 2, par exemple, il est ouvertement méprisé par Lucio : *But it is certain that when he makes water his urine is congealed ice; that I know to be true: and he is a motion generative; that's infallible.*
2. Woolrych, *op. cit.*, p. 41.
3. Diehl, *op. cit.* p. 87.

Chez Shakespeare comme chez Jonson, le puritain revêt souvent les traits de personnages hypocrites au zèle religieux sans borne qu'ils imposent à leur entourage. Ils en deviennent détestables, provoquant le mépris de ceux qui les côtoient et par là même, du public. Jonson, lui, ajoute l'ignorance et le fanatisme. En plus de la tenue sobre et sombre, élément visible de reconnaissance immédiate du puritain, une tradition commune s'est aussi installée sur les scènes en l'affublant d'une gestuelle stéréotypée. Le puritain a en effet une voix haut-perchée et passe son temps à lever les yeux au ciel comme étant constamment en prière[1].

Il existe aussi la pièce de Lording Barry, *The Family of Love* (c. 1604), qui met en scène la thématique des familles radicales dans leur foi. Il n'est pas explicitement dit qu'il s'agisse de puritains, mais les prénoms des personnages et leurs comportements paradoxaux reprennent les stéréotypes présentés chez Shakespeare et Jonson. Ainsi, le personnage Personne de Glister est très autoritaire et s'oppose au théâtre et au métier d'acteur. Il se confronte à l'extravagante Mistress Purge qui aime se divertir aux côtés de riches aristocrates. Barry tente de légitimer le théâtre comme un divertissement sans danger et contredire ainsi les attaques des puritains[2].

La pièce attribuée à Thomas Middleton, *La veuve puritaine* (*The Puritan Widow*), datée de 1607, se moque des mœurs des puritains. La critique des mœurs est plus affirmée que chez Shakespeare et Jonson car il montre les effets de la rigidité puritaine et les tentatives de la société pour s'en défaire. Dévotion et mœurs débridées se confrontent dans cette comédie qui a autant de succès qu'elle choque les puritains. Cette pièce

1. Adair, *op. cit.*, p. 103.
2. Diehl, *op. cit.*, p. 92.

satirique a pour cibles les puritains et les catholiques. Elle remet en question leurs croyances et leur mode de vie qu'ils confrontent quotidiennement. Les mœurs des puritains sont présentées ici dans toutes leurs contradictions. L'épouse dévote tente de résister à la veuve incapable de se contrôler. Les pratiques des festivités sont dépeintes dans le cadre de règles religieuses strictes, dans lesquelles transparaît la rigidité puritaine que la pièce souhaite critiquer. Lady Plus, la veuve personnage central de la pièce, est poussée à se remarier, car pour la société, une femme ne peut rester sans mari. L'hypocrisie puritaine est dénoncée. Middleton souhaite montrer que la société anglaise est tolérante mais doit faire face aux pressions de minorités qui imposent leur perception de la religion. C'est là le ressenti qui serait partagé par la majorité de la population face aux puritains de plus en plus présents dans leur vie quotidienne par leur volonté de réformer les mœurs.

Un an après *La veuve puritaine*, Middelton met en scène un professeur de puritanisme, qui fera la morale dans *A mad World My Masters* (1608).

À ce stade, au début du dix-septième siècle, le puritain apparait seul et non en communauté dans les pièces de théâtre. Ce sont des personnages isolés et implicitement rejetés pour leur caractère extrême et malsain pour la société. Les puritains ne semblent donc pas encore véritablement perçus comme des groupes visibles au sein de cette dernière ; ils ne sont alors que des individus presque excentriques ayant choisi un mode de vie et une spiritualité hors norme au point d'en paraître ridicule au reste de la société. Or le ridicule est souvent l'expression d'une peur. Si les auteurs de théâtre les ridiculisent, ce n'est pas uniquement en réaction à leurs attaques contre le théâtre et les divertissements, c'est aussi parce qu'ils se font les médias d'une certaine forme de reflet de la société et de ses peurs. Le puritain et le puritanisme effraie par sa différence et ses remises en question de l'ordre religieux et civil du royaume. Le moquer est un moyen d'amoindrir le danger en le rendant futile et ainsi plus facilement appréhensible.

Pourtant, le théâtre n'arrive pas à mettre fin à la véhémence des puritains. Il devient même sa première victime au moment de la prise de pouvoir de ces derniers au Parlement. En 1642, la Chambre des Communes, dirigée par le charismatique puritain John Pym, parvient à faire voter une ordonnance pour supprimer les pièces de théâtre. En 1644, le grand théâtre fixe de Londres, le *Globe,* est détruit. La relation entre les puritains et le théâtre est le reflet des tensions de société d'Angleterre qu'un siècle de réforme religieuse a transformé et profondément divisé. Le puritanisme en est l'expression la plus radicale. Revenons sur cette Réforme pour mieux comprendre les raisons d'être du puritanisme.

II
De ceux qui protestent aux protestants

Le puritanisme est un mouvement religieux né de la Réforme en Angleterre. Il apparaît officiellement durant le règne d'Élisabeth Ire mais ses expressions apparaissent bien plus tôt, dès le moment où les protestants anglais commencent à vouloir aller plus loin qu'une simple opposition à l'Église de Rome. Il naît avec la volonté de certains de réformer en profondeur l'Église d'Angleterre, quel que soit ce que cela sous-entend alors. Celui qui proteste contre les abus de Rome n'est pas un puritain pour autant, ni d'ailleurs le protestant luthérien qui cherche à réformer l'Église pour l'éloigner de Rome dans son système et ses dogmes.

Comprendre l'émergence du puritanisme ne peut se faire qu'à travers la bonne compréhension de la naissance du protestantisme en Angleterre. Ce chapitre propose des clés de compréhension des évolutions et des enjeux religieux du puritanisme entre 1559 et 1642 par un rappel de la Réforme en Angleterre, de ses origines jusqu'au règne d'Élisabeth Ire. Il explique comment les changements répétés de monarques, d'Henri VIII à Marie Ire, avec leurs prises de position en matière de politique religieuse et de pratiques de la religion, ont progressivement donné naissance à des mouvements protestants radicaux qui vont se révéler et s'imposer à partir du règne d'Élisabeth Ire.

Quand l'Angleterre devient protestante

L'Angleterre devient un État protestant sous le règne d'Édouard VI. Pourtant, l'Église a commencé à changer avant cela. Elle a progressivement accueilli les idées réformatrices et a permis leur diffusion et leur développement au gré des évolutions politiques et plus encore de ses confrontations avec l'étranger.

Dans les années 1370-1380, un théologien d'Oxford, John Wycliff a regroupé autour de lui des partisans, connus sous le nom de Lollards. John Foxe, dans son histoire martyrologe du protestantisme, *The Book of Martyrs*, aussi appelé *Acts and Monuments*, dit de Wycliff qu'il est l'étoile montante de la Réforme (« the morning star of the Reformation »[1]). Ceux-ci sont déterminés à prouver au clergé en Angleterre, et par son intermédiaire au pape, que l'Église doit être remaniée dans certaines de ses doctrines et cérémonies. Wycliff remet en question les rites et croyances qu'il juge trop symboliques tels que la transsubstantiation par laquelle il est accepté de tous que Jésus est présent dans le vin et le pain lors de la communion de l'Eucharistie. Selon lui, les fidèles ne comprennent pas l'importance de ce moment clé d'une messe. La méconnaissance des Écritures, en raison des messes dites dans une langue que les fidèles ne comprennent pas, ainsi que les interprétations erronées, involontaires ou non, des textes saints par les prêtes pas toujours bien formés sont pour Wycliff et les Lollards une source de dégradation de l'Église. Ils cherchent une prise de

1. John Foxe, *Book of Martyrs. Acts and Monuments of these latter and Perilous days wherein are comprehended and described the great persecutions and horrible troubles that have been wrought and practiced by the Romish Prelates, Specially in this Realm of England and Scotland, from the year of our Lord 1 000 unto the Time Now Present.* 1570/1576, chapitre VII.

conscience du clergé. Les compétences de ce dernier sont donc remises en question voire méprisées. Ils demandent à ce que les rites et cérémonies soient repensés pour revenir à une forme plus primitive de la pratique de la foi. Pour Wycliff et les Lollards, les Écritures priment sur tout ordre de l'Église, car celle-ci, humaine, n'est pas infaillible. Pour aider à les comprendre et mieux les appliquer, Wycliff traduit la Bible en anglais, espérant la rendre ainsi plus accessible, au moins au clergé sachant lire. Ils pourront ainsi mieux transmettre la parole de Dieu. Ces critiques et ces propositions sont alors révolutionnaires et dangereuses car elles remettent en question les capacités du clergé et du pape à comprendre et appliquer la volonté divine.

Le terme « lollard » est un surnom inventé à partir du terme hollandais « lollen », « qui chantent ». Les Lollards ont pour caractéristique de chanter des psaumes durant leurs marches à travers le pays. Ils suivent Wycliff dans sa campagne contre l'obscurantisme du clergé soutenu par Rome. Ils sont particulièrement présents dans l'est de l'Angleterre et jusqu'à Londres. Ils lisent les Évangiles traduits par Wycliff. Toute traduction de la Bible et des textes sacrés plus généralement est alors interdite par la loi. Elle le sera jusqu'à la fin du seizième siècle[1]. Ils mémorisent les textes. Les hommes et les femmes de ces communautés, équitablement, en deviennent plus autonomes dans la pratique de leur piété[2]. Plusieurs Lollards sont exécutés pour avoir été découverts à lire ou réciter ces traductions.

1. La première traduction autorisée de la Bible en anglais est celle de la *Grande Bible* de 1539.
2. Rita Copeland, *Pedagogy, Intellectuals and Dissent in the Later Middle Ages, Lollardy and Ideas of Learning*, CUP, 2004, p. 9.

Les Lollards ne sont pas les seuls à protester et à se soulever contre Rome et les pratiques du clergé. En Bohême, le groupe dit « des hussites », mené par le théologien tchèque Jan Hus, suit l'exemple de Wycliff en soulevant les tchèques contre l'autorité abusive de Rome. John Foxe explique que c'est Wycliff qui a allumé la lumière de la Réforme et qu'il illumine les ténèbres du papisme et de l'ignorance[1]. Foxe affirme que Wycliff n'a jamais cessé d'inspirer ceux qui protestent contre les abus du clergé à travers l'Europe. Les doctrines de cet Anglais se sont propagées jusqu'en Bohême, où elles ont inspiré les réformateurs Jan Hus et Jérôme de Prague[2]. Jérôme de Prague a, en effet, séjourné à Oxford durant ses études. Il a alors été en contact avec les idées de Wycliff. Il a traduit plusieurs de ses écrits en tchèque. Une fois de retour à Prague, il fait la promotion de ses idées et soutient ouvertement le mouvement lollard[3]. Compagnon de Hus, il va avec lui se soulever contre le pape. Hus est soutenu par la noblesse de Bohême et de Pologne. Pour Foxe, Hus et Jérôme sont des martyrs tombés pour la cause de la Réforme[4].

Hus est en effet excommunié en 1411 pour hérésie par l'Église. Il est accusé d'avoir soulevé le royaume contre l'autorité du pape. Son exécution le 6 juillet 1415 a marqué le pays d'autant plus que suite à l'exécution, ses partisans se sont déclarés en Église et ont rejeté l'autorité papale. Ils entreprennent une marche à travers le pays pour convaincre la population de se rallier à la nouvelle Église. L'Église hussite est immédiatement poursuivie et annihilée. Hus et les hussites sont considérés

1. *"so kindled the light of reformation that it began to illumine the darkest corners of popery and ignorance"*, Foxe, *op. cit.*, chap. VIII.
2. Foxe, *op. cit.*, chapitre VIII.
3. Foxe, *op. cit.*, chapitre VIII.
4. *"who had fallen a martyr in the work of reformation"*, Foxe, *op. cit.*, chapitre IX.

comme les fondateurs de la première Église protestante, même si celle-ci n'a guère résisté que quelques mois et que le terme « protestant » est encore anachronique.

En 1517, Foxe assure que les Bohêmes auraient envoyé un livre de Jan Hus à Luther. L'Église de Hus aurait ainsi encouragé les actions de Luther. Celui-ci en devient ainsi aux yeux de générations de ses lecteurs puritains, l'héritier des Lollards et des Hussites.

En général, les attaques envers l'Église catholique ont en commun de dénoncer les abus du clergé. Ceux-ci sont rendus possibles en raison de la mauvaise compréhension, voire de l'incompréhension des fidèles, de la parole de Dieu. Ces gens qui protestent cherchent donc tous à restaurer une communication saine entre l'Église et ses fidèles, mais aussi au sein même du clergé. La langue utilisée dans les paroisses lors des messes doit pour eux être la langue vernaculaire de la société concernée. En Angleterre, Wycliff a tenté de traduire les Évangiles pour les rendre plus accessibles à la population. Plusieurs théologiens ont suivi son exemple avec plus ou moins de succès.

William Tyndale est le premier connu à avoir publié une traduction en anglais de la Bible à partir des textes en hébreux et en grecs. Il s'est probablement aussi inspiré des traductions de Wycliff. Martin Luther a par ailleurs traduit, entretemps, le Nouveau Testament en allemand en 1522. Plusieurs versions sont révisées et imprimées entre 1522 et le début des années 1530. Sa version de la Bible, d'ailleurs finalement incomplètement traduite, est critiquée par ses contemporains. L'exercice de traduction, impliquant l'interprétation du traducteur, est potentiellement sujette à des interprétations erronées.

Cet argument est le principal utilisé par les opposants aux changements pour invalider la Bible de Tyndale aux yeux de l'Église. Tyndale, que John Foxe appellera « le bon martyr de Dieu », a secoué « les racines et les fondations du fier épiscopat du pape »[1]. En conséquence, il est accusé de blasphème contre l'Église en plus de promouvoir une forme d'anticléricalisme. L'Angleterre d'Henri VIII ne souffre pas qu'un théologien se permette de traduire le livre saint. Foxe accuse nominativement l'évêque de Londres, Cuthbert Tunstall, et Thomas More, conseiller du roi Henri VIII, de leur acharnement sur lui et d'avoir tout fait pour détruire cette traduction qu'ils jugent à tort erronée[2]. Ses traductions sont brûlées et il est exécuté en 1536. Une autre traduction en anglais, complète, cette fois, est publiée en 1535 par Myles Coverdale. Des traductions en anglais de la Bible sont autorisées à partir de 1538.

Face à la multitude de traductions plus ou moins heureuses des textes saints, Henri VIII, alors au pouvoir et devenu chef de l'Église d'Angleterre par la loi de Suprématie de 1534, interdit les traductions. Il les trouve dangereuses par les idées qu'elles suggèrent par les choix des mots et expressions utilisées, rappelant les formulations des doctrines des réformateurs alors de plus en plus nombreux et influents sur le continent. En 1543, il émet même un décret interdisant aux femmes et aux gens non éduqués de lire et traduire les Saintes Écritures ou de tenter de les interpréter car ils n'en sont, selon lui, pas intellectuellement capables. La lecture à voix haute est également interdite aux femmes. Seules celles de haute naissance conservent le droit de lecture à condition que celle-ci soit silencieuse. Cela

1. *"the good martyr of God" "the faithful minister of Christ"*, Foxe, *op. cit.*, chapitre XII.
2. Foxe, *op. cit.*, chapitre XII.

n'arrête pas sa dernière épouse, Catherine Parr, qui continue ses traductions des Évangiles dans le plus grand des secrets. Parallèlement, elle s'applique à la traduction de la paraphrase du Nouveau Testament d'Érasme, entreprend une démarche d'écriture de sa conversion au luthéranisme et devient ainsi la première Anglaise à publier ses écrits en langue vernaculaire sous son propre nom. Ses pratiques dévotionnelles se font dans le cadre de groupes d'études tenus lors de conventicules[1]. Par la suite, certains groupes de puritaines continueront ces pratiques et se retrouveront comme elle, pour des lectures de textes saints sans pour autant qu'il s'agisse de réunions secrètes dans la tradition des conventicules.

L'attachement au passage par la traduction pour revenir à l'Église primitive se retrouve dans les priorités de la réforme de l'Église d'Angleterre durant le règne d'Édouard VI. Elle est centrée sur un travail complet de traduction et de réorganisation de la liturgie devant être utilisée par la population. Le *Livre de la prière commune* de 1549 de Thomas Cranmer est le premier en langue anglaise. Les livres de prière avant celui-ci étaient en latin. La liturgie protestante sous le règne d'Édouard trouve ainsi sa première spécificité dans le fait qu'elle est en anglais. Elle en devient donc accessible à tous, ce qui participe grandement à diffuser les principes luthériens dans le royaume.

1. Julie Van Parys-Rotondi, "Queen Katherine Parr as a translation bellwether: The instances of Mary and Elizabeth Tudor" dans Adriana Şerban & Rim Hassen (éds.)*Women translators of religious texts* Numéro spécial de la revue Parallèles, edité par Adriana Şerban and Rim Hassen (nº 34 :1), Université de Genève (2022)
https://www.paralleles.unige.ch/en/tous-les-numeros/numero-34-1/parys-rotondi/

Forts des nouvelles doctrines des réformateurs et de l'accessibilité simplifiées des textes religieux, ceux qui protestent se regroupent progressivement pour devenir les protestants. Ils sont dès lors une nouvelle branche de la chrétienté qui va créer une rupture avec le système et le modèle doctrinal soutenu par le pape. Depuis Wycliff et Hus, les groupes « protestant » contre le pape et son clergé ont grandement évolué. Ils se retrouvent désormais autour d'idées nouvelles pour repenser l'Église, depuis que le moine Martin Luther s'est levé contre le pape par ses quatre-vingt-quinze thèses, publiées à Wittenberg en 1517. Ses critiques et idées pour réparer l'Église deviennent doctrine(s). L'imprimerie, récemment inventée, permet leur diffusion à travers le pays et à travers l'Europe, jusqu'en Angleterre, faisant des émules partout.

Les idées de Luther, que Foxe qualifie « d'illustre théologien allemand et réformateur de l'Église[1] » rencontre immédiatement l'opposition des chefs d'États européens. Henri VIII d'Angleterre réagit à la vague luthérienne en publiant un traité contre les thèses de Luther. Le pape le remercie de son soutien en lui donnant le titre de « Défenseur de la foi ». L'empereur Charles Quint, quant à lui, convoque une diète à Worms pour débattre des idées réformatrices de plus en plus influentes dans les royaumes de son empire. Le 26 mai 1521, il y fait interdire le « protestantisme », autrement dit les idées réformatrices luthériennes émergentes.

Le terme « protestant » est officiellement apparu lors de la diète de Spires en 1529. Il s'agissait alors d'un groupe d'Allemands, partisans de Luther, qui protesta devant Dieu, pour obtenir le droit de choisir les doctrines luthériennes pour

1. Foxe, *op. cit.*, chapitre IX.

la pratique de la religion[1]. Par la suite, ce terme a évolué pour devenir, dans les années 1620, un moyen de « désigner les Églises et mouvements issus des réformes luthériennes, réformées et radicales.[2] » Toutefois, le terme n'en est pas simplifié pour autant. Comme le signale André Gounelle, il existe un décalage entre « protestantisme » et « protestant ». Il écrit que ce point indique qu'il ne faut pas trop vite assimiler, comme on a tendance à le faire, le protestantisme avec la Réforme. Il vient après elle et à sa suite, mais ne se confond pas purement et simplement avec elle[3].

Ceux qui protestent contre ce qu'ils considèrent comme les abus de l'Église catholique, dirigée par le pape et dont le siège est à Rome, deviennent alors des « protestants ». La controverse qui s'en suit pousse Charles Quint à réunir une diète dans la ville de Spires. Il y convoque Luther pour s'y exprimer. Le terme protestant suivra, lorsqu'en 1529, lors de la diète de Spires, les représentants de quatorze villes se déclarèrent comme « protestatio », protestant, envers la décision de la diète de ne pas tolérer les idées luthériennes circulants sur les territoires. C'est là le résultat de nombreux soulèvements et protestations depuis plus d'un siècle en Europe. Plusieurs nobles de quatorze villes allemandes protestent en effet alors contre une aide militaire à Charles Quint pour répondre à ces soulèvements dans ses royaumes en voie de réformation[4].

1. Gounelle, *Le protestantisme*. Paris, Publisud, 1992, p. 25.
2. Gounelle, *op. cit.*, p. 25.
3. Gounelle, *op. cit.*, p. 27.
4. Foxe, *op. cit.*, chapitre IX.

Dans ce même temps, en Angleterre, Henri VIII tente de contrecarrer ces idées protestantes par diverses lois qu'il fait voter au Parlement. Le protestantisme ne semble alors pas prêt de faire son chemin dans ce royaume. Cela est sans compter que le roi va s'entourer, sans vraiment en être conscient, de conseillers aux inclinations luthériennes pour l'aider à divorcer de sa première épouse. Ensemble, ils organisent une rupture avec le pape. Henri VIII devient ainsi chef suprême de l'Église d'Angleterre en 1534. Cette Église reste catholique mais le pape a perdu toute autorité dessus. Cette situation est source d'espoir pour les protestants, encore cachés et relativement discrets, qui voient là un moyen d'intégrer la doctrine luthérienne dans l'Église d'Angleterre dès que l'opportunité se présente. La présence de luthériens au gouvernement et à la cour tels que Thomas Cromwell, Thomas Cranmer et des frères Seymour au gouvernement, le processus de dissolution des monastères, le mariage du roi avec la luthérienne Anne de Clèves, d'abord, puis la conversion de Catherine Parr après son mariage[1], sont tout autant d'occasions d'affirmer toujours un peu plus la présence du protestantisme en Angleterre sans pour autant transformer l'Église en Église protestante.

Ni Charles Quint ni Henri VIII, ou encore François Ier de France, qui essaie comme les deux autres monarques de freiner la circulation des doctrines réformatrices, n'arrivent à mettre fin à ce qui est devenu « le luthérianisme ». La Paix d'Augsbourg,

1. Julie Van Parys-Rotondi, « Catherine Parr : lecture de la Bible et écriture d'une conversion » dans É. Boillet, M. T. Ricci (éd.). *Les Femmes et la Bible de la fin du Moyen Âge à l'époque moderne. Pratiques de lecture et d'écriture (Italie, France, Angleterre)*, Paris, Honoré Champion, coll. « Savoir de Mantice », 2017.

le 25 septembre 1555, reconnait que la chrétienté a désormais deux confessions : le catholicisme et l'évangélisme luthérien, dont la doctrine a été entérinée vingt-cinq ans plus tôt[1].

L'établissement d'une Église protestante pour l'Angleterre

Le règne d'Édouard VI, durant lequel l'Église d'Angleterre devient protestante, est la concrétisation d'une révolution religieuse qui se fait dans la continuité de celle commencée par les Lollards et poursuivie sur le continent par Hus et plus encore depuis que Martin Luther a affiché ses quatre-vingt-quinze thèses sur les églises de Wittenberg. Depuis, les principes de ce réformateur circulent sur l'île.

Avec le schisme henricien, l'Église d'Angleterre est devenue une Église catholique sans pape. Le roi d'Angleterre est le seul garant de la bonne gestion de son Église et de l'application des lois divines. Mais n'est-il pas monarque de droit divin et donc directement inspiré de Dieu dans tous ses faits et gestes ? Il est toutefois, et heureusement, aidé dans sa mission par un épiscopat puissant, professionnel de théologie. L'archevêque de Cantorbéry et l'archevêque d'York sont ses premiers prélats. La réorganisation de l'autorité religieuse questionne et crée l'opposition, comme tout changement d'ailleurs. Les fluctuations et incertitudes doctrinales, dues à ces changements, ouvrent la voie à des débats dans lesquels s'insinuent discrètement les idées réformatrices circulant sur le continent. Les critiques et principes de Martin Luther sont les plus nombreux car ce sont ceux qui circulent le plus. Or Henri VIII ne veut rien entendre

1. Cottret, *Histoire de la Réforme*, p. 99.

de ces idées qui sont pour lui des revendications stériles pour le bon gouvernement de son Église. Il est catholique et n'a aucune raison de changer les doctrines de l'Église qu'il dirige désormais. Pour ses conseillers et, à partir de 1527, pour son premier prélat, Thomas Cranmer, il pourrait pourtant en être autrement. Le schisme est pour ce dernier l'occasion de réformer en profondeur l'Église d'Angleterre pour la rétablir dans ses principes et pratiques originelles telles qu'ordonnées par les Écritures et non plus par celles provenant d'interprétations erronées cumulées au fil des siècles. Pourtant, revenir aux sources de l'Église n'est alors par encore totalement envisagé. La tâche est bien trop importante. Les cérémonies, en revanche, peuvent déjà être repensées. Mais là encore, le roi et ses sujets ne sont pas encore forcément prêts à sauter le pas. Henri VIII refuse tout changement doctrinal et cérémoniel et écarte du pouvoir épiscopal et politique tous ceux qui s'aventurent à tenter de le convaincre. Tirant des leçons du divorce avec Anne de Clèves et plus encore de la chute et de l'exécution de Thomas Cromwell, Thomas Cranmer se fait discret et attend patiemment son heure pour revenir à la charge et réformer enfin le royaume. Il lui faut attendre près d'une décennie et la mort du roi, en 1547, pour cela. Tout ce temps, l'Église henricienne reste fondamentalement catholique.

À la mort du roi, les regards de ceux qui veulent changer l'Église dans ses dogmes se tournent alors vers l'enfant-roi qui accède au trône sous le nom d'Édouard VI. Il a neuf ans. Son régent est d'inclination luthérienne, tout comme celle qui va continuer à l'entourer, sa belle-mère, Catherine Parr, la sixième épouse du feu roi, connue pour avoir contribué au rapprochement et l'éducation des enfants royaux, les influençant vraisemblablement dans leur foi. Les sujets sont désormais nombreux à se déclarer librement opposés non seulement au système de Rome mais aussi aux doctrines catholiques plus globalement. Pour eux, l'Église doit changer en profondeur. Tous les espoirs de réformer l'Église d'Angleterre selon la doctrine luthérienne sont désormais permis. Le théologien français Martin Bucer dédie au roi son *De Regno Christi* espérant qu'il permettra au royaume du Christ de « se réaliser enfin à travers sa véritable Église ».

Martin Luther, Jean Calvin, Martin Bucer inspirent des idées nouvelles[1]. La Réforme commence alors vraiment en Angleterre. Elle s'adapte progressivement aux attentes des Anglais et s'inspire de la Réforme en cours sur le continent. Bientôt, le calviniste John Knox commencera lui aussi une Réforme religieuse en Écosse avec ses partisans, en réaction à une monarchie menée par des femmes. Il n'y a donc pas une Réforme mais bien des Réformes. Celle en Angleterre a commencé dans le contexte de sa rupture avec Rome en laissant à cette occasion entrer des idées luthériennes jusqu'aux plus hautes strates du gouvernement, malgré la volonté du monarque. Henri VIII, roi catholique, est mort catholique en croyant laisser un royaume libéré de l'empire du pape à Rome et préservé des doctrines des réformateurs du continent. L'Église d'Angleterre est alors réformée mais elle n'est pas protestante. L'avènement d'Édouard VI et l'établissement d'une Église fondée sur des doctrines luthériennes dès les premiers mois de règne démontrent que les Anglais qui protestaient jadis contre Rome sont devenus, en quelques années, des protestants. Ils avaient déjà leur figure de proue dans les personnes de Thomas

1. Voir chapitre I, partie 3.

Cranmer et un temps auprès de lui, de Thomas Cromwell, même si le doute sur leurs attachements confessionnels a persisté jusqu'à la fin du règne henricien. Désormais, ils ont un roi, dont le régent Édouard Seymour ainsi que Catherine Parr et Thomas Seymour, le nouvel époux de cette dernière et frère du régent, sont des protestants déclarés. Ils ne se cachent plus d'être des partisans des principes de Luther. Il semblerait qu'ils aient contribué au choix de l'entourage du roi composé des luthériens Sir John Cheke, Sir Anthony Cooke et Roger Ascham. Cranmer et toujours là, au plus près du roi. Il est prêt à changer l'Église d'Angleterre en profondeur et à la faire entrer officiellement dans le monde protestant.

Plusieurs partisans du mouvement de réforme européen viennent en Angleterre pour soutenir l'élan protestant. Martin Bucer et Pierre Martyr s'installent à Londres, près de la cour où ils ont une oreille attentive. Le mouvement prend immédiatement une ampleur sans précédent. Les partisans du mouvement de réforme sont propulsés aux postes du gouvernement et à la direction des évêchés vacants.

Les Anglais qui avaient fui l'Angleterre pour leurs protestations envers la politique religieuse du roi reviennent en masse, dont le théologien John Bale. Ils espèrent que les réformes religieuses du nouveau règne changeront enfin l'Angleterre et leur permettront de se rapprocher de ce qu'ils conçoivent comme la véritable Église de Dieu. Mais à cette époque-là, encore ou déjà, le concept d'Église « véritable » diffère presque d'un individu à l'autre. Petit à petit, certes, ces individus se regroupent et forment progressivement des communautés, ou sectes, plus ou moins dissidentes avec l'Église, les doctrines et la mise en pratique de la foi telle que soutenue par le monarque.

Il reste néanmoins difficile, voire dangereux de s'opposer ou simplement de remettre en question les choix religieux d'un monarque qui, en Angleterre, est reconnu de droit divin. Il est donc, par définition, directement inspiré par Dieu. Les prises de position quant à la voie à suivre pour réformer l'Église d'Angleterre sont plus ou moins radicales, influencées par les doctrines circulant de plus en plus franchement sur le continent. Cette radicalisation fait partie de la définition du puritanisme ; pourtant, le concept de puritanisme n'existe pas encore en tant que tel.

L'oncle du jeune roi, Édouard Seymour, comte de Hertford et futur duc de Somerset, fait partie du conseil de régence. Il arrive à passer outre les instructions d'Henri VIII et se fait nommer « Protecteur du royaume » et « gouverneur de la personne du roi ». Il s'entoure immédiatement de conseillers partisans, comme lui, des idées luthériennes et favorables à une réforme de l'Église. Dès le mois de juillet, il autorise Thomas Cranmer à publier son livre d'homélies, marquant ainsi le début officiel de la Réforme de l'Église d'Angleterre pour en faire une Église protestante.

En effet, sans l'imposer, l'État soutient par ce livre d'homélies, la lecture dans les paroisses du royaume de sermons fortement influencés des doctrines luthériennes. À l'automne, la communion sous les deux espèces est autorisée. Les prières pour les défunts – source de nombreux abus reprochés à l'Église de Rome – sont clairement condamnées. En 1548, toutes les images et statues sont interdites dans les lieux de culte. Le Parlement valide la nouvelle liturgie de Cranmer par la Loi d'uniformité de janvier 1549 et l'adoption, en conséquence, du *Livre de la prière commune*. En février, une étape supplémentaire est franchie avec l'autorisation donnée aux prêtres de se marier. La vie de l'Église est désormais bel et bien chamboulée. Ce sont là de petites révolutions pour les fidèles. Ces réformes visibles dans la vie religieuse des sujets sont rapides et déstabilisent la population dans ses repères. Pourtant, une certaine tolérance est constatée dans l'application de ces changements, particulièrement pour ce qui est de la posture à adopter au moment de l'Eucharistie. Mais les sujets n'en restent pas moins déroutés. Certains refusent d'ailleurs d'appliquer ces réformes car ils n'en comprennent souvent pas l'impact doctrinal. L'incompréhension est ainsi source de tensions. On parle de nouveau d'interprétation erronées des Écritures et de manipulation par le clergé. Certains pensent au contraire déjà que cela est insuffisant et prennent pour exemple les réformes sur le continent pour dénoncer une certaine forme de timidité de l'Angleterre dans ses propres réformes. Des petites protestations sont ainsi constatées, en Cornouailles, particulièrement, et parfois dans le sud du pays. Cette forme de radicalisme est toutefois rare.

Pour confirmer par voie légale que l'Angleterre est en train de devenir un royaume protestant, le Parlement appuie la politique royale menée par le régent, au nom du roi, en votant deux actes d'uniformité. Le premier est voté lors de la première vague de réformes, au moment de l'établissement du premier *Livre de la prière commune*, en 1549. Le second le sera lors de la révision de ce Livre, en 1552. Dès lors, toutes les églises du royaume sont officiellement tenues d'adopter une liturgie protestante unique.

À la mort d'Édouard VI, le 6 juillet 1553, tout est tenté pour maintenir une monarchie protestante. La cousine luthérienne du roi, Lady Jane Grey, est déclarée reine. Édouard l'aurait désignée comme successeur. Bien évidemment, la propre demi-sœur d'Édouard, Marie, fruit du premier mariage d'Henri VIII avec Catherine d'Aragon, revendique immédiatement le trône. Elle fait emprisonner et exécuter Jane Grey et son époux et se fait couronner reine d'Angleterre.

La réforme protestante anglaise avortée par le retour au catholicisme sous Marie Ire

À peine établi, le protestantisme est remis en question en Angleterre par l'avènement de la reine catholique, Marie Ire. Celle-ci le rejette et en fait un mouvement religieux illégal. Il ne s'en trouvera que renforcé par la résistance qui naîtra de cette situation.

Marie Tudor accède finalement au trône d'Angleterre à l'âge de 37 ans. Elle n'est pas mariée et n'a pas d'héritier direct. Elle est une catholique fervente et il ne fait aucun doute qu'elle projette de rétablir l'Église qu'elle a connu dans sa jeunesse, au minima l'Église de son père, au mieux, l'Église de Rome en renouant les liens avec le pape. Dans tous les cas, la nouvelle Église protestante, établie par son frère, ne doit plus être. Plus qu'une fantaisie, la réforme religieuse édouardienne est un sacrilège pour le royaume et elle est bien déterminée à y mettre immédiatement fin.

Dès le début du règne, Marie Ire s'emploie à écarter, voire à annihiler, ses opposants protestants. Marie est catholique et elle se dit résolue à rétablir un lien avec Rome. Pour autant, rester à la tête de l'Église comme ses prédécesseurs semble lui convenir.

Jamais l'occasion n'est réellement donnée au pape de reprendre le contrôle de l'Église en Angleterre. Le mariage de Marie avec Philippe, l'héritier du trône d'Espagne, puis roi suite à l'abdication de Charles Quint en 1554, renforcera le projet de rapprochement à Rome. Leur alliance réintègre toutefois immédiatement l'Angleterre dans le monde catholique. Pour autant, Marie reste seule maître de l'Église catholique d'Angleterre dans le sens où elle prend soin de ne pas partager sa couronne avec son époux, ce qui lui permet l'autonomie dont elle a besoin pour diriger son royaume et garder la main sur les affaires de l'Église.

Or, l'Angleterre est déjà tournée vers le protestantisme. Il est possible de le voir concrètement dans les débats du Parlement sur le projet de mariage de la reine avec Philippe d'Espagne. On craint alors que la dépendance de l'épouse à son mari permette à celui-ci d'imposer les idées espagnoles en Angleterre. Parmi ces idées tant craintes se trouve bien sûr celle du rétablissement de l'autorité du pape sur l'Église et donc d'un retour de l'Angleterre dans le giron de Rome. Le cas échéant, ce serait un retour radical en arrière. Toute possibilité de continuer une réforme protestante en serait rendue difficile, voire impossible. Cette peur démontre que le Parlement, car par lui s'exprimait une partie de la population, n'était plus favorable à un retour à la situation religieuse d'avant le schisme henricien. La gestion de l'Église en Angleterre par l'Angleterre lui allait parfaitement. De là, en revanche, à cautionner totalement un maintien du protestantisme après seulement cinq ans de règne et de réformes édouardiennes, serait aller trop loin. L'Angleterre accusait les changements doctrinaux et de cérémonie avec beaucoup de mal. Aucun changement ne peut réellement se faire de manière définitive en si peu de temps ; la population est restée majoritairement catholique, même s'il est certain que les mentalités ont évolué depuis 1534. Aussi, renouer avec le catholicisme est, en 1553, une idée qui plaît, mais renouer avec le monde catholique, autrement dit avec le pape et ses États partisans, est certainement trop. Le Parlement se déclare donc très mitigé quant au projet de mariage espagnol. Il y émet finalement un avis favorable à condition que Philippe ne prenne jamais la couronne.

Le mariage espagnol, malgré ses conditions drastiques, provoque une vague de peur chez les protestants anglais, qui voient malgré tout le nouveau règne comme le glas de la Réforme en Angleterre. Ces protestants ne sont pas ce que l'on appellera quelques années plus tard des radicaux ou des puritains, mais ils sont déterminés à faire entendre à qui veut bien les écouter, que la Réforme est en route et qu'un retour au catholicisme revient à condamner l'Angleterre aux limbes de l'enfer. Parmi ces protestants désespérés de la situation se trouve Thomas Wyatt. Il lance, à partir de janvier 1554, une rébellion qui se propage du Kent jusqu'à Londres. Il veut empêcher le mariage à tout prix au nom du protestantisme. Marie pense que cette rébellion protestante a aussi été une tentative de mettre sa demi-sœur sur le trône, Élisabeth. Cette dernière est suspectée d'entretenir des relations avec des réseaux luthériens en Angleterre et sur le continent. Elle la fait emprisonner en conséquence à la Tour de Londres durant trois mois. Sans plus de preuve de ses liens éventuels avec l'affaire Wyatt, elle la fait finalement relâcher. Wyatt est arrêté et le Parlement confirme le traité avec l'Espagne, mais rassure en assurant que la reine gardera l'intégrité de ses prérogatives sur le royaume et son Église.

Nommé archevêque de Cantorbéry en 1555, le cardinal catholique Reginald Pole œuvre à rétablir les liens entre le royaume d'Angleterre et le Saint-Siège. Il mène en parallèle une campagne de répression du protestantisme. Près de 300 protestants sont exécutés et on estime à plus de 800 autres partis en exil sur le continent[1]. Ces « exilés Mariaux » trouvent asile dans les communautés calvinistes de Strasbourg, Genève ou encore Francfort. Ils y acquièrent un protestantisme plus radical, fruit de leurs frustrations et de leur colère. Ils reviendront en Angleterre, au moment de l'accession d'Élisabeth, encore plus virulents et déterminés à défendre leur religion.

Le retour au catholicisme provoque une nouvelle crise confessionnelle dans le royaume. Le protestantisme naissant a fini par s'affirmer durant le règne précédent et a laissé une marque durable. Ce retour en arrière, voire cet arrêt brutal de la Réforme de l'Église par son dirigeant, est bien plus que perturbant pour la population. Ses fondements religieux sont de nouveau remis en question. C'est la seconde fois en à peine cinq ans. L'absence d'un héritier se confirmant avec les années fait pressentir que de nouveaux changements sont à attendre si la reine meurt sans enfant. Sa demi-sœur et héritière, Élisabeth, a été élevée comme Édouard, par des luthériens et est suspectée d'avoir une forte inclination pour les idées protestantes. Ses peurs se vérifient rapidement, car au bout de cinq autres années de règne, en février 1558, Marie Ire meurt sans enfant pour lui succéder et l'arrivée d'Élisabeth sur le trône sera en effet l'occasion de nouvelles réformes et donc de nouveaux bouleversements religieux.

1. Christina Hallowell Garrett, *The Marian Exiles A Study in the Origins of Elizabethan Puritanism*, Cambridge, Cambridge University press, 2010.

En neuf années, l'Angleterre a ainsi connu trois monarques et trois nouvelles Églises. Cette instabilité crée naturellement beaucoup de défiance et de peurs. Les sujets se cherchent dans une identité religieuse régulièrement bouleversée par la politique. Et si les réformateurs appellent à prendre position, la loyauté due par la loi au monarque complique les choses. L'Angleterre entre dans ce contexte dans son processus de confessionnalisation qui finira par révéler des mouvements protestants plus ou moins radicaux. Ils seront bientôt appelés du surnom, ou comme l'a écrit très justement Bernard Cottret lorsqu'il replace l'apparition de ce nom dans son temps, du « sobriquet[1] » de « puritains ».

1. Bernard Cottret, *Histoire d'Angleterre. XVIe-XVIIIe siècle*, Paris, Presses Universitaires de France, 1996, p. 79. Ce surnom est aussi utilisé par William Bradford dans ses mémoires, Bradford, *Of Plymouth Plantation*, chapitre 1, traduite en français par Lauric Henneton, Sabrina Juillet, Michael Mariaule et Brian Valès, *Histoire de la Colonie de Plymouth*, Genève, Labor et Fidès, 2004, p. 61.

III
L'héritage de la Réforme dans l'émergence du puritanisme : retour sur les influences intellectuelles et dogmatiques

Le puritanisme est le fruit du processus de réforme de l'Église d'Angleterre. Il est une forme de radicalisation du protestantisme à un moment où celui-ci n'est pas encore totalement défini. La naissance, ou devrions-nous dire l'invention du puritanisme est une façon d'apporter des nuances dans les prises de position des protestants. Ceci est le cas dès le moment où ce terme commence à être utilisé. En effet, au seizième siècle, les Réformes se multiplient et avec elles le nombre de réformateurs et de doctrines. Les fidèles ont non seulement à choisir entre catholicisme et protestantisme, mais plus le processus de prise de conscience confessionnelle – autrement appelé confessionnalisation – progresse, plus ils sont poussés à prendre position et à adopter une doctrine ou une autre. Que ce soit un choix libre ou imposé, l'État et la communauté dans laquelle les fidèles vivent impactent directement leurs prises de position.

Ce chapitre présente les grandes pensées et textes qui ont motivé l'émergence du mouvement puritain et influencé ses transformations. Il revient sur les grands courants doctrinaux du protestantisme et surtout sur la manière dont les puritains se les sont appropriés pour d'abord justifier leur demande de adaptées ensuite selon la société et les objectifs des réformateurs qui vont les porter et tenter de les appliquer. Revenons sur celles qui ont le plus influencé le mouvement puritain.

Les quatre-vingt-quinze thèses de Martin Luther, affichées à Wittenberg en octobre 1517 changent le monde de la chrétienté. Ses thèses sont alors une opposition directe et ouverte à la papauté et au clergé dont il dénonce ainsi publiquement les abus. Le pape Léon X vient d'imposer des « indulgences », autrement dit le pape se déclare prêt à réduire le passage d'un fidèle au purgatoire après sa mort sous condition de paiement. Son objectif est de financer ainsi la rénovation de la cathédrale St Pierre de Rome. Cette sorte d'impôt détourné s'ajoute à tous les subterfuges utilisés par le clergé pour obtenir des fidèles toujours plus d'argent et de biens sous prétexte, entre autres, de la nécessité de payer des séries de prières pour le pardon, la sauvegarde ou le repos des âmes. Luther dénonce ces pratiques d'autant plus illégales que selon lui, le pape n'a pas la primauté pour décider de telles choses. Il clame que ce dernier est tel l'Antéchrist car il fait croire que le fidèle peut être sauvé par son seul comportement et travail... en plus de l'argent qu'il verse à l'Église[1].

Luther introduit l'idée de « vocation ». Le chrétien a pour vocation d'être avec ses semblables pour avancer dans la vie chrétienne. Tous les hommes sont pour lui égaux devant Dieu. Le statut social, le sexe ou quoi que ce soit d'autre durant la vie terrestre ne peut changer cette égalité aux yeux de Dieu. Charité, amour, humilité sont au centre de la vie du chrétien car c'est ce qui le rapproche du divin. Cela s'apprend dès le plus jeune

1. Luther se réfère pour légitimer cela au *Livre des Révélations*.

âge, d'où l'importance que Luther donne au rôle du respect de la vie chrétienne au sein de la famille. Cet aspect devient particulièrement important chez les puritains.

Luther « proteste » ainsi contre les agissements de Rome. Il est excommunié en 1521. La même année, la diète de Worms constate que désormais la chrétienté est divisée entre le monde catholique avec ce qui est désormais le monde des partisans de Luther, celui des protestants, autrement dit ceux refusant l'autorité de Rome.

Après la reconnaissance à Augsbourg, en 1555, d'une Église catholique et d'une Église évangélique luthérienne, la subdivision continue comme le prouve l'usage du terme « réformé » pour faire référence aux Églises calvinistes. C'est une manière de les démarquer des Églises utilisant les doctrines luthériennes.

Luther a ouvert la voie. Des réformateurs se font de plus en plus entendre à travers l'Europe. Ulrich Zwingli suit les pas de Luther depuis la Suisse. Dès 1519, ses lectures du Nouveau Testament motivent de nouvelles perspectives sur l'Église. Elles sont soutenues par Érasme, qu'il invite par ailleurs à Zurich. Martin Bucer, un ancien prêtre dominicain, en contact lui aussi avec Luther, rejoint le mouvement réformateur dès 1518. Ils sont tous d'accord sur le fait qu'il faille réformer l'Église afin de la ramener à l'Église de Dieu telle que décrite dans les Évangiles. Pour tous, Rome n'est plus l'Église du Christ telle qu'il l'a commandé. La manière de mener cette réforme change cependant d'un réformateur à l'autre. Zwingly veut avant tout réformer les cérémonies, qu'il juge être l'expression première des superstitions établies par Rome. L'Eucharistie et la communion sont ainsi placées au centre des débats pour décider de leur caractère. Pour Zwingly, ce n'est qu'une sorte de tradition que l'on rejoue et non un miracle à chacune de ces cérémonies. Il n'y aurait donc pas de transsubstantiation.

La transsubstantiation est la reconnaissance de la présence du corps et du sang du Christ dans le pain et le vin partagé avec les fidèles lors de la recréation de la cène, au moment de l'Eucharistie. Il s'agit de commémorer le dernier repas du Christ avant sa Passion. Le prêtre partage le pain et le vin avec les fidèles. Les débats se portent sur la présence réelle ou symbolique du Christ à ce moment-là. Luther croit en une présence consubstantielle. Pour lui, l'Eucharistie est possible sous les deux espèces et elle est bien plus que symbolique. Elle résume toute l'ambiguïté mise en avant par le réformateur entre le fait de croire et celui de savoir. Il voit en l'Eucharistie une forme de réalité de la présence du Christ au moment de la communion à travers ce partage. C'est son message et non son corps à proprement dit qui est alors partagé par cette commémoration. Luther explique cela en 1519 dans un livre dans lequel il défend la communion sous les deux formes. Ce livre, remettant en question la transsubstantiation, est condamné en janvier 1520.

Pour tous, en cette première moitié du seizième siècle, c'est Luther qui est à l'origine de la Réforme. Les penseurs et réformateurs sont appelés luthériens. Luther s'en étonne d'ailleurs jusqu'à la fin de sa vie. Le réformateur Ulrich Zwingli, par exemple, ne soutient qu'en partie la doctrine luthérienne depuis Zurich mais il ne se dit pas luthérien pour autant[1]. La question de la transsubstantiation les divise. Luther considère d'ailleurs qu'il n'a que peu à voir avec lui et l'accuse d'être un blasphémateur dans sa manière de voir la transsubstantiation. Zwingli

1. Zwingli, 1522, in Cottret, *Histoire de la Réforme*, p. 42.

refuse l'idée que le corps du Christ puisse se retrouver dans le pain[1]. Depuis Genève, le réformateur Jean Calvin utilise la dichotomie de Zwingly sur la question de la transsubstantiation du corps et de l'esprit. Les puritains calvinistes s'en inspireront[2].

Le réformateur français Jean Calvin va faire évoluer considérablement la doctrine protestante jusqu'à provoquer une subdivision du protestantisme dans lequel désormais, les doctrines luthériennes vont se confronter aux doctrines calvinistes. Calvin a été particulièrement influencé par Martin Bucer. Pourtant, Calvin s'est un temps dit le disciple de Luther[3].

Les calvinistes s'accordent globalement avec Luther sur le fait que seules priment les Saintes Écritures et la foi. Le croyant n'a pas besoin de passer par une hiérarchie ou une autorité ecclésiale pour arriver à Dieu. Ils s'opposent toutefois sur la question de la doctrine eucharistique de la consubstantiation, autrement dit, la croyance luthérienne de la présence du Christ dans le pain et le vin de l'Eucharistie. L'élection divine et la prédestination sans condition sont aussi au centre de leur opposition. Martin Bucer tente une médiation entre les deux réformateurs.

Les dogmes calvinistes sont fondés sur ceux agrégés par Calvin dans son œuvre l'*Institution de la religion chrétienne*. Publiée pour la première fois en 1536, elle sera plusieurs fois remaniée jusqu'en 1560. Il y démontre son idéologie sur le salut de l'humanité. Il explique la prédestination d'une partie de cette humanité sans laisser de place possible aux contradictions de ses opposants. Il fait de la Bible, avec son Ancien et son Nouveau Testaments, la seule base de réflexion possible pour celui qui

1. Cottret, *op. cit.*, p. 77.
2. Adair, *op. cit.*, p. 54.
3. Cottret, *Histoire de la réforme*, p. 106, 151.

veut accéder à Dieu. L'épître aux Romains, dans l'Évangile selon St Paul, est pour lui l'entrée principale à la compréhension de la Bible entière. Il le démontre dans son *Commentaire de l'épitre aux Romains,* publié en 1540. Avec Son *Institution,* ce traité est un des piliers des doctrines utilisées par les puritains calvinistes.

Calvin est un penseur humaniste de son temps, dans la tradition d'Érasme. Érasme apporte une perspective humaniste à sa vision de l'Église. Dans son traité *Philosophia Christi* (c. 1538), il explique son regret de voir la chrétienté plus attachée à gagner son salut que de chercher la grâce de Dieu. Calvin en est inspiré. Il en est de même de Martin Bucer et Philippe Melanchthon, deux autres humanistes qui se lient à Calvin, malgré leurs différends réguliers, pour la défense de la réforme de l'Église chrétienne. Être humaniste ne veut pas pour autant dire être protestant et encore moins puritain. Le principe du retour aux textes primitifs, de base, en l'occurrence ici de l'Église, reste toutefois présent dans toutes les approches puritaines lors de leurs actions pour la réforme de l'Église d'Angleterre. Adair dit que Calvin a « cristallisé la Réforme [1]».

L'Italien Pierre Martyr Vermigli a participé à développer la pensée calviniste tout comme le successeur de Calvin à Genève, Théodore de Bèze. Le calvinisme n'apparaît pas tout de suite en Angleterre sous cette appellation. Du temps d'Henri VIII et d'Édouard VI, les références sont à trouver sous l'appellation « théologie de Suisse » (*Swiss theology* ou aussi *Swiss school*). Sous Élisabeth Ire, ce sont les théologiens William Whitaker et William Perkins qui seront parmi les premiers à participer à diffuser les doctrines calvinistes en tant que telles dans le royaume.

1. Adair, *op. cit.*, p. 55.

En Écosse comme en Angleterre, les principes de Calvin ne sont pas la véritable source du presbytérianisme qui se développe progressivement sur l'île. Le calvinisme y est seulement une adaptation des principes du théologien. Le livre de Jean Calvin, *Le catéchisme de Genève*, a certes fortement influencé les Écossais, mais les presbytériens d'Écosse et avec eux, les puritains presbytériens anglais se sont bien plus largement inspirés des principes d'Heinrich Bullinger[1]. Ce théologien suisse a été en contact avec de nombreux théologiens réformés des deux royaumes de l'île[2]. Il a écrit de nombreux travaux sur la Bible[3]. Ses écrits ont été traduits en anglais et ont circulés sur l'île ; ils y ont remporté un grand succès. Il a ainsi proposé un thème de ralliement qui a amené les calvinistes partisans de John Knox à renoncer aux principes de Calvin sur ce même point[4] et à adhérer à ceux de Bullinger, plus proches de leurs réalités politiques. John Knox soutient son approche théorique de la tyrannie[5] et des abus de l'Église. Il conseille aux chrétiens du pays de confier le gouvernement de cette dernière à une assemblée plutôt qu'à une seule personne. Notons tout de même que la possibilité d'établir un système épiscopal n'est pas immédiatement mise de côté par Knox. Le jugement de l'épiscopat par le théologien au moment de la réforme ne correspond en réalité qu'à un besoin du moment : l'épiscopat

1. George Yule, *Puritans in Politics, the Religious Legislation of the Long Parliament 1640-1647*, Cambridge University Press, 1981, p. 31.
2. Andries Raath et Shaun de Freitas, *Heinrich Bullinger and the Marian Exiles: The Political Foundations of Puritanism*, Collection personnelle, 2002, p. 2-3.
3. Heinrich Bullinger, *Cents Sermons sur l'Apocalypse de Jésus Christ/ Apocalypsim Jesus Christi*. Genève, 1558.
4. Raath, *op.cit.*, p. 17.
5. Un tyran pouvait être tué par son peuple ou un de ses représentants s'il ne respectait pas les lois universelles. Jacques VI exprima son adhésion à ce principe dans son *Basilikon Doron*, dans la section dévouée aux tyrans, livre II (1599), Cambridge University Press, p. 21.

ne permet pas aux Écossais de prendre en charge l'Église comme ils le doivent s'ils souhaitent mettre fin à l'autorité de la reine et surtout au catholicisme en Écosse. En fait, dans les premiers temps, à l'instar de Jean Calvin, il n'a rien contre un tel système. D'ailleurs, Knox aurait pu devenir un membre du clergé épiscopal. Il aurait refusé un évêché non pas parce que cela allait selon lui à l'encontre de la parole divine mais parce qu'il avait entrevu là des problèmes futurs dans ses projets de réforme de l'Église en Écosse[1]. Sous son influence et largement soutenue par les notables d'Édimbourg avides de pouvoir, l'Écosse adopte ce système presbytérien pour son Église nationale en 1560. La transition de l'Église catholique vers l'Église presbytérienne fut très rapide en comparaison à la Réforme en Angleterre. Elle a été presque immédiate et s'est concrétisée au détrônement de Marie Stuart.

La question de la prédestination

Le sujet de la prédestination est lui aussi au cœur des controverses. Calvin soutient le concept de double prédestination. Autrement dit, pour lui, une partie seulement de l'humanité est destinée à accéder au salut. Certains sont appelés à être sauvés, les autres sont damnés. Cette pensée, selon Bernard Cottret, s'explique par « la pensée du temps par les catégories juridiques ». « Calvin était juriste ; de nombreux juristes seront aux premiers rangs lors de la révolution anglaise[2] ». Pour Luther en revanche, c'est toute l'humanité qui est prédestinée au salut.

Au début du XVIIe siècle, Arminius attaque la question doctrinale de la prédestination soutenue dans le calvinisme. Pour lui, l'homme peut gagner son salut. Pour les calvinistes

1. Macmillan, *Aberdeen Doctors*, Londres, Hodder & Stoughton, 1909. p. 76.
2. Cottret, *Cromwell*, p. 31-32.

et la majorité des protestants, cette remise en question de la prédestination ressemble fort à de la doctrine catholique. Les puritains vont s'emparer de la controverse et s'opposer violemment – radicalement – à toute politique religieuse allant dans le sens de l'arminianisme. À partir de la fin des années 1620, l'incidence de l'arminianisme sur la transformation du puritanisme en parti religieux d'opposition à la politique va être décisive. Les puritains élisabéthains et jacobéens qui ne souhaitent officiellement jusque-là qu'une réforme plus poussée de l'Église d'Angleterre, s'opposent désormais ouvertement à la politique de l'archevêque de Cantorbéry, l'arminien William Laud. Ils finissent par essayer de la freiner avant de se soulever contre elle et destituer l'archevêque. L'autorité des évêques et la structure du gouvernement de l'Église d'Angleterre sont par ailleurs une autre des préoccupations principales des puritains. Leur position sur le sujet va évoluer et même les (sub)diviser.

La question du gouvernement de l'Église est un des points qui différencie les puritains des autres protestants anglais. Les premiers puritains sont des membres de l'Église établie par Élisabeth Ire. Ils la soutiennent. Pour les partisans du luthéranisme, la question d'un système épiscopale avec comme dirigeant un chef d'État est recommandé. Qui de mieux, en effet, qu'un chef d'État pour établir solidement son Église au sein de son royaume ? Or suite à la progression des doctrines calvinistes, particulièrement dans le royaume voisin, l'Écosse, le presbytérianisme devient de plus en plus tentant pour les puritains qui jugent que le monarque ne gère pas suffisamment bien la réforme de l'Église d'Angleterre. Le système presbytérien, constitué de consistoire, ou petites congrégations, se réunissant en assemblée générale, rejette le monarque comme chef unique de l'Église. C'est là un moyen réforme plus poussée de l'Église d'Angleterre et finalement pour définir leurs spécificités au sein du protestantisme anglais, britannique et européen plus globalement.

Les sources doctrinales du puritanisme

Les puritains sont avant tout des protestants. Ils refusent le système de l'Église catholique et se fondent sur une base doctrinale et dogmatique en opposition avec celle de Rome. C'est en adoptant des doctrines fondées avant tout sur les Évangiles qu'au seizième siècle, la société acquiert une perception différente de l'Église et de la manière de pratiquer sa foi. L'objectif est alors un retour à une Église chrétienne primitive et libérée de ce qui est perçu comme les corruptions et abus du clergé et du pape. Les puritains, en recherchant ce retour à la vraie Église du Christ, participent à changer la société anglaise toute entière. Ils sont inspirés et guidés en cela par les doctrines de deux principaux réformateurs : Martin Luther et Jean Calvin. Celles-ci sont diffusées à travers l'Europe ; les États et les individus se les réapproprient. Le luthérianisme et le calvinisme qui en résultent circulent bien sûr aussi dans les royaumes de l'île britannique. Ces doctrines, bien que toutes protestantes, s'opposent sur plusieurs points, dont les questions du salut de l'âme et du système ecclésial à adopter. Leur degré d'appropriation par les protestants anglais et la volonté de ces derniers de les utiliser dans la pratique quotidienne de leur foi divisent d'abord les protestants en deux grands groupes génériques : les luthériens et les calvinistes. Mais là encore, se limiter à cette description serait réducteur. Les doctrines de Luther et de Calvin ne sont pas les doctrines des luthériens et des calvinistes ; elles ne font que leur servir de base pour être radical de s'assurer que le monarque n'aura pas suffisamment de pouvoir pour freiner les réformes en profondeur de l'Église. Certains puritains se déclarent ainsi favorables au presbytérianisme. La subdivision au sein du mouvement puritain commence alors à se définir à travers des prises de position concrètes, fondées sur des choix favorisant les doctrines calvinistes.

Notons toutefois ici que le calvinisme défendu alors est un calvinisme spécifique, qui s'est adapté d'abord à l'Écosse. En effet, Jean Calvin ne s'est jamais exprimé contre un gouvernement de l'Église avec pour dirigeant le chef d'État. Les calvinistes, en revanche, échaudés face aux refus de laisser certains dirigeants prendre le pouvoir de l'Église, se sont tournés vers le système synodal. Cela a été le cas en Écosse lorsque de retour dans son pays natal après son long séjour à Genève, John Knox a décidé de réformer l'Écosse. Il s'est alors confronté à la possibilité de mener sa réforme avec le soutien de la royauté. Or les refus de Marie de Guise et Marie Stuart, et plus encore l'idée de voir l'Église protestante d'Écosse dirigée par une femme lui a alors été insupportable[1]. Ainsi, la tendance européenne à soutenir les principes calvinistes et d'adopter un gouvernement synodal fait que très vite, le calvinisme est associé à ce système.

Les idées d'un autre français, Théodore De Bèze, radicalisent plus encore les principes calvinistes circulant déjà en Angleterre. Pourtant il est considéré comme un réformateur de l'Église en France. Il a traduit la Bible en français et ses réflexions sont destinées à la réforme de l'Église en France et défend les Vaudoix dans le Piémont. Rien ne semble le prédestiner à influencer autant les puritains anglais. Or le massacre de la St Barthélémy, en 1572,

1. John Knox, *he First Blast of the Trumpet against the monstrous regiment of Women*, Édimbourg, 1558.

concentre les regards de protestants sur la France et ce qui est alors jugé comme la tyrannie de son roi envers les protestants. Le choc provoqué par l'événement participe à radicaliser le protestantisme en Europe. Les écrits de De Bèze dénonçant les manquements et erreurs de l'Église en France tombent à point nommé pour alimenter et à la fois répondre aux peurs des puritains anglais. *Du droit des magistrats sur leurs sujets,* écrit monarchomaque qu'il écrit en 1574 suite au massacre, justifie le droit des protestants (ici les huguenots) à se soulever contre la tyrannie religieuse du monarque. Celui-ci inspirera les puritains dans leurs attaques contre l'autorité du monarque sur l'Église en Angleterre jusque dans les années 1640. De Bèze est aussi entendu car il est connu et reconnu dans le monde dit réformé depuis qu'il a acquis une autorité en devenant le successeur de Calvin à l'académie de Genève. En cela, il est lu avec attention dans les cercles calvinistes anglais. Ses idées sont particulièrement appréciées par les groupes puritains qui commencent à envisager une Église dans laquelle l'épiscopat aurait ses pouvoirs réduits, voire annihilés. L'archevêque élisabéthain Whitgift devient l'un des plus farouches opposants aux principes calvinistes/presbytériens de De Bèze considérés désormais comme du puritanisme. Sa politique se rigidifie au contact de ces doctrines ce qui en réaction, renforce le front puritain.

La Bible et le *Livre des Martyrs*, les livres de chevet du puritain ?

Les puritains sont influencés par les doctrines des réformateurs adaptées aux besoins de l'Église et de la société ciblées. Pour autant, ils ne sont pas leur influence principale. En effet, les puritains ont à cœur d'appliquer l'un des principes fondamentaux des doctrines protestantes qui est celui de ne se fonder que sur les Écritures. Le Nouveau Testament est leur référence première. Toutes les familles puritaines ont une Bible à la maison. Les puritains lisent Luther, Calvin, Bucer. Les écrits d'Érasme font aussi partie de la littérature puritaine, mais après la Bible, aucun écrit n'arrive au niveau de popularité du *Livre des Martyrs,* de John Foxe. Le livre est aux côtés de la Bible dans tous les foyers puritains. Les puritains étant nombreux et influents à Londres, ce livre est lu jusque dans les orphelinats de la capitale par ordre du maire[1]. Pour John Adair, ce livre est une lecture obligée des puritains. Il est « le lait spirituel » du puritanisme[2].

Le Livre des Martyrs est un martyrologe des persécutions religieuses en Angleterre et plus généralement sur l'île britannique depuis le Moyen-Âge. Il a été écrit par le puritain John Foxe en latin, à Bâle en 1554, et publié pour la première fois en anglais en 1563. Le titre complet est *Acts and Monuments of these latter and Perilous days wherein are comprehended and described the great persecutions and horrible troubles that have been wrought and practiced by the Romish Prelates, Specially in this Realm of England and Scotland, from the year of our Lord 1 000 unto the Time Now Present.* Dès sa publication, l'œuvre a immédiatement un succès considérable. Le livre est réédité avec plus de cinq cent pages de rajout en 1570[3]. Deux autres éditions voient le jour en 1576 (dans lesquelles il parle aussi du massacre de la St Barthélémy en France en 1572), puis en 1583.

1. Adair, *ibid.*
2. C'est du moins ce qu'affirma John Bunyan, voir Adair, *op. cit.*, p. 57.
3. Il y eut jusqu'à 7 éditions agrémentées de toujours plus d'illustrations jusqu'en 1632.

Il est réédité encore et encore durant le XVIIe siècle. Son fils, Simeon Foxe ajoutera plusieurs chapitres sur les persécutions sous Jacques Ier et Charles Ier et après lui[1].

Le livre a été écrit avec l'ambition de dépeindre les premières traces du protestantisme et de faire des martyrs de ces premiers chrétiens qui cherchent à changer l'Église pour la ramener sur le chemin de Dieu. C'est une œuvre qui s'inscrit dans la tradition de la Renaissance par son approche humaniste. Le style et la méthode rappellent ceux d'Hérodote : Foxe a cherché à transcrire les témoignages des martyrs ou de leurs témoins pour donner la légitimité et la crédibilité nécessaire qu'il recherche. Il commence par raconter les actions de l'Anglais John Wycliff, « notre compatriote » (« our countryman »). Les racines de la Réforme religieuse en Europe se trouveraient donc en Angleterre. Puis il présente le martyre du tchèque Jan Hus. Les deux hommes et leurs partisans ont cherché à faire entendre raison au pape et à la chrétienté. Ils ont en conséquence été persécutés pour cela. Pour Foxe, ils ont été tels des lumières, certes brèves, qui ont guidé le peuple de Dieu jusqu'à la Réforme que le monde est en train de vivre. Foxe fait particulièrement remarquer que les persécutions du règne de Marie Ire sont les pires. C'est là une manière pour lui de valoriser les actions entreprises sous Élisabeth Ire.

Le *Livre des Martyrs* est fait dans le but de convaincre que le protestantisme est l'œuvre de Dieu pour rétablir sa vraie Église. En présentant les victimes de la Réforme comme des martyrs de la cause protestante, il crée un lien avec les premiers chrétiens martyrs de la cause de l'Église de Jésus Christ. Foxe

1. Introduction, *John Foxe's Book of Martyrs*, in Paul L. Maier and R. C. Linnenkugel, Michigan, Kregel publication, 2016, p. 20.

s'emploie à démontrer que Dieu a puni les persécuteurs des protestants. Les conditions de l'émergence du protestantisme rappellent celles des premiers temps de la chrétienté pour mieux démontrer encore sa raison d'être : ramener l'Église d'Angleterre à l'Église primitive du Christ et l'ancrer dans une forme de légitimité à exister.

Foxe décrit une multitude d'exemples de victimes des persécutions des catholiques envers des personnes ayant œuvré, selon lui, à l'émergence et à la résistance du protestantisme. Ses descriptions, agrémentées d'illustrations visuelles, visent à rendre compte des souffrances et des sacrifices des premiers protestants. Ils doivent inspirer les générations futures de protestants et les motiver à continuer l'œuvre de leurs prédécesseurs pour que leurs sacrifices n'aient pas été fait en vain. Foxe est concret dans ces exemples qu'il présente de manière nominative. Ainsi, cite-t-il le martyre de protestants ayant essayé de résister aux politiques antiprotestantes d'Henri VIII et Marie Ire. Ils sont nombreux à être morts par le feu et à avoir subi persécutions et tortures. Thomas Mann, par exemple, a été brûlé vif en 1519 pour s'être exprimé contre l'utilisation d'images lors des messes et contre les pèlerinages. Il cite aussi Christopher, un cordonnier, lui aussi brûlé vif la même année pour avoir des livres en anglais chez lui. Beaucoup de gens sont accusés d'hérésie. Foxe assure qu'ils sont punis et dépossédés de tous leurs biens au point de laisser leurs familles totalement démunies et affamées. Les exemples concrets, avec les noms des martyrs et leur peine, continuent ainsi durant plusieurs pages. Thomas Cromwell est aussi considéré comme un martyr[1].

1. Foxe, *op. cit.*, chapitre XIV.

Foxe raconte aussi les persécutions envers les protestants/luthériens sur l'île, intégrant les destins d'Écossais dans les années 1520-1540[1]. C'est un moyen pour lui de montrer les similitudes entre l'Angleterre et l'Écosse, voire le destin commun de la Réforme sur l'île. Il raconte alors le martyre de Patrick Hamilton, qui a soutenu les doctrines de Luther et Melanchthon sur les pèlerinages, le purgatoire et la prière des Saints. Il a été exécuté par le clergé catholique en 1527. Ceux qui le soutiennent après sa mort subissent le même sort. Le clergé brûle ou noie ceux qui soutiennent les nouvelles idées protestantes. Foxe assure même qu'une femme, Helen Stark et son bébé ont été mis dans un sac et noyés pour avoir refusé de prier la Vierge Marie alors qu'elle était en couches[2]. Les descriptions des persécutions des « protestants » qui s'enchaînent ainsi, toutes plus terribles et dramatiques les unes que les autres ne peuvent que toucher le lecteur. Le martyrologe est efficace. Le clergé catholique est présenté comme l'émanation de Satan s'acharnant contre les vrais hommes de Dieu. Il est aisé de comprendre que, pris au mot, le *Livre des Martyrs* a bouleversé les lecteurs protestants et a alimenté le sentiment anticlérical puritain, ainsi que la volonté de débarrasser l'Église de toute trace de catholicisme.

Calvin n'est pas un martyr mais Foxe lui consacre un chapitre entier[3]. Il est pour lui le réformateur le plus notable et influent. Foxe est en effet un puritain calviniste. Il rend ainsi hommage à celui qui a pensé et inspiré les piliers doctrinaux et dogmatiques du protestantisme auquel il adhère et dont il fait la promotion par son livre.

1. Foxe, *op. cit.*, chapitre XIV.
2. Foxe, *op. cit.*, chapitre XIV.
3. Foxe, *op. cit.*, chapitre XIII.

Foxe consacre aussi de nombreuses pages à Thomas Cranmer et à son action pour la cause protestante en Angleterre. Son exécution pour haute trahison par la reine Marie est présentée comme une véritable injustice, quelque chose de presque incompréhensible si l'on considère tout ce qu'il a fait pour le royaume. La description de Foxe laisse fortement penser qu'il est mort tel un Saint, les yeux au ciel en priant Dieu.

Le *Livre des Martyrs* est même un compagnon de prison des puritains[1]. Cela suggère qu'il est considéré comme inspirant et aidant à la rédemption.

De nombreux autres œuvres et textes circulent chez les puritains et servent de base à leurs réflexions. Parmi les plus notables se trouvent, par exemple, *The Plaine Mans path-way to Heaven* (1601), de Arthur Dent, ou encore *The Practise of Piety* (1612), de Lewis Bayly. L'épouse de John Bunyan fait référence à ces œuvres dans ses mémoires, expliquant qu'elle en a hérité de son père. Elle suggère ainsi l'importance de ces textes pour cette famille[2].

Le développement de l'imprimerie a participé à l'émergence du mouvement puritain. Des libraires tels que Robert Waldegrave ont ainsi concrètement et consciemment agit en ce sens. Waldegrave n'a pas hésité à imprimer les *Tracts de Marprelate* dans les années 1580[3]. Les libraires diffusent les tracts polémiques mais aussi les écrits spirituels et religieux tout autant qu'ils les rendent très accessibles. Plusieurs bibliothèques privées et publiques reflètent une forte influence puritaine

1. Cambers, *op. cit.*, p. 241.
2. John Bunyan, *Grace Abounding: With other Spiritual Autobiographies,* (1666), in Cambers, *op. cit.*, p. 9.
3. Cambers, *op. cit.*, p. 202.

parmi leurs utilisateurs. Ainsi, les bibliothèques d'Ipswich, Bury St Edmund, Halifax ou Repton, toutes établies entre 1595 et 1628, possèdent la littérature spirituelle présente dans les cercles puritains, dont les très populaires *An Exposition of the Symbole or Creede of the apostles* (Cambridge, 1695), de William Perkins, *The Workes of... Gervas Babington* (Londres, 1615), ou encore *An Exposition of the Epistle of St Paule to the Colossians* (Londres, 1615), d'Edward Elton[1].

Les narrations d'histoires de personnes ayant vécu dans le péché sont nombreuses. Elles servent à avertir les fidèles tout en les motivant à suivre la voie vertueuse dictée par Dieu dans les Écritures. Les exemples de personnes ayant profané le jour du seigneur et les blasphémateurs, mourant de froid ou de lourde maladie ou dans d'atroces souffrances ne manquent pas[2]. Le jugement de Dieu semble alors impitoyable pour ceux qui le défient ou le parjurent. Ces exemples font bien évidemment peur et forcent les puritains à chercher à vivre une vie pieuse et exemplaire en accord avec la volonté de Dieu.

L'étude de Cambers sur les écrits des puritains démontre combien le spectre du puritanisme est large. Les choix de lectures et, encore plus, les écrits (annotations, journaux, autobiographies, sermons, etc.) démontrent qu'il varie presque d'une personne à une autre. La question doctrinale et surtout celle de la prédestination, souvent liée au puritanisme, est centrale, certes, mais n'est pas unique, tout comme elle n'est pas toujours une émanation de réactions contre la politique religieuse du royaume. Tous les puritains ne sont pas calvinistes. Tous les puritains ne sont pas non plus des radicaux religieux ou politiques. Les

1. Cambers, *op. cit.*, p. 138, 243.
2. Cambers, *op. cit.*, p. 168.

écrits guident et inspirent[1]. Par leur utilisation, le puritanisme en devient un mode de vie, qui en étant différent, sera potentiellement perçu comme radical par ses contemporains. Les écrits et l'activité de lecture seraient-ils à la base de l'invention du puritanisme ? De toute évidence, ils la conditionnent.

Quelques théories sur les raisons de la radicalisation de certains protestants

Le puritanisme est considéré comme une forme de radicalisation de personnes et de groupes de protestants. Il nait sous Élisabeth Ire en réaction à une réforme de l'Église d'Angleterre qu'ils jugent insuffisante. Or cette seule raison, qui justifie que le mouvement puritain est né au sein de l'épiscopat élisabéthain, n'explique pas à elle seule comment il s'est propagé au sein de la population jusqu'à essayer de la changer dans son mode de vie et ses fondements. L'historien Christopher Hill propose une interprétation d'une évolution continue du mouvement protestant se radicalisant au fil de l'émergence de l'importance de la question économique du commerce anglais. Ses théories ont depuis été remises en question mais elles sont porteuses d'une certaine réalité : les puritains sont souvent issus de milieux liés au commerce. Ils profitent du développement économique, dans les colonies américaines entre autres, pour évoluer dans l'échelle de la société et arrivent plus facilement ainsi à accéder à la propriété. Cela les aide à s'établir au Parlement en devenant de plus en plus nombreux à avoir les moyens de financer un siège à la Chambre des Communes. Ce n'est cependant pas une réalité pour tous les puritains. L'économie fleurissante a

1. Cambers, *op. cit.*, p. 10-11.

seulement favorisé l'affirmation sociale, puis politique, d'une petite partie d'entre eux, certes la plus visible et la plus entendue grâce au Parlement. Le puritanisme est toutefois et avant tout un mouvement qui se développe plus favorablement au niveau local des paroisses, au sein-même de la société, loin du Parlement et de l'épiscopat. C'est en cela que la réforme puritaine des mœurs de la société prendra une si grande ampleur au XVIIe siècle.

Le puritanisme se développe particulièrement bien au sein des communautés paroissiales. L'archevêque Whitgift en prend conscience dès les années 1570. Il entreprend de freiner le mouvement à sa racine. Pour cela, il construit tout un réseau aux niveaux des paroisses du royaume pour mettre fin à l'influence grandissante des opposants puritains presbytériens, qui commencent, bien que timidement encore, à rejeter l'autorité royale et épiscopale. Il crée un lien fort avec les prêtres pour faire barrière au puritanisme local. Nous le constaterons dans les chapitres suivants, ses méthodes seront reprises par les archevêques suivants, Richard Bankroft et William Laud[1].

Les radicaux étaient souvent désignés par leurs contemporains plutôt comme des groupes sectaires (*sectaries*), schismatiques ou comme des hérétiques. La notion de dissidence est parfois utilisée aussi mais elle réfère surtout aux sectes et groupes non-conformistes protestants en Angleterre n'acceptant pas l'Église telle qu'établie par la monarchie et son Parlement à partir des années 1660. Son utilisation peut être considérée comme anachronique et doit donc être faite avec précaution. Le vocabulaire et la dichotomie utilisée alors aident à la prise de conscience de leur(s) différence(s) d'abord avec l'Église établie puis entre eux. Car des subdivisions commencent rapidement au

1. Adair, *op. cit.*, p. 89.

sein du puritanisme. Les protestants radicaux, ou ultra-protestants, sont appelés de manière générique « les puritains », mais parmi eux, on retrouve dès les premiers temps les anabaptistes, les brownistes et les presbytériens. Ceux-ci se différencient par certains aspects doctrinaux et dogmatiques. Ainsi, par exemple, pour leurs contemporains, les plus dissidents d'entre eux sont alors les anabaptistes. Ils sont rejetés par les luthériens et les calvinistes car ils refusent le baptême aux enfants. Refuser le premier sacrement de l'Église est alors tout autant considéré comme un sacrilège que le non-respect de l'Eucharistie.

Les baptistes, quant à eux, commencent à s'imposer de manière notable à partir de 1608, sous l'égide de John Smyth. Celui-ci déclare alors qu'aucune Église encore existante n'a autorité à baptiser. Il se baptise finalement lui-même avant de baptiser les membres de sa congrégation. Cette initiative est une attaque frontale à l'Église établie d'Angleterre. Il devient un des premiers non-conformistes en refusant le sacrement du baptême par un membre de l'épiscopat. Ces branches puritaines sont parfois simplement des regroupements formés en soutien à des courants de pensée plus anciens. Ainsi, les millénaristes sont soutenus par les puritains dans les années 1640. Ceux-ci attendent le retour imminent de Jésus Christ sur la terre pour y régner avec ses saints. Ils existent depuis le Moyen Âge, mais certains puritains les remettent au goût du jour. Ils sont appelés les « chercheurs » (« seekers »). Ils commencent à se faire connaître durant le règne de Jacques Ier[1].

1. Fritz, *op. cit.*, p. 479.

Laurent Curelly et Nigel Smith ont dirigé un ensemble de travaux visant à comprendre l'évolution de la notion de radicalisme religieux dans l'Angleterre de l'époque moderne[1]. Force est de constater que le concept a maints visages et évolue considérablement selon les aires et le temps. Le radicalisme change avec l'Angleterre. Du ressenti d'une différence et d'une exagération envers certains individus et groupes on passe à la reconnaissance constitutionnelle de groupes religieux distincts évoluant politiquement et socialement en dehors du système établi par l'État, avant de devenir le système de l'État, après l'exécution de Charles Ier, le 30 janvier 1649.

Le radicalisme religieux devient radicalisme politique dans les années 1640 avec l'émergence des indépendants. Les victoires des armées parlementaires menées par des dirigeants puritains, se regroupant sous le nom d'indépendants, sont peut-être la seule raison solide justifiant leur influence croissante au Parlement et à l'Assemblée des théologiens de Westminster à ce moment-là. Elle résulte en leur prise totale du pouvoir dès 1647, après le départ des presbytériens écossais et, avec eux, de la prépondérance idéologique des presbytériens anglais.

Les indépendants ne cherchent pas seulement la guerre avec le roi ; ils veulent changer radicalement la société en Angleterre. Ce groupe puritain est né discrètement durant le règne d'Élisabeth Ire. Cette congrégation à tendance séparatiste[2] se retrouve plus particulièrement au sein des communautés presbytériennes réfugiées aux Pays-Bas sous le règne de Jacques Ier. En ces

1. Laurent Curelly, Nigel Smith (eds.), *Radical Voices, Radical Ways. Articulating and Disseminating Radicalism in Seventeenth and Eighteenth-Century Britain*, SEAA, Manchester, Manchester University Press, 2016, p. 2.
2. Elle est parfois qualifiée de « semi-séparatiste », Collinson, *op. cit.*, p. 110 ; Fritz, *op. cit.*, p. 249.

premiers temps de confessionnalisation, ils sont donc considérés comme des puritains presbytériens. Calvinistes orthodoxes sur le plan théologique, ils rejettent bientôt tout système de hiérarchie, y compris celle, presbytérienne, constituée de consistoires car celle-ci est supervisée par une assemblée générale. Ils considèrent que seul un système constitué de congrégations autonomes, indépendantes, est légitime. Quelques-unes d'entre elles se rassemblent toutefois autour de prêcheurs au sein d'un système de regroupement paroissial. Elles sont formées dans le cadre d'alliances, ou covenants, entre leurs membres et Dieu. Ce groupe confessionnel est véritablement un des produits du processus de confessionnalisation en Angleterre. Son adaptabilité au contexte national pour l'adapter ensuite à son tour à sa vision de la religion pousse le processus jusqu'à son paroxysme, à la fin des années 1640. D'une simple tendance confessionnelle, les indépendants affirment progressivement tellement bien leur spécificité, qu'ils se constituent en parti religieux puis aussi politique, d'abord aux côtés puis contre les presbytériens auxquels ils étaient d'abord assimilés. John Owen, Thomas Goodwin, Philip Nye et surtout Oliver Cromwell sont les indépendants les plus notables dans l'émergence et l'affirmation du modèle puritain indépendant. En transformant leur doctrine religieuse en doctrine politique, radicale elle aussi car elle refuse toute autorité d'un monarque sur l'Église et l'État, ils réussissent à imposer leur système religieux et politique au Parlement dès le milieu des années 1640 et dans le cadre de la république puritaine du Commonwealth, après avoir fait exécuter le roi en 1649.

Un phénomène est pertinemment noté dans les travaux menés par Curelly et Smith : le radicalisme protestant a su se développer grâce à la diffusion de la parole orale et écrite qui revêt une importance centrale pour les puritains en général. Sa valeur est la même qu'elle vienne d'un individu ou d'un groupe[1]. Il est vrai aussi que le recours à l'écriture aide à la diffusion de ces idées par la transcription des sermons et des journaux personnels et à ses diverses publications, dont les puritains en général sont très friands. Les plus radicales sont ainsi plus facilement entendues et débattues. À défaut pourtant d'être suivies, elles donnent l'impression d'être très présentes, du gouvernement jusque dans les paroisses. Des journaux intimes, ces idées passent aux pamphlets et finissent même par s'inscrire définitivement dans la littérature. L'œuvre de John Milton en sera un des meilleurs exemples dès les années 1640.

Bien que cette étude s'arrête à l'année 1642, notons tout de même les exemples des niveleurs (*Levellers*) et des trembleurs (*Quakers*), qui apparaissent vers la fin des années 1640. Ils seront de ces puritains radicaux les plus emblématiques. Leur détermination entretenue au sein de communautés solides, en un temps connaissant tant de bouleversements politiques et sociaux en plus de religieux, ils susciteront des émules autant que des réactions de rejet total, car leur mode de vie en est rendu à l'extrême du fanatisme religieux. Rappelons aussi sous forme d'exemple pour illustrer ce caractère fanatique, que les trembleurs cherchent à se mettre en transe, jusqu'à ce que leur corps soit secoué dans des tremblements pour entrer en contact avec Dieu.

L'apparition de ces groupes, pourtant tous considérés comme puritains, est le fruit d'une prise de conscience et d'une affirmation de spécificités confessionnelles au fil des années. Revenons sur ce phénomène qui a conditionné les transformations du puritanisme à partir de la fin des années 1560.

1. Curelly, Smith, *op. cit.*, p. 10.

Puritanisme et confessionnalisation

Si le seizième siècle a connu une division claire et radicale entre catholicisme et protestantisme, le dix-septième siècle a été le témoin d'une division progressive du groupe dit « protestant » en courants, puis en factions ou groupes, tous aussi variés que les interprétations des Écritures Saintes. Leur affirmation s'est faite au fur et à mesure de la prise de conscience des différences confessionnelles au sein des Églises établies. Ce phénomène est connu aujourd'hui sous le nom de « confessionnalisation[1] ». Ce sont les historiens allemands qui ont inventé ce terme pour désigner les changements confessionnels en Allemagne et pour parler de la fragmentation de la chrétienté occidentale du Moyen-Âge en plusieurs groupes dont les doctrines religieuses variaient les unes des autres. Au dix-septième siècle, la prise de conscience confessionnelle est une véritable remise en question de la religion et de la perception de l'Église.

Plus le puritain s'affirme au sein de l'Église et de la société, plus le puritanisme se transforme. Les visages des puritains sont autant de facettes du puritanisme. Alors que le processus de confessionnalisation progresse, particulièrement durant la première moitié du dix-septième siècle, le besoin de s'affirmer par un choix confessionnel déclaré s'ancre dans les esprits des protestants. Si l'individu ou le groupe ne le fait pas de lui-même, la société le fait pour lui. Cela semble ainsi être particulièrement le cas avec les puritains dans les années 1620. Cette période correspond à

1. Le terme premier est le terme allemand « Konfessionsbildung », (ou « Konfessionalisierung ») pour faire référence à la construction confessionnelle et à la fragmentation de la chrétienté en confessions au Moyen-Âge dans l'espace allemand. Ce concept a été mis en évidence par E. Zeeden dans les années 1960. Voir aussi Thierry Wanegffelen, « Les chrétiens face aux Églises dans l'Europe Moderne », *Nouvelle Revue du Seizième Siècle* – 1993 – n° 11, p. 37-53.

la fin du règne du roi Jacques et aux premières années du règne de Charles Ier. Ce sont les années durant lesquelles ce dernier, d'abord prince de Galles puis roi, a commencé à faire ses preuves en matière de choix religieux. Il a d'ailleurs été contraint de le faire clairement et aux yeux du monde entier lors de son séjour à Madrid, en terre catholique, en 1623. Alors que le pape et l'Espagne ont un temps espéré qu'il soit venu pour se convertir au catholicisme, et que les sujets britanniques ont craint cette même ambition, Charles a été contraint de s'affirmer en protestant, sans pour autant s'opposer ouvertement au catholicisme de ses hôtes. C'est là l'origine d'un quiproquo avec ses sujets protestants qui ne cessera dès lors d'être alimenté par les puritains. Ces derniers profiteront de cet épisode diplomatique pour démontrer qu'il n'est pas un gouverneur de l'Église suffisamment fiable pour défendre la cause du protestantisme.

La confessionnalisation est une conséquence des préoccupations et du mécontentement de la société envers l'Église établie. Le phénomène implique constamment celle-ci en la divisant, faisant d'elle tour à tour une victime et un moteur de la Réforme, ou plutôt *des* Réformes. Il est donc nécessaire de le considérer comme un phénomène social tout autant que religieux. Comme l'a soutenu Thierry Wanegffelen, la confessionnalisation a été un facteur de division sociale, car son processus a pour but principal de différencier les « vrais fidèles » des « adversaires », autrement dit des « bons » et « mauvais » chrétiens[1]. Cela a donné naissance à des groupes religieux tous persuadés de leur légitimité[2]. Dès les

1. Thierry Wanegffelen, L'Edit *de Nantes*, Paris, Librairie générale française, 1998, p. 119-121, 157.
2. Thierry Wanegffelen, « Construction et acculturation confessionnelles », chapitre II, p. 2. Archives privées, document communiqué par l'auteur en juillet 2001.

premières années de l'émergence d'idées protestantes en Europe, les deux nations sont entrées dans la Réforme, mais ont opté pour des choix ou des inclinations différentes tant sur les aspects doctrinaux que dans le choix des systèmes de gouvernement ecclésiastique, tout en restant fondamentalement protestantes.

Samuel Gardiner, dans une certaine mesure seulement, suggérait déjà trois siècles plus tôt, que les confessions variaient selon les conditions et les lieux dans lesquels elles naissaient[1]. L'historiographie nous indique une évolution dans l'approche du phénomène. Les travaux d'Ernest Walter Zeeden[2], par exemple, ont conclu que dans les années 1560, le phénomène de confessionnalisation en Allemagne ne comptait plus deux mais trois groupes confessionnels : les catholiques, les calvinistes et les luthériens. Leur construction était assez semblable étant donné que tous souhaitaient créer des « modes de vie collectifs pour consolider l'identité confessionnelle[3] » et ainsi la renforcer. Il est désormais reconnu qu'une des grandes raisons de ces divisions au sein des Églises réformées étaient les tensions dues à la peur de voir l'Église catholique restaurée[4]. L'exemple de l'Angleterre et l'émergence du puritanisme reflète cela parfaitement comme nous le constaterons dans le prochain chapitre.

1. Chapitre I, Samuel Gardiner, *History of the Commonwealth and Protectorate. 1649-1956*, Gloustershire, The Windrush Press, 1903.
2. Parmi les autres travaux qui ont été faits sur le sujet, notons ceux de Thierry Wanegffelen, « Construction et Acculturation confessionnelles : les enseignements de l'historiographie allemande. » Ce document a été communiqué à l'auteur par Thierry Wanegffelen, été 2000.
3. Thierry Wanegffelen, « Réforme, Réformations, protestantisme », dans *L'Europe protestante aux XVIe et XVIIe siècles*, sous la direction de John Miller, Paris, 1997, p. 2.
4. Thierry Wanegffelen, *op. cit.*, p. 94, 143-145.

La « division » est le terme récurrent utilisé pour parler des différences de plus en plus évidentes et conflictuelles au sein des Églises protestantes européennes, mais le processus de confessionnalisation n'est jamais clairement identifié ou cité comme un phénomène à part entière. Les divisions et les choix confessionnels apparaissent toujours comme des faits accomplis, sans qu'il y ait d'analyse contemporaine des étapes qui y ont mené. Elles peuvent être sous-entendues, mais jamais explicites. C'est là tout le problème de la « prise de conscience confessionnelle » suggérée par le terme « confessionnalisation ». Il nous faudra donc nous méfier de son utilisation[1]. La plupart des études traitant de l'histoire religieuse de l'Angleterre et de l'Écosse simplifie les rapports au sein des Églises réformées. Les travaux sur la question schématisent les problèmes en expliquant que les presbytériens y étaient opposés aux épiscopaliens et à l'épiscopat. L'émergence de ces factions s'est faite en conséquence des divergences sur les modalités de réforme de l'Église d'Angleterre. Or, le problème était bien plus profond et complexe que cela, car il faisait intervenir traditions et enjeux politiques.

Ainsi, Christopher Hill[2] a réfléchi sur l'interdépendance entre les classes sociales et le choix confessionnel de la population. Il a constaté que les classes marchandes et la nouvelle bourgeoisie avaient tendance à être calvinistes. Autre caractéristique récurrente, les partisans de l'épiscopat étaient, la plupart du temps, défenseurs du roi alors que les puritains

1. Patrick Ferry, « Confessionalization and Popular Preaching: Sermons against Synergism in Reformation Saxony », *Sixteenth Century Journal*, 28, 1997, p. 1143-1166.
2. Christopher Hill, « Religion and Politics in 17th century England », dans *Collected Essays*, vol. II, Brighton, Harvester Press, 1986.

étaient souvent opposés à sa personne ou sa politique ecclésiale. Cette thèse est en partie soutenue mais nuancée par Heinz Schilling, Wolfgang Reinhard et Thierry Wanegffelen[1] lorsqu'ils soutiennent qu'en général, le choix de la confession d'un pays est contrôlé et mis en pratique par la classe sociale dirigeante et les intellectuels. Le choix confessionnel ne revêt pour eux aucune caractéristique culturelle et nationale. Leur thèse reste pertinente, mais elle occulte malheureusement cet aspect essentiel que fut le sentiment patriotique de l'évolution politique et religieuse d'une nation[2].

Les Anglais prennent progressivement conscience du processus de confessionnalisation que les protestants de l'île sont en train de vivre. Ainsi, le puritain presbytérien d'abord puis dissident de l'interrègne Richard Baxter a grandement participé par ses sermons avant et durant la guerre civile à faire prendre conscience à ses contemporains de la réalité de l'existence, désormais, de nombreux groupes puritains de confessions différentes. Ses écrits se font l'expression des nuances qui caractérisent dès lors le puritanisme[3]. Les années 1630-1640 (sub)divisent non seulement les protestants entre modérés et ultra-protestants, souvent assimilés aux puritains, mais aussi entre les puritains eux-mêmes. Baxter dit d'ailleurs de lui qu'il est « un indépendant presbytérien épiscopal[4] ». Il est plus qu'un puritain, il est un puritain qui se définit désormais à partir de bases spécifiques et reconnues par des groupes qui

1. Wanegffelen, *ibid.*
2. Sabrina Juillet Garzón, *Unis par la couronne, indépendants par l'Eglise. L'Ecosse face à l'Angleterre, 1603-1707*. Sarrebruck, EUE, 2011.
3. Introduction, de William Baxter, *Holy Commonwealth* (1659), Cambridge, Cambridge University Press, 1994.
4. Fritz, *op. cit.*, p. 40.

se (re) définissent autour de valeurs et de principes communs. Il est véritablement le produit de son temps tout comme son traité, *The Holy Commonwealth*, qui, même si publié plus tard, en 1659, reflète parfaitement ce nouveau genre de protestantisme.

Une illustration sur la couverture de *Religions Enemies*, de John Taylor (Londres, 1641)[1], est révélatrice des tiraillements au sein de la population sur les choix religieux. L'illustration montre, en effet, des anabaptistes, des brownistes, des athéistes et des papistes tirant chacun de leur côté un drap sur lequel se trouve une Bible. Cette image reflète parfaitement les tensions liées à la confessionnalisation au début des années 1640. Les groupes qui vont se définir durant cette décennie ne sont pas encore clairs ou connus, mais il est déjà évident pour tous que les confessions se multiplient et qu'elles sont toutes le reflet de la certitude de ceux les adoptant d'avoir le monopole de la bonne interprétation et manière d'appliquer la parole de Dieu.

Ces prises de conscience confessionnelle ont ainsi transformé le puritanisme, de sa naissance, au moment de la réforme religieuse élisabéthaine, jusqu'à son affirmation au niveau ecclésial, politique et social à l'aube de la guerre civile, qui va mener le mouvement à son apogée durant les années 1640-1650. Afin de mieux comprendre la complexité du puritanisme et son évolution, revenons sur les bouleversements religieux et politiques des règnes d'Élisabeth Ire, Jacques Ier et Charles Ier.

1. Andrew Cambers, *Godly Reading. Print, Manuscript and Puritanism in England, 1580-1720*, Cambridge, Cambridge University Press, 2013, p. 5-6.

Chapitre 2

Les transformations du puritanisme : de la réforme de l'Église à la réforme de l'État

I
La *via media* élisabéthaine

Si ceux qui protestaient contre l'Église de Rome sont devenus les protestants au fil des réformes religieuses de la première moitié du seizième siècle, c'est en réaction aux réformes religieuses entreprises à partir de 1558, avec le retour d'un monarque protestant, qu'apparaissent ceux qui veulent purifier l'Église d'Angleterre de tout ce qui rappelle l'Église de Rome. Le puritanisme est ainsi né sous le règne d'Élisabeth Ire.

Ce chapitre propose une étude de la politique religieuse menée par la reine Élisabeth Ire à partir de son accession au trône d'Angleterre et à la tête de l'Église d'État, en 1558. Il explique comment et pourquoi les puritains sont, à ce moment-là, devenus, selon la souveraine, une véritable menace dans le processus d'établissement du gouvernement religieux protestant de l'Église d'Angleterre ainsi que pour l'unité des sujets et donc, pour la paix du royaume. L'émergence du puritanisme comme concept faisant référence aux diverses oppositions de certains protestants anglais à la politique religieuse de la reine est ici abordée dans son contexte de prise de position confessionnelle aux niveaux individuel et national chez les protestants anglais. La relation entre besoin politique de l'État et attentes des sujets envers la religion en est devenue complexe. Le protestantisme anglais commence dès lors à présenter au monde de multiples facettes qui n'auront de cesse de se redéfinir au fil des réformes et de la circulation dans le royaume de modèles étrangers venant d'Écosse et du continent.

Nouveau monarque, nouvelle Église : une tradition du siècle Tudor confirmée par l'avènement d'Élisabeth Ire ?

L'Angleterre a connu de si nombreux soubresauts en religion et politique, sous les trois monarques précédents, que le début de règne d'Élisabeth catalyse beaucoup de peurs tant chez les catholiques que chez les protestants. La question de la religion est, dès le départ, au cœur des sessions du Parlement, qui déjà, proclame qu'il représente la nation entière. À ce titre, il considère de son devoir d'aider la reine dans ses réformes.

La reine fait son premier discours au Parlement le 25 janvier 1559. Celui-ci est précédé par une messe au cours de laquelle il est demandé à Dieu d'inspirer les délibérations à venir. En effet, celles-ci seront centrées sur la réforme, déclarée nécessaire, de l'Église d'Angleterre. Tout dans la cérémonie est délibérément symbolique, jusque dans la demande faite par la nouvelle reine aux gardes, à l'entrée de l'abbaye, de déposer les grandes torches qu'ils tiennent alors pour éclairer son passage, car, dit-elle alors, « elle y voit suffisamment clair[1] ». Elle sait en effet ce qu'elle veut pour son royaume. Le prêtre qui officie à cette cérémonie n'est autre que Richard Cox, un partisan de Thomas Cranmer et le maître à penser d'Édouard VI. Il avait été obligé de s'exiler sous le règne de Marie Ire. Son retour est

1. David Starkey, *Elizabeth*, Londres, Chatto & Windus, 2000, p. 42.

triomphant. Sa présence lors de ce moment-clé de début de règne est un message clair à la chrétienté : l'Angleterre redevient protestante.

La reine déclare qu'elle veut mettre fin aux divisions entre ses sujets. La conformité religieuse, plus que l'uniformité religieuse est pour elle une nécessité. Ses sujets sont toujours en pleine crise confessionnelle et les prises de position varient selon les individus, leurs motivations religieuses et surtout de leurs intérêts politiques, sociaux et économiques. Le début de règne n'est donc pas le temps des débats doctrinaux, mais celui du rassemblement. De fait, les sujets ont en commun l'obligation d'allégeance qu'ils doivent à leur souveraine. À défaut d'une uniformité religieuse imposée à tous, il s'agira pour chacun de montrer son allégeance à l'autorité royale en participant publiquement aux rites de l'Église d'État dont la reine a la responsabilité. La loyauté à la monarchie passe désormais par l'obligation de reconnaître cette Église d'État comme l'Église de rassemblement de la nation. C'est elle qui est considérée comme la garantie de l'unité nationale.

Élisabeth Ire mise alors sur une Église protestante qu'elle veut modérée. Cette approche du protestantisme viendrait de sa belle-mère, Catherine Parr, qui avait l'habitude de chercher le consensus dans chacune de ses traductions et approches interprétatives des textes religieux[1]. L'Église protestante telle que la reine la conçoit cherche une voie d'entente avec les catholiques, encore très nombreux dans le royaume. La paix religieuse aidera à la paix sociale tout autant qu'à l'affirmation politique de cette jeune femme désormais au pouvoir. Il en va en effet de sa survie en tant que monarque.

1. Starkey, *op. cit.*, p. 274.

Une jeune reine forte d'une longue expérience politique et religieuse

Élisabeth n'a que vingt-cinq ans au moment de son accession. Elle succède à Marie Ire, sa demi-sœur, une reine avant tout catholique qui n'avait pas hésité à l'emprisonner pour suspicion d'inclinations luthériennes. Élisabeth a donc bien failli ne jamais accéder au trône.

La rébellion dite « de Wyatt », en 1554, aurait en effet pu coûter la vie à la princesse. Élisabeth fut emprisonnée plus d'une année à la Tour de Londres, soupçonnée d'avoir participé à cette rébellion. Il ne fut pas simple de convaincre sa sœur qu'elle n'avait rien à voir avec la tentative menée par Thomas Wyatt et ses partisans pour détrôner la reine. Marie avait matière à s'inquiéter. Le monde protestant était contre elle. L'Angleterre se transformait et tendait déjà ouvertement vers le protestantisme même si la majorité des sujets se déclarait encore catholique. La reine avait peur. En janvier 1554, l'exécution de Lady Jane Grey, sa cousine âgée de dix-sept ans, et de son mari, avait démontré au monde que Marie était prête à ne laisser aucun obstacle sur sa route. Savoir que sa propre sœur était protestante elle aussi et qu'elle était soutenue par ceux qui avaient permis de mettre Jane Grey sur le trône aurait été suffisant pour l'exécuter elle aussi. Encore fallait-il des preuves à ses suspicions[1].

Sous la plume de John Foxe, dans son *Livre des Martyrs*, cet épisode de la vie d'Élisabeth est présenté comme ayant conditionné sa vie religieuse et plus encore sa politique ecclésiastique. Elle a failli finir en martyre de la cause protestante. Sa survie en devient un miracle et une preuve de la volonté de Dieu de voir l'Angleterre devenir protestante.

1. Starkey, *op. cit.*, p. 129-134.

Durant son emprisonnement à la Tour de Londres, aucune preuve formelle n'avait pu être trouvée pour confirmer qu'elle était bien une protestante. Certes, elle avait été élevée aux côtés de son frère, Édouard, dans une foi toute luthérienne par Catherine Parr et Thomas Seymour ; elle a gardé de nombreuses connaissances datant de ce temps-là. Pourtant, pendant tout le règne de Marie, elle a su rester extrêmement discrète sur ses inclinations confessionnelles personnelles. La raison d'État et son statut d'héritière au premier rang de la succession au trône d'Angleterre, en l'absence d'un enfant légitime né de Marie et Philippe II, exigeait d'elle qu'elle ne prenne pas position et se montre totalement loyale envers sa souveraine de sœur. Et c'est ce qu'elle a fait durant les cinq années du règne de Marie Ire en cachant ses inclinations protestantes par loyauté tout autant que pour sa survie.

L'art de savoir bien s'entourer pour construire une nouvelle Église

Dès son accession au trône d'Angleterre, sa vie change. Sa couronne la rend responsable de ses sujets et de leur Église. Depuis les réformes en matière de gouvernement religieux d'Henri VIII dont elle rappelle dès que l'occasion s'en présente qu'elle est la digne et légitime héritière, elle gouverne de fait et de droit l'institution religieuse du royaume. À ce titre, elle peut enfin assumer sa religion.

En tant que protestante elle-même, Élisabeth décide de mettre fin au catholicisme pour rétablir une Église à son image. Son père s'était déclaré « chef suprême » de l'Église d'Angleterre ; elle aurait dû garder ce titre mais elle le transforme en celui de « gouverneur suprême ». La raison principale que les historiens avancent à cela est que le Parlement et l'Église ont alors du mal à envisager l'idée qu'une femme puisse être « chef » de l'institution. En la présentant comme celle qui gouverne l'Église plutôt que celle qui est à sa tête, la formule implique qu'elle peut être aidée dans cette tâche, tel un gouvernail que le bras seul du navigateur ne peut faire avancer si d'autres forces n'interviennent pas en soutien. En validant ce statut de gouverneur, les prélats et les parlementaires s'assurent un moyen de contrôle de la gestion de l'Église.

D'ailleurs, Élisabeth elle-même ne souhaite pas gouverner seule l'Église. Elle ne se prévaut pas d'être un monarque qui maîtrise totalement les sciences de la théologie et du divin. Or, elle juge de son devoir suprême de monarque de droit divin de garantir par son gouvernement l'unité religieuse de ses sujets. Elle le dira d'ailleurs clairement lors du Parlement de 1566 :

> *It is said I am no divine. Indeed, I studied nothing but divinity until I came to the Crown; and then I gave myself to the study of that which was meet for government.*

C'est donc la raison politique, voire le pragmatisme lié à la nécessité de survivre en tant que femme chef d'État, qui la pousse à mettre en place une *via media* religieuse, autrement dit une Église protestante modérée, fort imprégnée d'un goût de compromis que certains considèreront comme amer. Ces protestants qui veulent une vraie réforme religieuse pour mettre définitivement fin aux fantômes de Rome, sont ceux qui veulent purifier toujours plus la religion pour retrouver ce qu'ils jugent être la « vraie » Église de Dieu. Même si la définition de la « vraie Église » varie alors selon chaque individu ou presque, les attentes se rejoignent autour de l'idée qu'elle doit se construire uniquement à partir de ce qui est dicté dans les Évangiles. Les réformes religieuses de ce début de règne, fondées sur la raison politique et visant à rassembler l'ensemble des sujets, protestants et catholiques, au sein d'une même Église, sont donc jugées par certains comme étant trop enclines au compromis. La frustration de ces protestants plus exigeants provoque chez eux une colère qui ne fera dès lors que croître.

Dès l'accession au trône de la nouvelle reine, dix nouveaux conseillers sont nommés pour travailler avec elle sur les questions de religion. Ce sont pour la plupart des protestants ayant participé à la réforme de l'Église sous Édouard VI. Les frustrations du règne de Marie Tudor les ont rendus plutôt radicaux dans leur approche. Ce sont tous des fidèles d'Élisabeth ; à ces côtés durant de nombreuses années, ils sont restés discrets pour ne pas la compromettre durant le règne de sa sœur. Parmi eux se trouve William Cecil. Il l'accompagnera jusqu'à sa mort dans toutes ses décisions diplomatiques, politiques et religieuses.

Élisabeth nomme Matthew Parker archevêque de Cantorbéry. Le premier prélat du royaume reçoit ainsi la lourde mission de l'accompagner dans les premières réformes visant à rétablir le protestantisme après cinq années de catholicisme. La reine appelle ensuite plusieurs théologiens et homme d'Église fidèles à la cause protestante depuis Édouard VI à rejoindre l'épiscopat. Les exilés du règne de Marie Ire, revenant alors en masse en Angleterre, se voient offrir des paroisses et des évêchés. Au contact des réformateurs en Suisse et en France, la plupart sont devenus plus exigeants. Et beaucoup ont adopté des doctrines calvinistes. Cela ajouté aux déboires qu'ils avaient connus sous Marie, les a rendus plus méfiants envers le pouvoir. Élisabeth a d'ailleurs du mal à les convaincre de la rejoindre. Patrick Collinson estime à un sur cinq le nombre de ceux qui ont accepté la charge[1]. Malgré tout, entre mai 1559 et avril 1560, pas moins de quinze évêques et archevêques appartenant à l'Église d'Édouard VI, anciens exilés, se retrouvent au gouvernement épiscopal pour servir leur nouvelle reine. L'ère du protestantisme est bel et bien revenue.

Parmi ces évêques, nous retrouvons Edmund Grindal, Edwin Sandys, John Jewels, John Parkhurst, Robert Horne, Cuthbert Tunstall, Richard Cox ou encore William Barlow. La reine leur confie les grands évêchés de Londres, York, Ely, Chichester ou encore Exeter[2]. Ces hommes ont passé plusieurs années cachés dans les communautés calvinistes sur le continent. Chacun d'eux a été différemment influencé par cette expérience à l'étranger mais la plupart a adopté certains principes qui les poussent à plus de rigueur dans l'application des dogmes l'Église qu'ils souhaitent aider à mettre en place pour l'Angleterre. Élisabeth peut compter sur eux pour leur expérience et leur connaissance du monde protestant tel qu'il est alors en train d'évoluer, afin de positionner le royaume dans ce mouvement et, pourquoi pas, d'en faire un modèle. Elle pense que la modération religieuse est un bon compromis entre le monde catholique d'avant et le monde protestant vers lequel la chrétienté semble vouloir tendre en Europe ; elle est dans tous les cas, selon elle, le système qui permettra à l'Angleterre de retrouver une stabilité religieuse qui contentera le plus grand nombre.

1. Collinson, *op. cit.*, p. 61.
2. Collinson, *op. cit.*, p. 64.

Dès les premières réformes, certains des évêques de la nouvelle Église expriment des désaccords avec la politique royale et font circuler assez rapidement des idées quelque peu progressistes, voire des critiques ouvertes envers ce qu'ils estiment être une présence encore trop visible des rites catholiques romains. Ce sont ces mêmes évêques récemment revenus de leur exil sur le continent : Thomas Bentham, Edmund Grindal, Robert Horne, John Parkhurst, James Pilkington (un calviniste avéré ayant fait partie de la congrégation du réformateur écossais John Knox), Edwin Sandys et Edmund Scambler[1]. Ils appartiennent tous aux réseaux calvinistes des réformateurs tels que Théodore de Bèze ou John Knox. Ils portent ainsi, au sein même du gouvernement ecclésiastique, les voix calvinistes du continent. Convaincus par ces exemples que l'on ne va pas tarder à qualifier d'ultra-protestants, ils vont progressivement essayer d'intégrer certaines de leurs doctrines dans les réformes de l'Église d'Angleterre.

Peut-on parler d'évêques puritains dès 1559 ?

À ce stade, les évêques les plus influencés par les doctrines calvinistes du continent ne pensent pas encore à changer radicalement l'Église d'Angleterre. Ils n'ont pour objectif que de la rétablir comme Église protestante et de la débarrasser de tout ce qui pourrait éventuellement encore permettre au Saint-Siège d'essayer de rétablir son pouvoir. Est-ce là déjà une première étape favorable à la naissance d'une certaine forme de protestantisme radical dans la mesure où de nouvelles réformes plus profondes, plus dogmatiques, seraient à envisager pour

1. Collinson, *op. cit.*, p. 62.

l'Église d'Angleterre ? Ce compromis établissant une Église modérée ne serait-il pas seulement une étape de transition vers une Église fondamentalement nettoyée de tous vestiges catholiques ? Il n'est pas à douter que plusieurs des évêques appelés à accompagner la reine dans la réforme religieuse de l'Angleterre y pensent dès leur nomination.

Pour autant, pour l'instant, il ne leur semble pas utile de remettre en question la politique ecclésiastique imposée par la reine. Ils n'y pensent d'ailleurs peut-être même pas car l'urgence est bien de rétablir le protestantisme, quel qu'il soit. Les choix dogmatiques pourront toujours être revus dans un second temps, quand la situation religieuse se sera stabilisée. En effet, quelles que soient leurs inclinations personnelles, il apparaît que les évêques élisabéthains du début de règne ont appliqué la politique royale. Il est vrai que depuis leur position, ils ont suffisamment de flexibilité pour agir selon ce qu'ils jugent être la voie à suivre, à discrétion pourrait-on dire. Or, lorsqu'il s'agit de faire appliquer les principes fondamentaux d'uniformité si nécessaires à la survie de l'Église protestante d'Angleterre, ils défendent la politique royale[1]. Pourtant, nombreux sont les évêques considérés par l'histoire comme “puritains” ou d'inclination calviniste dès les premiers mois du règne.

Les premières expressions du puritanisme

Parmi les premiers évêques ayant pu faire croire qu'ils étaient potentiellement de futurs puritains, nous trouvons John Jewels. Prêcheur à Londres puis évêque de Salisbury nommé par la reine en 1559, il fait partie du réseau calviniste sans pour autant

1. Collinson, *op. cit.*, p. 61-63.

l'être lui-même de manière déclarée, bien qu'il soit alors de notoriété publique qu'il est un ancien élève d'Oxford et du calviniste John Parkhurst qui plus est. Il est d'ailleurs élu au Corpus Christi College d'Oxford la même année où il reçoit son évêché de Salisbury. Pourtant, la reine passe outre cette réputation : pour elle, il est avant tout un ancien partisan de Thomas Cranmer. Elle voit en lui une continuité assurée avec l'héritage des réformes du règne édouardien.

Jewels croit dans le fait que l'Église d'Angleterre ne fait que commencer sa Réforme. Dans une lettre écrite durant l'été 1559 à Pierre Martyr, qu'il avait rejoint à Strasbourg puis Zurich lors de son exil, il décrit l'Église d'Angleterre dans les termes suivants : « We have pared everything away to the very quick, and do not differ from your doctrine by a nail's breadth. » Il croit sincèrement que désormais, les « Vestiges du papisme », et les « habitudes théâtrales » disparaîtront totalement de l'Église jusque dans leurs racines[1]. Il est persuadé que l'Église élisabéthaine arrivera à remplir ces objectifs attendus de tous les protestants du royaume dans un futur proche. Jewels est en effet un grand défenseur de l'Église protestante d'Angleterre telle que sa reine l'a établie. Pourtant, ses remarques, son passé et ses réseaux pourraient le faire passer pour un des premiers puritains. Il n'en est rien, preuve que le terme est, en ce début de règne, flou, voire inconnu de ses contemporains. Les propos de Jewels démontrent aussi que les protestants des débuts du règne d'Élisabeth attendent avant tout un retour officiel de l'Église nationale dans le monde protestant. Ils voient, à ce moment-là, toute réforme plus approfondie comme une seconde étape possible uniquement une fois l'Église fermement

1. Jewels, Works, iii, p. 339, cité dans Collinson, *op. cit.*, p. 66.

établie et stabilisée. Le puritanisme n'a donc en théorie pas encore lieu d'exister car les besoins de réformes religieuses que le mouvement met en avant ne sont pas encore perçus comme une nécessité pour la religion dans le royaume. Parler de puritanisme avant les années 1560, voire les années 1570 est donc à la limite de l'anachronisme. Pour autant, on peut déjà détecter l'émergence de certaines idées à connotations « puritaines », telles que celles de Jewels.

Jewels n'est pas le seul évêque à vouloir poursuivre la Réforme élisabéthaine par l'instauration d'une uniformité plus poussée. Parker, Cox et même Grindal s'accordent sur ce besoin. Les diocèses de Lincoln, Norwich et York[1] sont des foyers qui fourniront plusieurs évêques et archevêques connus pour leur détermination, dès le début du règne, à chercher à aller plus en profondeur dans les réformes. Malgré leurs doléances et leurs désaccords, ces derniers n'entrent pas en conflit ouvert avec la reine et restent dans le cadre de l'établissement d'une Église modérée qui leur a été imposé.

Assez rapidement toutefois, quelques mois seulement après le début des réformes, l'opinion de certains évêques évolue et semble témoigner de frustrations évidentes quant à l'avancée des changements espérés. Ainsi, John Parkhurst, nouvellement nommé archevêque de Norwich, écrit à Henri Bullinger combien il est confiant dans l'idée que l'Église d'Angleterre sera bientôt débarrassée de tout ce qui rappelle Rome : les évêques ne résideront plus dans des palais et vivront humblement dans le respect total de leur mission[2]. Il est à ce moment-là confiant, lui aussi,

1. Collinson, *op. cit.*, p. 62.
2. Lettre, mai 1559, citée dans Collinson, *op. cit.*, p. 48.

dans l'idée que l'Angleterre entre alors dans une ère de réforme religieuse profonde. Son expérience chez les calvinistes en Suisse, lors de son exil, a de toute évidence ancré en lui l'image d'une Église idéalement dénuée de toute ostentation. Or, il prend vite conscience qu'il vit dans une Angleterre qui n'est pas encore prête à abandonner complètement tout le faste catholique. La *via media* élisabéthaine est d'ailleurs bien ce qu'elle prétend être, une voie médiane, un compromis entre les mondes catholique et protestant. Dans cette optique, il n'y a donc pas lieu de priver les évêques de leurs revenus ou encore de leurs riches vêtements. Ils sont là, comme on y reviendra, pour rappeler aux fidèles que les évêques ne sont pas des hommes comme les autres et leurs attraits doivent refléter la grandeur de Dieu – et de la reine – qu'ils ont pour mission de représenter. Théodore de Bèze conclut de cette situation que l'Angleterre n'a finalement jamais aboli le papisme et que celui-ci n'a fait qu'être transféré au souverain et à son épiscopat[1]. Il renforce les idées commençant à circuler et qui participent à la naissance du puritanisme.

Patrick Collinson présente Laurence Humphrey et Thomas Sampson comme les premiers meneurs intellectuels du puritanisme élisabéthain. Ils sont par ailleurs en exercice à l'Université d'Oxford (Christ Church College). Ils ont tous deux séjourné à Genève. Ils participent grandement à donner à Oxford une réputation de bastion dès le début des années 1560, particulièrement à partir du moment où Thomas Sampson est nommé doyen de Christ Church en 1561 et où Humphrey devient docteur et enseignant, en 1562. Tous deux anciens exilés sous le règne de Marie Ire, ils ont une influence notable

1. Théodore de Bèze, *Epistolae*, Genève, 1575, p. 94-103, cité dans Collinson, *op. cit.*, p. 48.

sur le monde universitaire d'Oxford qui a ses entrées à la cour et jusqu'au Parlement. Ce sont deux calvinistes affirmés : Sampson fait partie des traducteurs de la Bible de Genève. Humphrey est resté en contact étroit avec les calvinistes du continent. Il correspond aussi régulièrement avec Pierre Martyr. Ils attirent auprès d'eux nombre de leurs confrères. Leurs idées sur les réformes précises à apporter à l'Église d'Angleterre sont structurées et convaincantes. Ils veulent plus que l'uniformité, ils clament la nécessité d'une réforme doctrinale complète ; une réforme plus radicale, donc, et certainement moins progressive que ce que veut faire le gouvernement en place. En conséquence, Sampson est démis de ses fonctions de doyen. Si Oxford est sous surveillance, cela n'empêche pas les voix des premiers puritains de s'élever pour exprimer le souhait de voir ces réformes plus poussées enfin décidées. L'attente de cette seconde étape crée de plus en plus de frustrations au fil des années.

Perceval Wilburn, qui fait partie lui aussi des anciens exilés à Genève, devient quant à lui la figure de proue du mouvement puritain dans la région centre-est du royaume en suivant l'exemple de Humphrey et Sampson[1].

Le puritanisme commence ainsi à émerger, de manière relativement imperceptible, au sein de l'épiscopat de l'Église d'Angleterre et de l'Université. Il va progressivement se déployer, dans la continuité et plus insidieusement, au niveau local des paroisses du royaume.

1. Collinson, *op. cit.*, p. 53.

L'établissement d'une Église trop modérée ?

Élisabeth Ire conçoit son Église dans l'intérêt de l'ensemble de ses sujets, trop souvent ballotés d'une Église à une autre depuis trente ans.

Élisabeth restaure un système protestant. Comme on l'a vu, le Parlement, réuni dès le 25 janvier 1559, affirme le rôle de la reine à la tête de l'Église en lui reconnaissant le titre de « Gouverneur suprême tant dans les affaires ecclésiastiques que spirituelles » dans le cadre d'une nouvelle loi de Suprématie, que la reine ratifie immédiatement. À cette décision est ajoutée une loi d'Uniformité. Élisabeth s'appuie fortement sur son Parlement pour ces réformes. Malgré le fait qu'Élisabeth se soit assurée que les parlementaires soient de son côté en s'entourant d'une partie d'entre eux comme conseillers, les débats sur les deux projets de loi sont houleux. Le choix de faire voter au parlement deux lois plutôt qu'une est alors stratégique et prend tout son intérêt. On espère qu'ainsi, au moins une des deux sera acceptée. Les deux projets sont finalement adoptés… il s'en est fallu toutefois de trois voix[1]. La loi d'Uniformité et la loi de Suprématie établissent toutes deux de manière institutionnelle et constitutionnelle l'obligation des sujets de la reine à rejoindre l'Église d'État. Leur loyauté est désormais jugée à leur présence et à leur participation régulière, en public, au culte de l'Église épiscopale d'État. Tout manquement est considéré comme une forme de dissidence et pourra être puni par la loi.

Les compromis qui découlent de ces premiers débats démontrent que le Parlement a en partie la main sur la politique de la reine. En effet, la nécessité pour Élisabeth de s'assurer de

1. Starkey, *op. cit.*, p. 283.

son soutien crée un rapport de force nouveau qui oblige de fait cette dernière à céder à quelques concessions. Le règne élisabéthain doit dès lors être considéré comme une nouvelle étape dans la prise de pouvoir progressive du Parlement de Westminster sur la monarchie. Ce pouvoir ne fera dès lors que se renforcer pour s'exprimer plus pleinement et fortement encore tout au long du dix-septième siècle.

Une liturgie unique pour les fidèles

La loi d'Uniformité est l'expression formelle du souhait d'Élisabeth de réunir l'ensemble de ses sujets au sein de la nouvelle Église. L'uniformité liturgique est la première étape de cette réunification. Or, la liturgie qui doit créer l'unité des protestants anglais devient elle aussi une source de discorde en raison de l'introduction dans le paysage religieux de nouvelles doctrines et donc, de nouvelles façons de penser les manières d'accéder à Dieu.

La reine impulse en premier lieu un projet d'uniformité religieuse pour son royaume par une réforme imposant une liturgie commune que les sujets devront tous utiliser lors du culte hebdomadaire dans leur paroisse. Elle nomme et missionne Matthew Parker pour coordonner la mise en place du projet qui passe par la création et la diffusion d'un nouveau *Livre de la prière commune*.

Le *Livre de la prière commune* élisabéthain est fondé sur l'exemple proposé par les livres de prière de Thomas Cranmer (1549-1552). Il s'agit plus précisément d'une réécriture du *Livre de la prière commune* de 1552.

Ce livre de prière devient obligatoire à partir du 24 juin 1559. Les églises de Londres l'adoptent sans réelle contestation. La paroisse de la cathédrale de St Paul est à peu près la seule à freiner un temps sa mise en place[1]. En dehors de la capitale, en revanche, l'ordre royal n'est pas toujours entendu. Les paroisses ont du mal à accepter ou simplement à intégrer cette nouvelle liturgie.

La seconde étape de la réforme consiste à harmoniser les lieux de culte en les dépouillant de tout ce qui pourrait déconcentrer le fidèle au moment de prier. Les ornements des églises sont de nouveau enlevés, comme au temps d'Édouard VI. C'est là une des rares décisions qui ne sera jamais contestée par les puritains : le dénuement des cérémonies et l'absence d'ornement dans les églises sont vus comme un moyen de reconcentrer les fidèles sur la parole de Dieu. La musique qui accompagne le culte, en revanche, est maintenue. Pour certains, dont la reine, la musique lors des messes élève l'esprit vers Dieu, mais pour d'autres elle l'en détourne. L'ornement musical étant très riche chez les catholiques, c'est une raison supplémentaire pour qu'il soit décrié par ceux qui voient là une persistance des influences de l'Église romaine. De même, certaines prescriptions concernant les habits des prêtres sont maintenues, alors que leurs tenues sont elles aussi critiquées comme étant trop ostentatoires au goût de ces protestants. Ces derniers ne voient dans ces dispositions qu'une-demi réforme. La volonté de l'Église d'Angleterre de maintenir ces éléments de culte est donc à leurs yeux une erreur. Leur préservation est pourtant justifiée par le gouvernement comme étant l'expression d'une continuité historique de la volonté de l'Église d'Angleterre de rester dans la tradition des enseignements des Pères de l'Église. Finalement, à part les murs

1. Starkey, *op. cit.*, p. 289-290.

désormais dénudés des églises, rien ne semble avoir vraiment changé. Pour certains, la réforme de l'Église d'Angleterre est donc nettement insuffisante. Les vestiges de Rome sont trop nombreux et la reine ne semble pas le percevoir.

La mise en pratique des réformes religieuses élisabéthaines au sein de la population

Une fois les lois d'uniformité et de suprématie votées, l'épiscopat subit une réorganisation immédiate. Celle-ci dure plusieurs mois et termine celle commencée dès l'accession de la reine sur le trône d'Angleterre. Tous ceux qui refusent de se plier aux réformes religieuses votées par le Parlement sont considérés hors la loi. Vingt-cinq évêques sont ainsi destitués de leurs évêchés en janvier 1560. Ils sont bien sûr immédiatement remplacés par des protestants de confiance. Le paysage ecclésiastique change de nouveau. Les paroisses redeviennent protestantes. Les sujets doivent se réadapter aux nouvelles cérémonies et liturgies imposées par l'État.

Les « fonctionnaires » de l'État, les enseignants des universités et des écoles, ainsi que toute personne occupant des postes d'influence dans le royaume doivent désormais jurer allégeance à l'Église d'Angleterre. Ils sont aussi obligés de fournir un certificat prouvant qu'ils ont pris le sacrement de la communion, un rite rappelant plus encore les rites soutenus par l'Église de Rome que le maintien d'une hiérarchie épiscopale. Pour beaucoup, cette obligation est jugée particulièrement choquante.

Pourtant, les restrictions liées à l'application de ces lois ne sont pas forcément suivies. Cela est en grande partie expliqué par le fait que leur respect n'est que rarement surveillé.

Les assemblées dans lesquelles des doctrines calvinistes sont prêchées, par exemple, continuent à être tenues malgré leur interdiction théorique. Seules les absences aux cultes hebdomadaires de l'Église d'Angleterre, avérées sur une longue période – et souvent signalées par des dénonciations – sont prises en compte et suivies de poursuites. La plupart du temps, de simples contraventions rappellent aux coupables leur devoir d'apparaître de temps à autre à l'église, le temps d'un sermon dit, bien sûr, par un représentant de l'Église établie.

L'uniformité nécessaire à l'unité religieuse selon Élisabeth passe aussi par un langage commun, compréhensible de tous. La parole de Dieu doit donc être transmise et expliquée en anglais afin qu'aucune mauvaise interprétation ne soit possible. D'ailleurs, la reine en personne se déclare plus favorable à ce que les paroissiens écoutent dans leurs églises une lecture des Homélies plutôt que des sermons pouvant potentiellement propager des doctrines fausses en raison d'interprétations erronées des ministres du culte. Les sermons sont en effet écrits par ces derniers sans supervision d'un supérieur. Leur interprétation est donc souvent très subjective. La position de la reine quant à l'accès à la parole de Dieu est inspirée d'Érasme, dont elle a lu les *Paraphrases*[1]. Il y recommande que la Bible soit présente dans toutes les paroisses, accessible à tous les fidèles, l'évangélisme doit être au cœur de ces réformes[2]. Or, si pour la reine il ne s'agit là que d'aider les fidèles à accéder à l'Évangile pour mieux comprendre la volonté de Dieu, d'autres ont une manière différente de penser les enjeux de ces textes et de leur utilisation dans les églises. La reine se heurte bientôt aux

1. Explication des Évangiles et des Actes des Apôtres en deux tomes, Didier Érasme, *Paraphrases*, 1526.
2. Starkey, *op. cit.*, p. 286.

principes calvinistes qui circulent désormais dans tout le pays, ainsi qu'à tous les principes qui prônent plus particulièrement l'évangélisme. Ces protestants reconsidèrent la vie du chrétien dans sa relation à Dieu à partir de sa connaissance et de l'application des Saintes Écritures. La liturgie commune imposée par le *Livre de la prière commune* revêt dès lors un caractère essentiel pour l'uniformité et le contrôle de l'interprétation de la parole divine et donc de la relation des sujets à Dieu et potentiellement à l'Église. En ce sens, le Livre est donc légitime et ne suscite pas de réactions d'opposition virulentes mais il n'est en aucun apprécié de tous les protestants du royaume.

Élisabeth tolère les différences d'opinion intime en religion tant que ses sujets adhèrent à l'Église d'État et y suivent les temps religieux forts de la vie de chrétien. La doctrine élisabéthaine en devient ambiguë. Elle est de toute évidence moins affirmée dans le protestantisme que celle en voie d'établissement sous Édouard VI. Elle n'en est pas moins protestante pour autant. Pour les puritains, elle ne l'est pas assez.

La crise du vestiaire

Si le *Livre de la prière commune* élisabéthain ressemble beaucoup à celui mis en place sous Édouard VI et affirme que l'Église d'Angleterre est une Église dogmatiquement protestante. Cela rassure la plupart des sujets, d'autant plus que beaucoup des rites et des cérémonies soutenus par la reine ressemblent à ceux pratiqués chez les catholiques. Le clergé doit être en robe avec une chape et des accessoires, ornements que plusieurs ministres ont laissé de côté car ils les jugent trop ostentatoires. Or, la reine, elle, est déterminée à ce que son clergé montre sa différence par rapport

> au reste des fidèles. Il ne doit pas avoir peur de le faire avec de l'or et des beaux tissus. Cette détermination est à l'origine d'une crise au sein de l'épiscopat et, plus largement, du clergé. Elle aura une incidence directe sur l'émergence du puritanisme.

C'est en effet à l'occasion de la crise du vestiaire (*The Vestiarian controversy*), à partir de 1563, que le concept de puritanisme apparaît. Cette idée est défendue par Patrick Collinson, qui démontre dans son étude des puritains élisabéthains que c'est véritablement à partir de cette controverse que s'enclenche le mouvement puritain au sein de l'Église d'Angleterre[1]. Désormais, il est visible et reconnu au sein de l'Église que certains de ses membres veulent aller plus loin dans sa réforme. Pour ces derniers les habits portés par les prélats et maintenus dans les cérémonies de la nouvelle Église d'Angleterre ne sont ni plus ni moins que des vestiges de l'Église de Rome qu'il faut éliminer.

Tout commence en 1563, quand les théologiens anglais sont missionnés pour traiter des questions doctrinales. La Convention réunie à Cantorbéry, organe du Parlement et de l'institution religieuse dédié à cette mission, valide Trente-huit articles de foi en résultat de leurs travaux. Comme le *Livre de la prière commune*, ces articles sont fortement inspirés des travaux dirigés par Cranmer au début des années 1550. Ainsi, ils ressemblent fort à une réécriture des Quarante-deux articles de 1553. Le maintien de la hiérarchie épiscopale y est confirmé ainsi que la succession apostolique. L'Église d'Angleterre s'ancre plus encore dans le protestantisme même si elle se veut tempérée. La manière de célébrer les cérémonies y est décrite ; celle-ci inclut la tenue à adopter pour les ministres lors du culte.

1. Collinson, *op. cit.*, p. 61.

Au nom de la reine, l'archevêque Parker veut, en effet, imposer une discipline commune à tous les évêques et prêtres et celle-ci passe par leurs tenues. La crise du vestiaire reflète pour les puritains un problème de fond : la reine aime les rituels car selon elle, ils rassurent les fidèles. Les appréhensions des évêques et du clergé sur le sujet l'oblige, à partir de 1566, à procéder par voie parlementaire. Le Parlement débat à ce moment-là des Trente-huit articles de l'Église et réfléchit à un trente-neuvième. Il se heurte immédiatement aux ministres qui refusent de porter les habits sacerdotaux imposés. Trente-sept de ces ministres de Londres sont démis de leurs fonctions. Cette décision soulève l'indignation de leurs paroissiens et renforce par-là même le mouvement puritain. La controverse sur l'usage des habits sacerdotaux dure ainsi plusieurs mois.

Ainsi, à partir de mars 1566, les voix puritaines se renforcent et prennent une nouvelle dimension en devenant une véritable opposition. Parker a été radical dans sa manière de gérer cette controverse. L'épiscopat en est ébranlé. La modération implique en effet une certaine tolérance, mais pour Parker et la reine, la tolérance ne va pas de pair avec l'insubordination, qui est alors perçue comme un acte de défi envers la couronne. Le départ des évêques est organisé de manière théâtrale par le gouvernement qui leur fait traverser le *London Bridge,* tels des pénitents. On ne s'attend pas alors à voir plusieurs centaines de femmes attroupées sur leur passage leur tendre des sacs de nourriture et de boisson visant à les réconforter et à leur apporter les forces nécessaires pour qu'ils puissent continuer à défendre leur doctrine[1]. Cette réaction populaire ne fait d'ailleurs pas nécessairement pour autant des Londoniens des puritains.

1. Collinson, *op. cit.,* p. 82.

La controverse a impliqué le clergé de Londres et les universitaires de Cambridge et d'Oxford. Durant cette controverse, les contestataires auraient même été incités à former leur propre congrégation, qui le cas échéant aurait été clandestine[1]. Aucune source ne précise exactement combien ont fait le choix de suivre cette voie. John Spurr a recensé les quelques traces et témoignages laissant croire à la formation de ces congrégations secrètes car illégales ; tout porte à croire que cette dissidence ait été peu suivie. Des congrégations anabaptistes se retrouveraient dans les parcs et maisons privées, dès 1568 à Londres et ses alentours, avec la connivence de Grindal[2]. En effet, l'évêque Grindal parle quand même de cinq ministres londoniens ayant déclaré ouvertement se séparer de l'Église d'Angleterre ; la congrégation de Plumber's Hall de Londres aurait continué à exister malgré la suspension de son ministre suite à la controverse[3].

Les puritains sont déjà nombreux dans les strates sociales les plus élevées des comtés du pays. Ils ont donc une influence indéniable sur les débats du Parlement mais surtout au niveau local, particulièrement dans le centre et le sud-est du pays[4]. Ils dénoncent la politique ecclésiastique de l'État comme des demi-mesures[5]. En y regardant de plus près, pour ces nouveaux opposants à la doctrine religieuse élisabéthaine, qui sont des calvinistes pour la majorité, il semble bien n'y avoir que peu de différences entre les pratiques de l'Église d'Angleterre et

1. Spurr, *op. cit.*, p. 50.
2. Collinson, *op. cit.*, p. 110-111.
3. Spurr, *ibid.*
4. Collinson, *op. cit.*, p. 58.
5. John Neal, rapport du Parlement, *Collection of Original Letters from the Bishops to the Privy Council, 1564*, cité dans Collinson, *op. cit.*, p. 58.

celle de Rome. Ces protestants, que l'on commence à appeler des puritains en conséquence de leurs revendications pour l'Église, considèrent que l'Église établie n'est pas à la hauteur des espoirs des protestants.

Pourtant, malgré ses défauts évidents et les critiques des puritains, la nouvelle Église rassemble car elle apaise une population en quête de stabilité religieuse. La *via media* élisabéthaine laisse, de fait, espérer que chacun trouvera sa place dans cette Église qui est désormais officiellement présentée comme protestante. Cet état de fait ne plaît pas au Saint-Siège. La Réforme élisabéthaine va en être impactée et le mouvement puritain va soudain s'en trouver renforcé.

La bulle papale et la peur des catholiques : un élément moteur dans l'émergence du puritanisme

Un événement vient perturber l'équilibre, tout relatif qu'il ait été, au sein du royaume d'Élisabeth Ire : l'excommunication de la reine par le Saint-Siège.

Le pape Pie V promulgue sa bulle d'excommunication envers la reine Élisabeth Ire, *Regnans in excelsis*, le 25 février 1570. Cette nouvelle déclenche une vague de peur à tous les niveaux de la société en Angleterre. Avec la reine, ce sont en effet tous ses sujets qui sont rejetés de la communauté chrétienne dirigée depuis Rome. L'Angleterre et sa souveraine sont désormais des traitresses dont le pape recommande, certes indirectement, de se débarrasser. À l'excommunication de 1570 s'ajoute le massacre de la St Barthélémy en 1572. Comme l'a rappelé Bernard Cottret, ces deux événements ont un impact international pour le protestantisme et sont ensemble, de manière complémentaire, à l'origine d'une fièvre anticatholique[1] qui va renforcer la volonté qu'ont les protestants de pousser encore plus loin la Réforme en Angleterre.

Aux yeux du monde catholique, les sujets de la reine sont désormais déliés de leur fidélité envers leur monarque. En d'autres termes, quiconque refuse son autorité ou souhaiterait même y mettre fin, voire attenter à sa vie, aurait le soutien de Rome, car Élisabeth n'appartient officiellement plus à la communauté chrétienne, catholique plus particulièrement ; elle doit même être considérée comme une traîtresse. La peur qu'inspirent les catholiques présents sur l'île et sur le continent renforce immédiatement le sentiment anti-papiste déjà très fort dans le pays. Elle légitime par la même occasion les prises de position de plus en plus fortes des puritains, qui alertent le gouvernement et la population sur les dangers de l'Église telle qu'elle est établie. Selon eux, les vestiges du papisme qu'elle conserve offrent une porte d'entrée aux armées de Rome. La bulle papale d'excommunication remet en question l'équilibre précaire qui a été établi non seulement en religion mais aussi en politique. La reine craint encore plus pour son trône et pour sa vie. Sa cousine Marie Stuart, reine des Écossais a été reconnue comme reine légitime par Rome et les tentatives pour assassiner Élisabeth ou la détrôner pour la remplacer par Marie ne se comptent plus, d'autant plus que désormais, le pape soutient ces initiatives. L'exécution de Marie Stuart en 1587 ne sera pas une solution définitive : la menace ne faiblit pas avec les années. Dix-huit ans après la bulle papale, la tentative d'invasion espagnole de l'Angleterre par la Grande Armada en 1588 en

1. Cottret, *Histoire d'Angleterre*, p. 81.

est une conséquence directe. La pression du monde catholique reste ainsi constante jusqu'à l'avènement de Jacques Ier et à sa politique de réconciliation avec les catholiques.

En réaction à la bulle, le Parlement vote en urgence une série de lois anti-catholiques. C'est Élisabeth en personne qui dirige les débats. La peur d'une invasion catholique ou celle de voir revenir sur le trône d'Angleterre un monarque catholique, retour qui s'accompagnerait de nouveaux changements religieux, radicalise de nombreux protestants jusque-là toujours modérés ou pour qui les prises de position confessionnelle n'importaient jusque-là finalement que peu. D'un coup, il y a une prise de conscience du fait que l'Église d'Angleterre ne serait pas suffisamment protestante pour résister à un retour à un système qui serait piloté depuis le Saint-Siège.

La rupture avec le monde catholique est désormais consommée. Pour les protestants « puritains » anglais, c'est l'occasion rêvée de remettre au débat l'abolition de toutes traces de ce qui rappellerait l'Église romaine. Parmi eux, ce sont les presbytériens qui semblent à ce moment avoir les solutions pour débarrasser l'Angleterre de ces vestiges. Pour eux, la hiérarchie pyramidale du système épiscopal y est désignée comme le problème principal. Ils préconisent donc tout simplement son abolition.

La question de l'émergence des presbytériens comme expression du puritanisme en Angleterre

La reine s'inquiète de la montée en puissance du puritanisme. Le nouvel archevêque de Cantorbéry Grindal aide de manière évidente à l'émergence de groupes que la reine considère désormais comme des opposants à son Église. En effet, si

Grindal fait certes partie des prélats les plus fidèles d'Élisabeth, il n'en fait pas moins preuve d'une grande tolérance, voire de soutien envers les puritains, que ce soit au gouvernement ou dans les gouvernements religieux locaux. Au départ discret sur ses inclinations calvinistes, elles aussi acquises lors de son exil durant le règne de Marie Ire, il s'est affirmé au fil des années et des controverses. Son caractère puritain a grandi au gré des réformes religieuses imposées par la reine. La nouvelle relation de l'Angleterre avec le monde catholique lui a permis d'obtenir la position d'archevêque de Cantorbéry, en 1575, car il promet de montrer une réelle force pour contrecarrer le danger catholique. C'est cette même détermination calviniste qui finit par se retourner contre lui. Depuis quelque temps, elle le pousse à professer des doctrines quelque peu trop radicales au goût de la reine. Il est aussi le seul archevêque à dire ouvertement à la reine qu'en tant qu'évêque et chrétien, il est sujet à une autorité supérieure à celle du monarque[1] ; un affront qu'une reine, gouverneur de l'Église qui plus est, ne peut tolérer. L'affaire des lectures des prophéties (*prophesyings*) le compromet plus encore dans son soutien du puritanisme.

En 1577, alors que des groupes de ministres du culte se retrouvent pour débattre des affaires de l'Église, la reine apprend que le *Livre de la prière commune* est souvent au centre des critiques lors de réunions dans lesquelles sont lus des sermons appelés « prophéties » à la mode de ceux circulant en Suisse. Elle donne l'ordre à l'archevêque Grindal de mettre fin à ces réunions. Il refuse. Il est immédiatement démis de ses fonctions.

1. Collinson, *op. cit.*, p. 61.

Élisabeth et les presbytériens

Le destin de l'archevêque Grindal l'a prouvé : Élisabeth n'aime pas les calvinistes. Et elle déteste les presbytériens.

Le terme de presbytérien anglais, sous le règne d'Élisabeth Ire, fait référence aux protestants calvinistes soutenant l'idée que l'Église ne devrait pas être gérée par les évêques, ni par le monarque, d'ailleurs. Ils s'inspirent des presbytériens en Écosse, qui depuis 1560, ont réussi à établir une Église détachée du pouvoir royale et organisée en un système de consistoires (*presbyteries*) se retrouvant en assemblée générale pour décider des grands axes à suivre.

La question d'une définition du presbytérianisme anglais est abordée pour la première fois en 1572 par William Fulke, dans son *Briefe and Plaine Declaration of Presbyterian Principles*, puis en 1574, par Walter Travers dans le traité *Ecclesiasticae Disciplinae*. Ce dernier décrit un système plus congrégationaliste qu'en consistoire, comme cela est alors le cas en Écosse, créant ainsi une branche anglaise spécifique du presbytérianisme sur l'île.

Calvin lui-même n'était pourtant pas contre les évêques. Comme Luther, il pensait même que les chefs d'État étaient les plus à même de mener une réforme religieuse dans leur pays. Ce sont les réformateurs tels que John Knox et Heinrich Bullinger, qui se sont emparés de ses idées et les ont adaptées aux besoins des sociétés qu'ils voulaient réformer. Ces calvinistes se sont alors regroupés autour d'un système confessionnel et doctrinal appelé presbytérianisme. Celui-ci devient immédiatement Église en Écosse mais reste au stade de groupe confessionnel en Angleterre.

Dans l'un et l'autre des royaumes de l'île, leur refus d'une hiérarchie épiscopale gouvernée par une femme qui plus est, vient en grande partie du fait même que leur monarque était une femme. C'était la raison principale avancée par Knox pour légitimer l'établissement du système presbytérien en Écosse ; c'est en revanche seulement une des raisons qui motive les presbytériens anglais. Ces derniers s'en prennent surtout aux évêques ; la reine subit des critiques en tant que gouverneur de l'Église, mais celles-ci sont moindres comparées à celles qu'ont connues Marie de Guise et Marie Stuart en Écosse. Les presbytériens écossais en ont gagné une réputation d'ultra-calvinistes hargneux et prêts à tout pour prendre le pouvoir. Paradoxalement, même si Élisabeth les apprécie certainement encore moins que ses propres sujets presbytériens, elle soutient la révolte presbytérienne en Écosse contre Marie Stuart. Selon elle, il vaut mieux des presbytériens comme voisins que des catholiques[1].

Le mouvement presbytérien anglais est donc lié à celui qui est en train de s'imposer alors en Écosse. Preuve en est donnée, par exemple, par le presbytériens anglais exilé Christopher Goodman, qui écrit à cette même époque un pamphlet sur les manières dont il faut obéir à une autorité supérieure, sous-entendu à Dieu et non au monarque[2]. Le pamphlet circule si bien que la reine lui interdit d'officier à son retour en Angleterre en 1561. Cette humiliation le pousse à repartir sur le continent puis en Écosse où il explique aux communautés calvinistes que l'Angleterre a raté sa Réforme et sombre dans le péché, fruit,

1. Sabrina Juillet Garzón, « La correspondance entre Élisabeth I et Jacques VI comme base d'une future unité britannique », in *La Renaissance anglaise : horizons passés, horizons futurs*, p. 2.
2. Christopher Goodman, "How Superior Powers ought to be obeyed" (1560 ?), in Collinson, *op. cit.*, p. 50-51.

évidemment, d'un gouvernement féminin. John Knox a décidément convaincu grand nombre de calvinistes que le gouvernement de l'Église par une femme est un véritable sacrilège[1].

Les presbytériens anglais sont considérés comme des puritains à part entière. L'un des premiers presbytériens anglais à faire trembler l'institution religieuse est Thomas Cartwright. Ce professeur à l'université de Cambridge dénonce le système religieux établi par les lois de 1559. Il est un des premiers Anglais à demander la séparation de l'Église et de l'État. Il pense que l'Église peut se passer des évêques. Selon lui, les pasteurs à eux seuls sont selon lui suffisamment capables d'accompagner leurs paroissiens sur la voie de Dieu. Ils peuvent être aidés dans leurs missions par des Anciens (*Elders*). Une assemblée générale constituée de ces mêmes pasteurs et Anciens guiderait les choix dans l'établissement des grandes lignes directrices de l'Église. Il prend l'exemple du système presbytérien nouvellement mis en place en Écosse par John Knox. Cartwright fait des émules jusqu'au Parlement. En 1571, une « Admonition » est présentée aux Communes contre les évêques. Des pamphlets et sermons circulent dans les rues pour alerter la population sur un projet caché des évêques, visant à rétablir le catholicisme en Angleterre. Ces attaques, qualifiées désormais à la fois de puritaines et presbytériennes – car l'amalgame commence alors à être fait – sont considérées comme une menace à prendre très au sérieux par le gouvernement de l'Église et par la reine. Plusieurs des belligérants sont traduits à la Cour de Haute commission. Nous l'avons vu, alors même qu'il est le premier prélat du royaume, l'archevêque Grindal en fait lui aussi les frais. L'implication de Grindal pour la cause presbytérienne devient

1. John Knox, *op. cit.*

évidente lorsque sa correspondance avec Théodore de Bèze est publiée par ce dernier, en 1573, sous le titre *Epistolae*. Elle circule dans les cercles puritains à partir de leur publication[1].

Face au danger presbytérien qui menace l'unité de son Église, la reine est bien décidée à ne pas fléchir.

Les puritains, fruits de la confessionnalisation et d'un sectarisme religieux

Les prises de position des sujets de la reine sur les questions religieuses du pays, tout autant que l'influence grandissante du presbytérianisme en Europe et sur l'île plus encore, poussent les puritains à se démarquer au sein l'Église d'Angleterre mais aussi entre eux. Leur différence reste encore plus ou moins affirmée et se concrétise de diverses manières.

Il n'y a pas une seule voie puritaine adoptée, loin s'en faut. Chaque puritain, chaque regroupement de puritains s'affirme différemment en accord avec une perception de l'Église qui leur est propre. Sous Élisabeth Ire, ils sont rares à présenter un désaccord total avec la politique royale. Leur statut de sujet les oblige à une loyauté envers l'Église d'État. Or, celle-ci leur est plus ou moins difficile à accepter et à assumer selon les cas, mais de là à faire sécession… peu osent franchir le pas pour devenir sectaires ou dissidents.

Les évêques et les ministres ne sont pas les seuls à s'exprimer sur ce qu'ils jugent être la vraie Église de Dieu. Le débat a lieu aussi à l'Université. Oxford, nous l'avons vu, est considérée comme un bastion puritain très tôt dans le règne. Le

1. Collinson, *op. cit.*, p. 105.

Magdalen College en est l'emblème le plus expressif. La présence de plusieurs enseignants d'inclination calviniste explique en grande partie cela. Le fait qu'Oxford soit aussi le lieu d'origine d'une Bible traduite en anglais, la Bible dite « de Genève » (1560), explique aussi que les collèges de cette ville universitaire attirent autant les calvinistes, et les puritains plus généralement. Le réformateur Heinrich Bullinger vient y séjourner. Oxford reste toutefois modérée. Bullinger, tout comme d'ailleurs son confrère Théodore de Bèze, soutient certes une réforme plus profonde en Angleterre mais encourage aussi les universitaires et les ministres à respecter les réformes imposées par le gouvernement afin de garantir une stabilité religieuse qui assurera elle-même la survie du protestantisme sur l'île. Le séparatisme n'est donc pas conseillé par les réformateurs européens. Toute radicalisation est vue comme préjudiciable au protestantisme, même si elle prétend au contraire protéger et assurer l'établissement de ce dernier. La demande de de Bèze est globalement respectée.

Pour autant, les évêques et plus généralement la hiérarchie épiscopale sont source d'inquiétude pour les puritains. Les idées presbytériennes alimentent ce sentiment.

Le sectarisme grandit en même temps que l'influence des presbytériens. Des communautés séparatistes se constituent en effet sous la direction de meneurs. Si ces groupes sont souvent éphémères et que les noms de leurs meneurs ne sont pas tous restés dans l'histoire, certains s'affirment pourtant déjà. Robert Browne constitue autour de lui une congrégation à laquelle on se réfère immédiatement par le terme de « brownistes ». La philosophie de la doctrine browniste est déclinée dans le traité de Robert Browne, *A Treatise of Reformation without*

Tarying, qui commencera à être diffusée dans le pays à partir des années 1580[1]. Les brownistes deviennent la cible du nouvel archevêque de Cantorbéry, John Whitgift, qui n'aime pas plus les puritains que la reine et fait tout son possible pour les tenir le plus à distance possible du pouvoir. Pour Whitgift, les brownistes sont les puritains les plus dangereux pour l'Église car ils se disent protestants mais sont en totale opposition avec la forme de protestantisme soutenue par l'État. Ils sont pires que les presbytériens, qui pour l'instant se limitent à proposer un système de gouvernement alternatif de l'Église sans pour autant remettre en question l'autorité de la reine sur ses sujets. Les brownistes, en revanche, se retrouvent autour de doctrines en totale opposition avec celles en vigueur en Angleterre et refusent l'autorité de la reine. L'autorité de la reine n'est pour eux que civile. Elle ne peut et ne doit pas gouverner l'Église.

Brownistes et presbytériens s'établissent ainsi au sein de la société anglaise comme des modèles de contrepouvoirs potentiels de l'Église établie. Cela, l'archevêque de Cantorbéry, premier garant et défenseur de l'Église épiscopale d'Angleterre après la reine, ne peut l'accepter. Il entame donc une véritable croisade contre l'ultra-protestantisme : c'est le premier vrai bras de fer entre les puritains et l'Église.

Sous Élisabeth Ire, les puritains se regroupent ainsi progressivement en communautés, au fil des prises de conscience de ce qui les rassemble quant à leur manière de percevoir l'Église et la religion. Ils sont donc bien le fruit d'une confessionnalisation désormais visible en Angleterre. Les influences calvinistes d'Écosse et du continent y ont une grande part, tout autant que la peur de la menace catholique. Le puritanisme se radicalise

1. Robert Browne, *A Treatise of Reformation without Tarying*, 1582.

et semble commencer à exprimer une tendance à vouloir se sectariser. Porté par des communautés entières, il en devient petit à petit communautaire. Bien qu'encore peu nombreux en cette fin de seizième siècle, les puritains se font de plus en plus entendre. Ils sont désormais visibles et influents par leurs idées et leur(s) mode(s) de vie. Nous y reviendrons dans notre dernier chapitre.

La pression des puritains

Après l'excommunication de la reine et l'attaque de la Grande Armada espagnole, plus personne ne remet en question le caractère protestant de l'Église d'Angleterre. Elle continue toutefois à se définir, tout comme toutes les Églises protestantes d'Europe. De toute évidence, la Réforme n'est pas encore terminée en Angleterre. Il lui faut encore construire un support doctrinal clair afin de se renforcer. Cette faiblesse est perçue comme une véritable occasion pour les puritains de terminer cette réforme à leur image.

Dans les années 1580, un réseau, que l'on peut considérer comme puritain en raison des contenus de ses échanges et actions, a commencé à se créer sous l'impulsion de John Field. Les groupes de partisans se réunissent en synodes[1] ; ils lancent des pétitions qu'ils transmettent au clergé et au Parlement pour leur démontrer la nécessité de réformes religieuses supplémentaires dont une diminution du pouvoir de l'épiscopat, voire son abolition. Ils témoignent de la réalité dans les paroisses pour dénoncer les abus et manquements qui perdurent en raison de la présence de ministres bien trop papistes à leur goût. Ils prennent

1. Spurr, *op. cit.*, p. 54.

exemple sur le système presbytérien adopté par les Écossais en 1580, et bien que ce dernier soit fortement remis en question par le roi Jacques VI, qui vient d'émettre une série de lois devant mettre fin à l'influence des presbytériens dans son royaume, la persistance de ce système est pour eux la preuve que c'est une forme de gouvernement religieux adapté aux besoins d'une société soucieuse de vivre dans la véritable Église du Christ. En 1586, ils soumettent donc au Parlement d'Angleterre un texte liturgique rédigé par John Knox justifiant de l'abolition de l'épiscopat. Ils font secrètement circuler un Livre de discipline lui aussi fondé sur le modèle de celui d'Écosse.

L'archevêque Whitgift, nouvellement nommé (1583), ne tolère pas ce qu'il considère comme des attaques presbytériennes ouvertes envers l'existence même de l'Église établie. Il décide de réaffirmer la suprématie de la reine sur l'Église ainsi que la conformité du système établi entre les Écritures, les Trente-neuf articles et le *Livre de la prière commune*. Cela ne suffit pas à calmer les esprits de ceux qui veulent toujours plus de réformes. Plusieurs centaines de ministres, que l'on surnomme dès lors « puritains », sont démis de leur office. Ils ont toutefois rapidement le droit de réintégrer leur paroisse s'ils acceptent finalement de revenir sur leur position ; ce que nombre d'entre eux font.

À partir de 1585, des groupes se réunissent en « Classes » à Londres pour contester la politique religieuse trop modérée de la reine. Ils deviennent très actifs dans les petites villes et les villages mais la violence avec laquelle ils professent leurs opinions choque et le mouvement est rapidement déconsidéré. Ces radicaux donnent mauvaise réputation à l'ensemble des puritains.

La fin des années 1580 marque une nouvelle étape dans l'affirmation du puritanisme. Les puritains se transforment et s'affirment plus qu'ils ne l'ont encore jamais fait sur la scène politico-religieuse du royaume d'Angleterre. Certains d'entre eux pensent qu'il suffit de convaincre l'épiscopat d'aller dans leur sens. D'autres, les plus radicaux, désormais forts de leur nombre et du soutien dont ils bénéficient en Écosse et sur le continent, veulent aller encore plus loin en changeant la structure de l'Église, c'est à dire en réduisant le pouvoir des évêques, voire en y mettant fin. L'idée de rendre les rites et les doctrines plus proches de la « vraie » Église du Christ est au centre des débats. Il faut « purifier » l'Église de tout ce qui rappellerait Rome et ses exagérations outrancières. L'idée n'est pas nouvelle, mais elle connaît un regain dans les débats. La pression exercée par ceux qui se disent puritains ou sont considérés comme tels n'a jamais été aussi visible. Cela est en grande partie dû au fait qu'ils sont stigmatisés par l'archevêque Whitgift. C'est à cette époque que le puritain devient aux yeux du gouvernement un ultra-protestant ou un calviniste. Il est ainsi dissocié de tout concept de modération et est pointé du doigt comme schismatique. Nous le verrons dans le chapitre suivant, l'émergence de groupes puritains essayant de vivre en communauté selon leur perception de la religion commence à se savoir, même si en dehors des brownistes, ceux-ci sont discrets et ne s'opposent pas ouvertement à l'Église établie en dehors de leur mode de vie différent de la normale de leurs contemporains. Or, face à la politique intolérante de Whitgift, une partie d'entre eux finit par se désolidariser du système pour réclamer ce qu'ils souhaitent désormais : une réforme complète de l'Église et de la société.

Dés lors, les débats liés à la création d'un support doctrinal spécifiquement adapté à l'Église protestante d'Angleterre confirment cette volonté affirmée d'un projet global de réforme religieuse plus poussée. Celui-ci devra être applicable à l'ensemble de ce qui serait une nouvelle société protestante anglaise vivant en parfait accord avec la véritable Église du Christ, grâce à la mise en application, à la lettre, des Évangiles. Mais faut-il encore comprendre ces derniers de la même manière pour les interpréter et les appliquer au mieux. Ce qui pour certains n'était jusque-là qu'utopie est devenu une vraie possibilité pour d'autres. Tous, en revanche, sont déterminés à se faire entendre et à appliquer leur vision de l'Église.

Le puritanisme au Parlement

Si le puritanisme est né au sein de l'épiscopat, c'est au sein du Parlement que la voix des puritains va se renforcer. Le mouvement puritain profite de l'opportunisme des parlementaires qui cherchent à avoir plus de pouvoir. L'influence de la Magna Carta reste ancrée dans les esprits. Elle ne fait d'ailleurs que se renforcer au fil des siècles depuis 1215. Le Parlement a du mal à accepter l'idée de ne pas avoir de prise sur les décisions royales. Les affaires de l'Église, dont le monarque anglais est désormais responsable n'échappent pas à ces critiques. Ce n'est en aucun cas de la téléologie que d'affirmer que la question religieuse, si elle est librement laissée au débat au Parlement, menace déjà de devenir une arme contre la monarchie comme cela sera de fait le cas sous le règne de Charles Ier, une trentaine d'année plus tard. Sous Élisabeth Ire, il est toutefois déjà clair que le Parlement veut avoir plus de voix dans les décisions liées à la réforme religieuse.

De fait, le puritanisme apparaît au Parlement dès le début des années 1570 et non, comme cela est souvent pensé, à partir des années 1625-41. Il s'affirme dans les années 1580. L'influence des presbytériens y est pour beaucoup. Leurs préconisations pour l'établissement d'un système sans évêques et fondé sur un gouvernement synodal sont de plus en plus entendues. Cela est dû au fait que ce système vient d'être adopté pour l'Église d'Écosse, en dépit des oppositions du monarque qui tente pourtant d'y mettre fin, mais aussi au nombre de plus en plus important d'États et de communautés protestantes s'affirmant en faveur de ce genre de gouvernement religieux sur le continent.

Dès 1571, alors que les Trente-neuf articles mis en place tendent à refléter la volonté royale d'un compromis avec les doctrines calvinistes sans pour autant laisser place à la radicalisation d'un rapprochement avec le presbytérianisme, des voix plus radicales se sont déjà faite entendre. En effet, en cette même année, Walter Strickland s'est exprimé au Parlement contre le *Livre de la prière commune*. La reine a voulu punir ce malotru qui s'est soulevé contre sa politique religieuse. Or elle s'est rapidement ravisée, car les Communes ont soutenu le belligérant. Le Parlement était alors déjà en train de montrer à la reine que l'Église est sous pression et que le puritanisme devient doctrine de changement. Dix ans plus tard, l'Angleterre est pleinement consciente de ce phénomène.

La religion occupe une grande partie des débats du Parlement. Certains parlementaires tel Peter Wentworth, en 1576 et de nouveau en 1585-1586, demandent que les questions de politique ecclésiastique puissent être débattues librement, dans le but, bien sûr, de conseiller la reine[1]. Par leur insistance à vouloir émettre un avis sur le sujet, ils remettent ainsi indirectement en question le don divin du monarque de pouvoir s'inspirer uniquement de Dieu en matière de choix ecclésiastiques pour son royaume. La reine ne manque pas de s'en rendre compte et tente de mettre fin à cette forme de contestation. Wentworth est emprisonné à la Tour mais ses idées continuent à circuler et à être régulièrement rappelées lors de sessions parlementaires, préfigurant les houleux débats lancés par les puritains siégeant au Communes, qui atteindront leur apogée durant le règne de Charles Ier.

La tendance est désormais à chercher à calmer les ardeurs des puritains. Le Parlement devient un lieu d'expression pour eux et sur eux. L'évêque Hatton, par exemple, fait un virulent discours anti-presbytérien au Parlement de 1587. Celui-ci a été co-écrit par Richard Bankroft, qui va devenir archevêque de Cantorbéry sous le règne de Jacques Ier.

Whitgift devient la bête noire des presbytériens, et par extension, celle des puritains. Il est la cible de pamphlets violents dans lesquels les évêques – et donc lui-même – sont ridiculisés. Les *Tracts de Martin Marprelate* publiés dans les années 1588 et 1589 sont les plus emblématiques du mouvement. Thomas Cartwright est probablement un des puritains à l'origine de ces tracts. Cartwright appelle à l'abolition des offices et des statuts constituant la hiérarchie épiscopale de l'Église d'Angleterre. Les archevêques, évêques, diacres et tous les ministres ne correspondants pas à la structure de l'Église apostolique primitive sont selon lui à bannir du gouvernement ecclésial. Ils les présentent comme des usurpateurs. Il démontre que

1. Cottret, *op. cit.*, p. 83.

seuls les ministres des presbytères, ou serait-il plus approprié de dire « des consistoires », devraient être habilités à diriger les églises locales et leurs congrégations[1]. Ces allégations lui valent d'être renvoyé de sa chaire à Oxford en 1570. Il part s'exiler à Genève. Jugé et humilié, il ne sert de toute évidence pas d'exemple car le mouvement puritain continue de croître.

La reine vieillit et pour les puritains, l'espoir d'avoir bientôt un roi tolérant, voire prêt à accepter a minima une Église calviniste, ne tient pas de l'impossible. En effet, ils ont le regard tourné vers l'héritier pressenti du trône d'Angleterre, Jacques VI d'Écosse, un jeune homme élevé dans une cour presbytérienne…

1. Collinson, *op. cit.*, p. 107.

II
Le puritanisme face à l'uniformisation des Églises souhaitée par Jacques VI & Ier pour ses royaumes de Grande-Bretagne (1584-1625)

La reine Élisabeth Ire s'éteint le 24 mars 1603. Son cousin, Jacques VI d'Écosse, lui succède sous le nom de Jacques Ier d'Angleterre. La succession se fait de manière pacifique. Elle a en effet été pensée et préparée par les deux souverains pendant plus de vingt ans. Certes, Élisabeth n'a jamais déclaré officiellement qui serait son successeur, mais les négociations et les liens qu'entretiennent la reine et son filleul depuis l'enfance de ce dernier sont révélateurs des intentions. Durant tout ce temps, la question religieuse a occupé une place particulièrement importante dans leurs échanges et leurs préoccupations communes. Le roi Jacques s'est donc préparé à succéder à sa cousine et marraine à la tête de l'Église d'Angleterre. Au moment de son accession au trône, ses nouveaux sujets attendent de voir jusqu'à quel point il sera l'héritier moral de la reine, s'il poursuivra sa réforme religieuse et jusqu'où il ira le cas échéant.

Les puritains, dont la frustration n'a cessé d'augmenter à la fin du siècle précédent face à une Église d'État qui semble s'être cristallisée en une réforme qu'ils jugent incomplète ou mal menée, reportent leurs espoirs sur le nouveau roi. Ceux-ci se confirment un temps, durant lequel Jacques annonce qu'il prévoit, en effet, de poursuivre la réforme de l'Église d'Angleterre et de tenter de l'harmoniser avec celle mise en place en Écosse. Or les puritains sont presque immédiatement déçus : il apparaît que les réformes à l'étude ont clairement pour objectif d'éloigner l'Église d'État du calvinisme. Le puritanisme entame dès lors une nouvelle étape de sa transformation. Il va se redéfinir pour s'adapter et survivre au fil de la politique religieuse qui se dessine dans le contexte anglais mais aussi, désormais, sur la scène britannique et européenne. En effet, le roi aspire à devenir un nouveau Salomon, un réconciliateur de la chrétienté sur son île et, plus largement, en Europe. Son approche des mouvements puritains en est conditionnée par cette ambition, les réactions de ces derniers aussi.

Ce chapitre propose une étude de la politique d'unité et d'uniformité britannique du roi Jacques VI d'Écosse, telle qu'elle a été pensée à partir des années 1580, afin de préparer l'union des deux royaumes dans le cas de sa probable accession au trône d'Angleterre, puis, à partir de 1603, une fois la couronne d'Angleterre obtenue. Ce chapitre explique ses prises de position en matière religieuse ainsi que les soutiens et les oppositions qu'elles suscitent dans ses royaumes et sur le continent européen. Celles-ci ont conditionné les réactions des puritains et par là, leur affirmation sur la scène protestante nationale et internationale. Cette politique en est devenue décisive dans l'affirmation du puritanisme à l'échelle nationale, le préparant aussi à le devenir ensuite à l'échelle internationale.

La pétition des Mille (The Millenary Petition)

Suite à l'annonce de son accession au trône d'Élisabeth, Jacques VI d'Écosse, et désormais aussi Ier d'Angleterre, décide de partir s'installer avec sa cour à Londres, la capitale de ce qu'il s'imagine comme le grand, riche et puissant royaume d'Angleterre. Il promet à ses sujets écossais de ne pas les abandonner et de continuer à les gouverner directement, par la plume, par voie de déclarations, de décrets et de correspondances dont son conseil privé d'Écosse se fera le relais. Il s'engage aussi à revenir dans le royaume tous les trois ans[1]. Ces promesses faites, il prend la route pour Londres. Son voyage à travers l'Angleterre, qui dure tout le mois d'avril, le fait s'arrêter dans les grandes villes, où il est acclamé et où il constate que son nouveau royaume n'est pas aussi riche qu'il se l'imaginait. Il prend aussi conscience que ses nouveaux sujets sont agités par une forme d'instabilité religieuse qui lui rappelle, de manière moins évidente toutefois, celle qu'il connaît en Écosse depuis son enfance. À la plupart de ses étapes, il se fait interpeller par des groupes de calvinistes. À ce stade, il a déjà compris que le puritanisme, dont lui a si souvent parlé sa cousine Élisabeth Ire dans sa correspondance[2], est bien une réalité.

En effet, alors qu'il vient à peine de passer la frontière, un groupe de puritains demandent à le rencontrer. Ils lui transmettent une pétition qu'ils disent signée par mille ministres. Cette « pétition des Mille », qui selon l'archiviste Michel Duchein n'eut en réalité que six à sept cents signataires[3],

1. 3 avril 1603, BL, B.I.1/3.
2. John Bruce, *Letters of Queen Elizabeth and King James VI of Scotland*. Londres, Camden Society, 1849.
3. Michel Duchein, *Jacques Ier Stuart*, Paris, Fayard, 2003, p. 253.

démontre toutefois une mobilisation massive de ministres qui se désignent ensemble sous le nom, certes générique, de puritains.

La pétition fait état de plusieurs demandes à caractère calviniste sur le plan doctrinal : les signataires souhaitent que le roi reconsidère les Trente-neuf articles et plus particulièrement, certaines pratiques toujours en cours au sein de l'Église d'Angleterre. Parmi celles qui sont dénoncées figurent l'obligation au prêtre de faire un signe de croix lors du baptême, ou l'utilisation lors des cérémonies d'objets et accessoires jugés trop ostentatoires ou rappelant les superstitions païennes tels que les calices ou encore les anneaux de mariage. Les habits de cérémonie des prêtres (le surplis, plus particulièrement) sont de nouveaux attaqués, rappelant le temps des contestations lors de la controverse du vestiaire. Les signataires de la pétition désirent aussi des changements dans le *Livre de la prière commune* et des altérations mineures dans l'organisation et l'administration épiscopale de l'Église d'Angleterre. Leurs requêtes reflètent le souhait d'éliminer de l'Église tout ce qui peut rappeler de près ou de loin le papisme. Ils proposent que leurs doléances soient étudiées dans le cadre d'une conférence durant laquelle ils pourraient tous s'entretenir et débattre entre théologiens. Malheureusement pour eux, dans leur élan, ils ne semblent pas se rappeler que Jacques a passé les trente dernières années à lutter contre le presbytérianisme en Écosse et qu'il ne porte pas particulièrement les puritains dans son cœur.

En acceptant leur pétition, Jacques leur laisse croire qu'il réfléchira à des réformes en leur faveur. Pour appuyer ses propos, il choisit de profiter de sa réponse à leur pétition pour annoncer sa volonté de convoquer une assemblée à Hampton Court, dans les mois qui vont suivre, pour discuter d'un plan de réforme religieuse. Les puritains sont donc directement à l'origine de la décision du roi de convoquer les représentants de son clergé et les opposants à son Église. Ils ne savent toutefois pas encore qu'ils donnent alors au roi le bâton pour se faire battre. Jacques VI & Ier a en effet acquis une longue expérience avec les presbytériens écossais. Il a appris à les gérer, voire à les contrôler et à les faire plier quand ils deviennent trop virulents. Revenons sur cette relation de pouvoir qui s'est construite durant le règne exclusivement écossais du roi Jacques.

Retour sur les relations du roi avec les calvinistes avant 1603

Jacques a grandi dans une cour presbytérienne. Il n'a longtemps connu la religion qu'à travers l'austérité calviniste visible dans les églises et lors du culte. Les puritains anglais, alors en grande partie presbytériens eux aussi, croient donc fermement qu'il sera tolérant envers eux. Ignorent-ils vraiment que par intérêt politique et personnel, le roi Jacques n'aime pas les calvinistes radicaux et qu'il a passé plus de vingt ans à les combattre ? Ils sont selon lui responsables des tensions et du conflit religieux en Écosse et en Angleterre. Il a jusque-là travaillé à renforcer son autorité sur l'Église d'Écosse en y établissant un système religieux devant lui permettre d'avoir un pouvoir direct de décision sur son gouvernement ecclésiastique. L'influence d'Élisabeth Ire dans ce projet a été centrale. Comme on l'a mentionné, Jacques a entretenu avec sa cousine et marraine un lien très étroit. Celui-ci transparaît dans leur correspondance de près de trente années[1]. Jacques en a développé une connaissance approfondie de l'Église d'Angleterre et une admiration pour elle. Il est très au courant du puritanisme et de ses menaces sur l'Église établie. Il partage la plupart des points de vue de la feue reine d'Angleterre. Cette position n'est un secret pour personne. Les puritains n'ont donc qu'à bien se tenir. Or lorsqu'ils pétitionnent leur nouveau roi, ils semblent ne rien savoir de son passé écossais et de cette préparation, à distance, à hériter le trône d'Élisabeth Ire.

Paradoxalement, à sa naissance en 1566, Jacques représente un danger pour la reine d'Angleterre. C'est le fils de Marie Stuart, souveraine d'Écosse catholique soutenue par le pape pour prendre possession du trône d'Angleterre et rétablir l'Église catholique sur l'île. Élisabeth est sans enfant et la naissance du prince écossais affaiblit la position déjà précaire de la reine « Vierge ». Marie Stuart joue la provocation auprès d'Élisabeth en la choisissant comme marraine pour son fils. Or, contrairement à l'effet recherché par Marie, ce choix stratégico-politique est à l'origine du lien étroit qui se construit entre la reine d'Angleterre et Jacques dès les premiers mois de sa vie. Élisabeth a ainsi établi un ascendant moral sans précédent sur Jacques. Il durera jusqu'à sa mort. Il en a résulté une vision commune de la politique en matière religieuse et une opinion négative du puritanisme que tous deux n'ont de cesse de contrecarrer durant leurs règnes.

L'exemple presbytérien écossais est suivi à l'étranger. Les presbytériens anglais espèrent qu'il en adviendra de même pour leur Église en Angleterre. Élisabeth, qui surveille ce qui

1. Sabrina Juillet Garzón, « La correspondance entre Élisabeth I et Jacques VI comme base d'une future unité britannique », in *La Renaissance anglaise : horizons passés, horizons futurs*, http://cle.ens-lyon.fr/82989457/0/fiche___pagelibre/&RH=CLE_ANG110100

se passe chez son voisin, anticipe immédiatement le danger et renforce son Église épiscopale. C'est alors qu'elle entame une correspondance avec le jeune roi d'Écosse pour s'en rapprocher et l'accompagner dans sa politique ecclésiastique, qu'elle espère bien évidemment anti-presbytérienne. Le roi est encore très jeune et il faut attendre les années 1580 pour que l'influence de la reine porte ses fruits.

Jacques est un protestant, comme sa marraine, il n'y a aucun doute à cela. Il le réitère dès que l'occasion s'en présente. Celle fournie par l'exécution de sa mère, en 1587, en est peut-être l'expression la plus forte et la plus symbolique. En effet, au moment où il apprend que Marie Stuart va être décapitée en Angleterre, il se contente d'écrire son soutien à la reine sa cousine. Il rappelle alors l'attachement qu'il a pour elle et plus encore pour leur religion commune, même si sa condition de fils l'oblige à plaider pour la vie de sa mère : « *My religion ever moved me to hate her course although my honour contrains me to insist for her life.*[1] » Il n'insiste toutefois pas plus dans son plaidoyer et ne cherche jamais à essayer de la sauver de l'échafaud.

Dans le contexte de la consolidation des relations anglo-écossaises sous Élisabeth, la religion apparaît de manière pertinente comme une possibilité de rapprocher les deux pays dans une cause commune. Des pourparlers pour une alliance protestante entre l'Écosse et l'Angleterre sont entrepris entre les deux monarques avec pour objectif commun de protéger l'île

1. Lettre d'Élisabeth Ire à Jacques VI, 1586. Lettre exposée lors de l'exposition *The Universal King, James VI and the Union of the crowns,* du 1er octobre au 30 novembre 2003, au château d'Édimbourg, Écosse. Fonds de la National Archives of Scotland.

d'une invasion catholique[1]. Harmoniser les Églises constitue un autre des objectifs clairement identifiés pour faciliter l'union des couronnes, le cas échéant. C'est en partie pour cela que Jacques VI entreprend une série de réformes en Écosse pour mettre fin au système presbytérien qu'il ne cautionne pas. Bien au contraire.

Depuis l'établissement de ce système au sein de l'Église d'Écosse en 1560, le roi n'a aucun pouvoir direct sur l'Église. Il ne peut intervenir que dans le domaine législatif auprès de l'Assemblée générale et par l'intermédiaire du Parlement. Les presbytériens ne peuvent malgré tout ignorer son autorité : ils sont tous sujets du roi et lui doivent donc respect et obéissance. Le roi a aussi, malgré tout, les moyens d'étendre son champ d'action s'il agit avec bon sens, en utilisant le Parlement. En plus de son pouvoir législatif, Jacques dispose aussi d'une arme redoutable : féru de théologie, il a des connaissances très poussées en la matière. Peu de théologiens peuvent rivaliser avec lui. Il sait leur tenir tête, et il le fait particulièrement bien face aux presbytériens. Il va bientôt faire de nouveau la démonstration de cette compétence en Angleterre lors de la conférence de Hampton Court durant laquelle il va faire face aux puritains.

Depuis sa majorité, le roi Jacques cherche donc à s'affirmer face aux presbytériens, trop puissants à son goût à la cour. Il veut devenir le chef de l'Église en Écosse à l'image des souverains anglais. Il travaille à établir un épiscopat et à créer une Église d'État. Un événement le motive à accélérer ses réformes pour mettre les factions presbytériennes hors d'état de nuire une

1. Une première mention en fut faite dans une lettre datée du 19 juillet 1585, Bruce, *op. cit.*, p. 16. Une mention plus claire fut ensuite faite un mois plus tard dans sa lettre du 19 août 1585, Bruce, *op. cit.*, p. 21.

fois pour toutes. Il s'agit d'un complot fomenté, en 1583, par Alexander Gowrie, comte de Ruthven, durant lequel le roi croit avoir été victime d'une tentative d'assassinat. L'événement constitue pour lui une véritable remise en question de son autorité au sein d'une cour presbytérienne trop puissante, cherchant à s'approprier tous les pouvoirs[1].

Aux yeux de Jacques, l'épiscopat est le système idéal pour l'Écosse. Il lui garantirait le pouvoir et surtout le contrôle de l'Église. Aussi décide-t-il d'imposer progressivement la présence d'évêques au gouvernement en commençant par les introduire au Parlement. L'Église élisabéthaine serait-elle donc devenue un modèle pour l'Église en Écosse[2] ? Élisabeth ne cesse en tout cas de soutenir son cousin et de lui apporter conseil dans ce bras de fer avec les presbytériens bien résolus à se défaire de nouveau de l'autorité du roi sur l'Église nationale. Dans une lettre datée de 1600, Jacques écrit à Élisabeth que l'Église en Écosse sera bien une Église similaire à celle d'Angleterre s'il vient à la diriger un jour[3]. En attendant, dès 1573, le Parlement vote la loi de suprématie[4] qui fait du roi le gouverneur suprême du royaume tant pour les aspects temporels que pour la conservation et la purification de la religion. Jacques devient ainsi

1. Calderwood, *History of the Kirk of Scotland*, vol. 6, Édimbourg, Wodrow Society, 1849, p. 523.
2. Keith Brown, *Kingdom or Province? Scotland and the regal union, 1603-1715*, Londres, Macmillan, 1992, p. 73.
3. Lettre de Jacques VI à Cecil (Hatfield mss, vol. 135. Fol.5), dans Bruce, *op. cit.*, p. 9.
4. Cette loi est une réponse au livre de discipline (*Book of Discipline or Head and Conclusion of the Policy of the Church*) de 1572 dans lequel le gouvernement civil et le gouvernement ecclésiastique sont clairement distingués, confirmant ainsi que le monarque ne peut exercer aucune autorité sur l'Église d'Écosse. Ce livre de discipline a été symboliquement publié l'année de la majorité de Jacques VI afin de lui rappeler son rôle et ses limites en tant que monarque d'Écosse.

le chef de l'Église d'Écosse au même titre qu'Élisabeth en Angleterre. Mais il ne la contrôle pas encore totalement. En 1584, Jacques fait ratifier une série de lois, appelées les *Lois noires* (*The Black Acts*) par les presbytériens. Elles permettent au roi d'établir son autorité spirituelle et temporelle ainsi que son pouvoir de juridiction sur les affaires ecclésiastiques. Les Lois noires sont aussi pour lui un moyen, entre autres, de récupérer des terres de manière légale pour ensuite les redistribuer à des évêques. Ces derniers vont dès lors pouvoir siéger au Parlement et au Conseil privé. L'acte d'uniformité, qui fait partie de ces lois, interdit à l'Église de convoquer des assemblées libres et impose des ministres. Ceux-ci ont le devoir de reconnaître les évêques comme leurs supérieurs au sein de cette Église. Par la suite, après l'épisode de la menace de la Grande Armada, trois ans plus tard, le sentiment anticatholique est tel que le parlement écossais annule cet acte et redonne ainsi du pouvoir au gouvernement presbytérien qui n'a pas encore été totalement annihilé. Bien que très hostile au presbytérianisme, Jacques n'entreprendra jamais d'y mettre totalement fin. C'est là en grande partie ce qui explique les espoirs des puritains anglais dans les premiers mois du règne jacobéen.

Les opposants à l'épiscopat que préconisent le roi Jacques et Élisabeth Ire, présentent le presbytérianisme comme le système protestant le plus proche de la culture et des traditions religieuses écossaises. Le calvinisme – voire l'ultra-calvinisme – est de toute évidence déjà bien ancré dans la société écossaise. Fort de son expérience de vie au sein d'une cour presbytérienne mais aussi et surtout par sagesse, Jacques sait qu'aucune réforme ne pourra être correctement menée à bien sans une réconciliation et sans une justification de son rôle de monarque et de son droit à diriger l'Église. Il entreprend donc de légitimer ses réformes par une démonstration intellectuelle, philosophique, théologique et politique, développée dans deux traités : *La vraie loi des monarchies libres* (1598) et *Basilikon Doron* (1599). *Basilikon Doron* sera d'ailleurs réédité en Angleterre au moment de son accession au trône, en 1603, dans le but de rassurer ses nouveaux sujets sur ses prises de position religieuse et politique, et accessoirement, sur son aversion des puritains. Il y justifie son pouvoir sur ses peuples et sur l'Église en s'appuyant sur la théorie du droit divin, par laquelle il affirme détenir ses pouvoirs et son autorité de la seule volonté de Dieu.

Les années 1597-1610 sont considérées par les historiens comme des années d'unité politique et d'équilibre religieux en Écosse[1]. Durant les années qui précèdent la succession anglaise, Jacques réussit, en effet, dans une certaine mesure, à ramener un semblant de paix religieuse en Écosse par un contrôle renforcé de l'assemblée générale. Ceci est rendu possible grâce au consentement de la majorité des ministres écossais, trop soucieux de conserver leurs privilèges au moment du départ du roi pour l'Angleterre, mais surtout grâce à la marginalisation puis à l'exil des frères Melville, ses principaux opposants presbytériens[2].

1. Voir, par exemple, Goodare (ed.), *The Reign of James VI*, Tuckwell Press, 2000, chap. 10, p. 170.
2. Richard et Andrew Melville sont des figures éminentes de l'assemblée générale d'Ecosse. Farouches opposants de l'épiscopat en Écosse, ils s'opposaient à toute politique de réforme de l'Église presbytérienne. Le roi Jacques les convoquera à Londres en 1606, pour leur faire constater les bienfaits de l'épiscopat. Ils doivent alors assister à des sermons de membres de l'Église d'Angleterre. Le but est bien sûr de les convaincre de se conformer à ce système et de l'appliquer et de le recommander en Écosse tout en soutenant les réformes du roi. Cela n'eut aucun effet sur eux, bien au contraire. Ce voyage permit à Andrew Melville de prêcher en Angleterre et de s'attirer de nombreux partisans chez les partisans chez les puritains. Cela lui vaut d'être exilé. Il partira alors pour la France où il prêchera à Sedan parmi des Huguenots.

C'est là le résultat d'une des crises les plus violentes entre le roi et les presbytériens écossais, qui a lieu au sein de l'assemblée générale à l'automne 1596. Cette crise a alors été un vrai combat pour le contrôle de l'État. En conséquence, Jacques y a réagi d'une manière qui lui sera souvent reprochée plus tard, mais qui lui a peut-être sauvé son trône à ce moment-là et qui lui servira d'expérience pour s'imposer face aux puritains anglais quelques années plus tard.

En effet, en août de cette année-là, le roi convoque une convention à son palais de Falkland durant laquelle il pardonne solennellement aux lords catholiques afin que ces derniers s'allient à lui, en particulier pour préparer son éventuelle succession au trône d'Angleterre. Cette concession envers les catholiques est immédiatement vue d'un mauvais œil par les fervents défenseurs de l'Église réformée, qui voient là un pas supplémentaire (après les tentatives d'imposer l'épiscopat) vers une réconciliation avec l'Église catholique. Cette crainte se confirme trois ans plus tard lorsque l'on apprend que Jacques tente d'obtenir du pape Clément VIII et du roi de France Henri IV qu'ils interviennent auprès des cours d'Europe afin que celles-ci le soutiennent pour sa succession au trône d'Angleterre. Ces négociations avec le monde catholique crispent plus encore les presbytériens écossais. Leurs craintes ne semblent toutefois pas arriver jusqu'en Angleterre. Dans le cas contraire, les puritains n'auraient peut-être pas été si optimistes à l'annonce de la succession au trône du roi d'Écosse.

Ainsi, en chemin vers Londres, lorsque le roi reçoit la pétition des puritains, il est déjà fort aguerri. Il a une opinion bien arrêtée et est déterminé à défendre son statut de monarque de droit divin. Il prend ainsi la pétition et promet qu'il la considèrera. Il tiendra sa promesse. Sa réponse aux puritains sera donnée lors de la conférence de théologie qu'il convoquera en janvier 1604. Après son couronnement, cette conférence qui rassemblera les plus grands théologiens du pays au palais de Hampton Court sera le coup d'éclat politico-religieux du nouveau roi.

« *No Bishop, no King* »
La conférence de Hampton Court comme conséquence directe de la pétition des Mille ?

L'assemblée de Hampton Court se réunit les 14, 16 et 18 janvier 1604. Elle répond à la demande des puritains, formulée quelques mois plus tôt au roi, de rassembler les théologiens du royaume pour débattre librement de la voie que doit désormais prendre l'Église d'Angleterre pour terminer sa réforme.

Habituellement, les problèmes ecclésiastiques sont traités par une convention se réunissant au même moment que le Parlement. Or le roi décide d'organiser cette conférence avant même de convoquer son premier Parlement. Il montre ainsi au monde qu'il considère que le problème des puritains et de l'Église est pour lui une priorité. La question est pour le roi si importante et urgente qu'il a au départ convoqué l'assemblée des théologiens le 24 octobre pour une réunion le 1er novembre. L'épidémie de peste qui sévit alors l'a forcé à la décaler à janvier suivant.

L'archevêque Whitgift y siège avec sept de ses évêques et neuf pasteurs et doyens. Quatre théologiens ouvertement déclarés puritains sont aussi présents : John Reynolds, Laurence Chaderton, Thomas Sparks et John Newstub. Patrick Galloway, un courtisan presbytérien écossais ayant suivi le roi jusqu'à

Londres, est également autorisé à siéger. Ce dernier aurait été là lorsque les puritains avaient donné leur pétition des Mille quelques mois plus tôt. Rien ne permet de l'affirmer, mais il pourrait avoir été un médiateur entre le roi et ces derniers.

Jacques décide de mener lui-même les débats, ce qui est une première pour une telle conférence. En parallèle, il ordonne la publication d'une nouvelle édition de son *Basilikon Doron*, dans lequel, rappelons-le, il réaffirme son autorité de droit divin sur l'Église et dit clairement que les puritains sont trop « fiers » de penser qu'ils peuvent « faire de Dieu ce qu'ils veulent sous le prétexte de la prière[1] ». Le ton est lancé. Ce sont les sujets qui vont devoir s'adapter à l'Église et non le contraire.

Par ailleurs, au même moment, en Écosse, le roi demande à l'Assemblée générale se tenant à Aberdeen de traiter de l'épiscopat en Écosse. Il dévoile ainsi sa volonté de mener une politique religieuse commune – ou pour le moment, parallèle – au sein des deux royaumes, bien que celle-ci soit certes encore loin d'être institutionnellement possible en pratique. Pour l'instant, dans tous les cas, pour le roi Jacques, il s'agit de s'assurer que dans ses deux royaumes, les presbytériens soient le plus éloignés possibles du gouvernement religieux et d'affirmer son propre statut de chef de l'Église.

Dans ce cadre, le roi permet que deux points majeurs soient débattus : la doctrine et le gouvernement de l'Église d'Angleterre. Les théologiens, et plus particulièrement les puritains, voient dans la doctrine alors utilisée pour signaler un certain nombre de points défectueux et obscurs. Quant à la question du gouvernement, il est expliqué que le manque de

1. "proud puritan", "Puritanes, verie pestes in the Church and Common-weale", livre 2, Jacques VI, *Basilikon Doron*, 1599.

pasteurs dans chaque paroisse se fait ressentir depuis quelques années maintenant et que cela empêche une bonne application de la liturgie ; chacun semble souhaiter que le *Livre de la prière commune* soit plus rigoureusement utilisé dans le pays. Les interventions ne sont pas forcément véhémentes, mais il est évident qu'une partie de l'assemblée juge que la marge d'amélioration de l'Église est encore très grande.

Les débats de la conférence[1] expriment assez clairement les nombreuses demandes et plaintes des puritains. Celles-ci concernent plus spécifiquement la liturgie à utiliser par l'Église et le gouvernement religieux qu'elle devrait selon eux adopter. Les puritains proposent au débat qu'un catéchisme court et uniformisé soit utilisé pour le culte, qu'une Bible en anglais puisse être disponible dans toutes les églises, que le baptême soit limité, qu'une meilleure définition soit faite du mariage et que les évêques ne soient pas autorisés à juger les ministres du culte sans le consentement des diacres. Les débats promettent donc d'être houleux, mais le roi impose sa volonté dès l'ouverture de l'assemblée, ne laissant à personne le temps de pouvoir le contredire. Il se présente ainsi comme le véritable chef de l'Église et de son exécutif.

Le roi profite de cette assemblée, à laquelle participent de nombreux étrangers (parmi lesquels se trouvent des Français qui transcrivent les débats dans leur langue[2]), pour réaffirmer son attachement à l'épiscopat en prononçant cette phrase

1. Les débats ont été retranscrits et publiés par Beriah Botfield, *Original Letters on Ecclesiastical Affairs of Scotland,* Vol. I 1603-1614, Vol. II, 1614-1625. Édimbourg, 1851.
2. *La conférence tenue à Hampton Court, entre les évêques anglois et les Puritains, au mois de janvier 1604. En la présence du Roy d'Angleterre et d'Ecosse,* Paris, 1605.

désormais si célèbre : « *pas d'évêque, pas de roi* » (« *No bishop, no King*[1] »). Jacques menace ceux qui s'opposeraient à cette politique et qui ne s'y conformeraient pas « d'être exilés du pays ou pire[2] ». Il alerte ensuite sur les dangers du pluralisme religieux, avertissant ainsi indirectement les puritains de ne pas se comporter en schismatiques envers l'Église d'Angleterre. Il rappelle qu'il n'a pas convoqué une telle assemblée pour « innover », car la politique ecclésiastique menée jusque-là par Élisabeth avait fait ses preuves[3] ; il souhaite au contraire la continuer sans en changer un seul principe fondateur. Il répond ainsi clairement à la requête des puritains d'organiser un gouvernement presbytérien pour l'Église en leur signifiant que leur ambition est vaine car il n'y a aucune chance qu'il y accède. Et pour mieux encore illustrer son refus, il se permet une comparaison avec le presbytérianisme écossais qu'il connaît et juge d'expérience totalement incompatible avec la monarchie de droit divin : « *Scottish Presbyterie* [...] *agreeth with Monarchy as God and the Devill*[4]. » Les presbytériens anglais, et avec eux l'ensemble des puritains, savent dès lors à quoi s'en tenir. Nul doute possible désormais : le nouveau roi ne ferait aucune concession aux ultra-protestants.

1. Cette phrase fut répétée deux fois lors du deuxième jour de l'assemblée. Barlow, *op. cit.*, p. 36, 82.
2. Mots adressés à M. Reynolds, représentant des puritains, « *if this be all your party hath to say, I will make them conform themselves, or else I will harrie them out of the land, or else do worse.* »
3. « *for we acknowledge the government ecclesiastical as now it is, to have been approved by many manifold blessings from god himself* », puis, le roi confirma son attachement aux doctrines de l'Église d'Angleterre et sa volonté d'uniformité : « *I will have one doctrine, and one discipline, one Religion in Substance, and in ceremony.* » (Barlow, *op. cit.*, p. 29-30, 71.)
4. Barlow, *op. cit.*, p. 79.

Le roi accuse autant les catholiques que les puritains d'être des fauteurs de trouble et des réfractaires qui empêchent le royaume d'évoluer[1]. Il met de nouveau à mal les puritains et leurs arguments en appelant à la conformité religieuse[2]. Pour éviter toute contestation de la part de ses sujets catholiques, il réaffirme sa position envers le Saint-Siège en rappelant que « l'évêque de Rome », autrement dit le pape, n'a aucune autorité sur cette terre : le royaume d'Angleterre et, par extension, sur l'île entière[3]. Il demande enfin que tous se conforment à l'Église épiscopale protestante d'Angleterre. Le 18 avril, il appelle à l'unité protestante au sein de l'Église épiscopale qu'il gouverne pour protéger l'île de l'ennemi commun : le catholicisme romain. Là-dessus, tous les membres de l'assemblée semblent d'accord.

L'assemblée se sépare sans animosité visible. Tous semblent même satisfaits par la politique religieuse royale désormais clarifiée pour tous. De plus, le roi a malgré tout accepté deux des principales demandes des puritains : il a donné l'ordre de travailler à une Bible traduite en anglais[4] et a déclaré sa volonté de corriger ce qui ne concorde pas avec les Écritures et

1. « *The most troublesome and refractory persons, eyther Papists or Puritains.* » Second jour de la conférence, Barlow, *op. cit.*, p. 89.
2. *A Declaration for the authorizing and Uniformity of the Book of Common Prayer to be used throughout the realm*. 5 mars 1604, BL, C.112.H1 (35). Le roi Jacques fait référence aux ultra-protestants écossais, les presbytériens, dans les termes méprisants suivants : « *Scottish Presbyterie* [...] *agreeth with Monarchy as God and the Devill.* »
3. Barlow, *op. cit.*, p. 34.
4. En plus de la transcription des débats ayant eu lieu lors de la conférence, la naissance de l'idée de la traduction de la « Bible du roi Jacques » est minutieusement analysée par Alister McGrath, *In the Beginning. The Story of King James Bible*. Londres, Hodder & Stoughton, 2001. Voir aussi Ch. Tournu (ed.), *La Bible de 1611*, Strasbourg, Presses universitaires, 2013.

l'Église primitive décrite dans l'Ancien Testament en ordonnant quelques légers changements dans le *Livre de la prière commune*. Cela suffit donc à calmer les puritains pour quelque temps.

La Bible du roi Jacques, une victoire puritaine ?

Les puritains se réjouissent d'avoir obtenu que leur demande d'une Bible traduite en anglais ait été acceptée. Le projet est immédiatement lancé. Pour eux, c'est une victoire, résultat de leur détermination à vouloir faire entendre raison à la monarchie sur les améliorations à apporter à l'Église d'Angleterre. Or, ce projet de traduction est-il vraiment une réponse directement liée à leur demande ? Le roi Jacques ne l'admettra pas.

Lors de la conférence de Hampton Court, lorsqu'il a donné l'ordre aux théologiens de se réunir pour préparer une traduction de la Bible en anglais, le roi Jacques a précisé que cette traduction aura avant tout comme objectif d'aider à la formation des futurs prêtres. Et pour lever tout doute éventuel sur le fait que cette traduction n'est pas un projet puritain et, plus encore, pour ne laisser aucun champ de manœuvre au puritanisme pour venir entacher les discussions des théologiens et des traducteurs, ces derniers sont nommés sous sa supervision. Pourtant, Samuel Ward, théologien de Cambridge et de réputation puritaine, participe au projet[1]. Serait-il passé à travers les mailles du filet ? Ou certains théologiens ont-ils vraiment intérêt à ce que des puritains soient présents pour s'assurer que cette traduction

1. Il siège au synode de Dordrecht (1618) durant lequel le principe de double prédestination calvinienne est réaffirmé. Voir Cottret, *Cromwell*, p. 31.

soit à la hauteur des attentes de ceux qui craignent qu'elle soit sujette à des interprétations encore trop papistes ? Il y a certainement un peu des deux.

La question de la traduction de la bible divise l'Église d'Angleterre depuis les années 1580. Le texte sacré ne doit pas être traduit pour les uns, alors que pour les autres, il doit absolument l'être, mais sous une supervision rigoureuse. Pour ces derniers, dont une grande partie soutient une vision puritaine du traitement de la liturgie, il est temps que la parole de Dieu soit accessible à tous.

La Bible dite « du roi Jacques » est terminée en 1611. Elle deviendra la Bible protestante la plus utilisée du monde anglophone, voire du monde entier car elle est la référence utilisée jusque dans les colonies britanniques puis dans le Commonwealth.

L'influence du puritanisme n'y est pas évidente, mais les termes utilisés restent suffisamment large pour que chacun y trouve son compte[1]. Cette Bible rassemble. Le roi a réussi son pari. Des puritains des plus radicaux résistent malgré tout et tendent à choisir le séparatisme. Ils sont peu nombreux, mais ils existent. Le roi Jacques en est conscient. Il reste sur ses gardes.

1. Sabrina Juillet Gazón, « Le rêve d'universalité du Roi Jacques comme contexte à la Bible de 1611 », in Ch. Tournu (ed.), *La Bible de 1611*. Strasbourg, Presses universitaires, 2013, p. 39-52.

Cherish no man more than a good pastour, hate no man more than a proud Puritan. (*Basilikon Doron*, livre 2)

L'expérience du roi Jacques avec les ultra-calvinistes écossais et anglais – autrement dit pour lui alors, les presbytériens – est à l'origine d'une longue réflexion théologique et philosophique sur le rôle et les missions du monarque. Il en développe une des premières théories structurées du droit divin. Cette théorie, en plus de légitimer son statut de chef de l'institution religieuse de ses royaumes, est aussi un véritable plaidoyer contre le puritanisme.

Le roi Jacques a construit sa vision de la monarchie à partir de ses expériences en Écosse et des conseils de la reine Élisabeth Ire. Cette vision est fondamentalement le fruit de sa réaction de rejet du presbytérianisme. Elle devient théorie à appliquer par lui et sa descendance lorsqu'il la met par écrit dans deux traités : *La vraie loi des monarchies libres* et *Basilikon Doron*.

Basilikon Doron est écrit à titre privé en 1598 par le roi Jacques pour son fils. Le traité apparaît sous la forme d'un manuel de conseils à son héritier. Il y développe les grands principes du droit divin explicités un an plus tôt dans *La vraie loi des monarchies libres*[1]. Il est réédité en Écosse et en Angleterre au moment de l'Union des couronnes, en 1603. Jacques s'y adresse aux chrétiens (« *Christian reader* »), un terme général qui ne fait mention d'aucune confession spécifique. En effet, le processus de confessionnalisation ne fait alors que commencer

1. Bernard Bourdin, « La pensée ecclésio-politique de Jacques VI-I Stuart : continuité et rupture avec la suprématie royale anglaise », p. 78, dans Alain Joblin et Jacques Sys, *op. cit.*, p. 59-78 ; Bernard Bourdin, *La Vraie Loi des Libres monarchies de Jacques VI d'Ecosse, 1er d'Angleterre*. Mémoire post-doctoral, École pratique des Hautes Études. Décembre 2005.

et peu de gens en ont alors vraiment conscience. Tous les sujets, qu'ils soient en faveur de l'épiscopat ou adeptes des principes calvinistes ou luthériens, sont encore simplement appelés protestants. Les termes « puritain » ou « ultra-protestant » restent encore vagues et sont utilisés de manière générique pour surnommer ceux qui attendent plus de réformes religieuses. On fait rarement référence à ces derniers par leur appellation confessionnelle particulière, autrement dit comme presbytériens, anabaptistes ou brownistes. Jacques appelait les puritains « *vile sect* ». Le roi justifie ses propos contre eux par l'explication suivante :

> *because they think themselves onely pure and in a manner without sin, the only trew church and only worthy to be participant of the sacraments, and all the rest of the world to be abomination in the sight of god.*[1]

Ils sont de fait tous sujets chrétiens du roi. Cette volonté de ne pas donner trop de précisions sur les divisions naissantes au sein de l'Église se retrouve lorsque le roi affirme être prêt à défendre l'Église dans laquelle il a été élevé : le presbytérianisme particulièrement, penseront certains ; l'Église protestante plus généralement, selon d'autres. L'ambiguïté est volontaire. Elle permet de ne pas donner aux puritains de points d'arguments pour rebondir et attaquer. Cette ambiguïté s'explique aussi en partie par le contexte international au moment de l'écriture du traité ; Jacques est alors en négociations avec les ministres anglais, mais aussi avec les États protestants – et même avec le pape et certains États catholiques – pour avoir leur soutien lorsque le moment serait venu de légitimer le successeur d'Élisabeth d'Angleterre. Aussi a-t-il tout intérêt à rester

1. « *To the Reader* », *Basilikon Doron*, p. 6.

le plus neutre possible. Cela ne l'empêche pas de s'attaquer à ceux qu'il juge être des fanatiques : les ultra-protestants/calvinistes – qu'il n'hésite pas à qualifier de puritains[1] – et qui selon lui, divisent l'Église, et donc la population, en semant le trouble dans les esprits. Sur ce point, il conseille à son fils de préférer les membres du clergé épiscopal aux prédicateurs ultra-protestants refusant de se conformer à l'Église d'État : « *Cherish no man more than a good pastour, hate no man more than a proud Puritan.*[2] »

Les réactions des puritains et le sentiment de « persécution »

Le roi Jacques commence ainsi son règne anglais en affirmant ses prérogatives religieuses. Les puritains anglais savent à quoi s'en tenir. La conférence de Hampton Court n'a certes pas réconcilié ses sujets protestants mais elle a permis de poser les bases d'un rassemblement en Angleterre mais aussi en Écosse, l'autre royaume du roi. Cette situation fragile ne va pas durer longtemps. Le Parlement qui se rassemble à partir du mois de mars suivant se transforme en une nouvelle occasion pour les puritains de se faire entendre. L'institution parlementaire devient dès lors une tribune d'expression du puritanisme. Timide en ce premier Parlement de Jacques Ier, cette tendance s'affirmera tout au long du règne. Regardons comment cela a pu se faire.

Le premier Parlement du règne se rassemble le 19 mars 1604. Le roi y réaffirme son droit divin et fait voter les décisions liées à la religion présentées lors de la conférence de Hampton Court.

1. Livre 2, *Basilikon Doron*.
2. *Ibid.*

Il demande à ce que le Parlement prépare l'Union institutionnelle des royaumes d'Angleterre et d'Écosse et s'auto-proclame roi de Grande-Bretagne. Le Parlement d'Angleterre refuse de valider cette union ainsi que d'officialiser ce titre. L'Angleterre doit rester l'Angleterre. La Chambre des Communes est agacée. Celle des Lords a du mal à soutenir la demande royale, d'autant plus qu'à la cour déjà, les Lords anglais se sentent envahis par des centaines d'Écossais qui semblent ne chercher qu'à leur prendre leurs titres et leurs terres[1]. Aussi, lorsque le roi décide de procéder à une révision des revenus royaux par une réorganisation fiscale, cela provoque un mouvement de contestation chez les propriétaires terriens, particulièrement ceux siégeant au Parlement. Ceux-ci considèrent que leur siège leur donne la prérogative d'objecter à cette demande royale injustifiée et qui ne répond qu'aux seuls besoins personnels du roi. Plus encore, alors que le roi demande à ce que certaines terres soient données au clergé, certains membres des Communes s'en offusquent. Plusieurs d'entre eux se trouvent être des puritains.

Ces derniers ont, à ce moment-là, saisi cette nouvelle occasion plutôt inattendue de se faire entendre. En effet, la situation du roi est quelque peu difficile. Alors que Jacques cherche à faire appliquer sa nouvelle politique religieuse en Angleterre par le Parlement, il demande que cela soit fait avec l'aide d'une assemblée de représentants du clergé. Il organise

1. De fait, le roi Jacques distribue 40 % des postes à son service à ses sujets écossais l'ayant accompagné jusqu'en Angleterre. Certains obtiennent même des terres alors que légalement ce droit ne leur est pas permis. Voir Sabrina Juillet Garzón, « La différence identitaire et culturelle au sein de la cour anglo-écossaise du roi Jacques VI et I : un avantage dans le projet d'union et d'unité britannique jacobéen ? », in S. Juillet Garzón, Pierre Fournier (eds.), *L'Écosse : la différence/ Scotland, the Différence*. Collection *Caledonia*. Besançon, Presses Universitaires de Franche-Comté, 2021, p. 58-70.

donc une conférence avec cette assemblée et la Chambre des Communes. Il souhaite qu'à cette occasion, les débats soient menés par les évêques, supposés le soutenir dans sa politique. Or les évêques convoqués refusent de se rendre à cette conférence qu'ils jugent ne pas être du ressort d'un Parlement et encore moins des Communes.

Face à cette désobéissance du clergé qui pourrait remettre en cause sa crédibilité en tant que gouverneur de l'Église s'il n'y prend garde, le roi lui ordonne immédiatement de prêter dorénavant serment de respecter le *Livre de la prière commune* et de le faire appliquer dans tout le royaume[1]. L'ordre de se conformer à la liturgie est réitéré le 16 juillet suivant dans une proclamation donnant aux évêques jusqu'au 30 novembre pour le faire[2]. Les nouveaux canons sont rédigés par la convention au mois de septembre[3]. Ils sont assez orthodoxes par leur contenu malgré quelques efforts de réforme et quelques concessions aux puritains, comme l'indique en particulier le canon LXXII[4]. Ils confirment les Trente-neuf articles d'Élisabeth comme fondement confessionnel de l'Église établie en Angleterre. Quelques-uns d'entre eux sont toutefois modifiés. Ce sont

1. *James's Proclamation for the use of the Book of Common Prayer,* 5 mars 1604. dans Gee et Hardy, *Documents illustrative of English Church History.* Londres, MacMillan, 1921, p 512.
2. *A proclamation enjoining conformity to the form of the service of God established,* 16 juillet 1604. Kenyon, *op. cit.*, p. 119.
3. Canons de 1604, Kenyon, *op. cit.*, p. 123.
4. Les prédicateurs non-conformistes pouvaient pratiquer leurs activités s'ils en avaient reçu l'autorisation au préalable, par voie de licence du clergé épiscopal : *LXXII. No Ministers shall, without the licence and direction of the bishop of the diocese first obtaines and had under his hand and seal, appoint or keep any solemn fast, either publicly or in any private houses, other than such as by law are, or by public authority shall be appointed, nor shall be wittingly present at any of them, under pain of suspension for the first fault…* (Canons, 1604, *op. cit.* p. 125. Voir aussi Kenyon, *op. cit.*, p 113.)

principalement ceux redéfinissant le rôle des évêques et la hiérarchie épiscopale. Des éléments nouveaux devant permettre un meilleur contrôle des théologiens et des universités sont ajoutés afin de mieux s'assurer de leur conformité aux décisions du roi. Jacques reste intransigeant pour tout ce qui est lié à l'Église, à son gouvernement et à sa discipline. Il exige de tous, catholiques inclus, de se conformer à l'Église nationale. Ses sujets sont toutefois autorisés à pratiquer leur religion, si elle diffère de celle de l'Église d'État, dans la sphère privée.

Avec l'échec de la convention du clergé, Jacques se retrouve finalement seul face aux Communes, qui tentent de profiter de la situation pour s'approprier les débats. Toutefois, à cette époque, les représentants aux Communes ne s'opposent pas encore ouvertement au roi malgré leur volonté d'intervenir dans tous les domaines politiques. En réalité, ils ne souhaitent pas décider des réformes religieuses, mais en accord avec leur mission qui était d'assurer l'application de la politique royale, ils ont tendance à vouloir élargir leur rôle à celui de conseillers ecclésiastiques et à intervenir dans l'élaboration et le choix de ces réformes.

Ainsi, lors des sessions parlementaires, les Communes passent une série de décrets faisant suite aux déclarations d'intention du roi[1]. Il se trouve que les puritains siégeant au sein des Communes cherchent naturellement à influencer ces décrets. C'est là que la politique fiscale du roi rejoint le processus

1. Les déclarations citées ici sont révélatrices des intentions de politique religieuse du roi pour l'Angleterre : *By the King. A Proclamation Enjoyning Conformity of the Church of England*, Londres, Barker, 1604. *A Declaration for the authorizing and Uniformity of the Book of Common Prayer to be used throughout the realm.* 5 mars 1604. BL, C.112.H1 (35) ; *A Proclamation enjoining Conformity to the Church of England.* 16 juillet 1604. BL, C.112 H1(41).

de validation de sa politique religieuse. Les membres des Communes sont de plus en plus nombreux à être des puritains propriétaires fonciers. L'idée que le clergé puisse bénéficier de revenus provenant des terres est pour eux contraire à la volonté de Dieu. En effet, le clergé des origines, décrit dans la Bible, est par essence pauvre et ne se préoccupe pas d'argent. Il ne vit que grâce à ses paroisses. Une partie des décrets proposés par les Communes insiste sur ce fait pour réduire la fiscalité liée aux biens fonciers du clergé. La Chambre des Lords n'a pas le temps de refuser les décrets sur ce point ; en effet, ils lui sont présentés juste quelques jours avant la dissolution du parlement.

Ce refus d'obtempérer à la réforme fiscale, bien que limité et sans réel impact, est tout de même symbolique en ce début de règne. Le roi ne s'y trompe pas et punit les récalcitrants. Dans le Northamptonshire, par exemple, plusieurs propriétaires – majoritairement puritains – sont en conséquence bannis par le conseil privé. Cette décision ne sera pas pérenne. Lors du Parlement de 1610, la question des revenus fonciers sera de nouveau évoquée ; les mêmes réactions se feront entendre. La leçon n'a donc pas été retenue.

Le complot des poudres, une occasion pour le roi de revoir sa politique envers ses sujets catholiques et les radicaux religieux ?

Le 5 novembre 1605, le roi et sa famille échappent à un attentat fomenté par un groupe de catholiques. Ces derniers ont placé des barils de poudre dans les sous-sols du Parlement. Ils ont prévu de faire exploser Westminster avec le roi à l'intérieur, au moment de l'ouverture du nouveau Parlement, mais le projet est déjoué la veille de la cérémonie. Après ce « Complot des poudres », l'Angleterre retombe dans une paranoïa anticatholique. La monarchie tente de se prémunir contre de nouveaux attentats. Le Parlement passe dans ce but une loi permettant des poursuites contre les opposants catholiques intitulée *An Act for the Better Discovering and Repressing of Popish Recusants* (1606). En réalité, contrairement à ce que son titre suggère, cette loi ne concerne pas uniquement les catholiques. Elle peut aisément être étendue à tous les opposants religieux dans le royaume. Les puritains sont donc potentiellement concernés s'ils se montrent trop radicaux et réfractaires à l'Église établie. De fait, la loi va permettre d'appuyer les sentences de bannissement d'Angleterre de nombreux ultra-calvinistes. De même, cette loi provoque une véritable controverse entre le monde catholique et le monde protestant par-delà les frontières des royaumes britanniques.

La France tente d'intervenir dans ces dernières réformes jacobéennes envers les catholiques anglais à travers les écrits du cardinal jésuite Robert Bellarmine, sous forme de réponse au roi d'Angleterre. En retour, ces écrits suscitent immédiatement les réponses d'exilés protestants français à Londres. Parmi eux, Pierre Du Moulin et Isaac Casaubon, qui prennent parti pour le roi d'Angleterre[1]. C'est la liberté religieuse, permise jusque-là par le roi Jacques et Élisabeth Ire quand elle est pratiquée dans les sphères privées, qui est en jeu.

La peur du catholicisme est trop forte et la radicalisation du gouvernement et de la société envers ceux qui s'opposent à l'Église renforce directement le regard négatif porté sur le puritanisme. Par instinct de protection, les puritains tendent à se regrouper d'autant plus et glissent plus rapidement dans

1. Cottret, *Terre d'exil,* Paris, Aubier, 1985, p. 142-145.

un mouvement de dissidence. C'est pour eux un moyen alors de s'éloigner du reste de la société qui ne les accepte pas ou les accepte mal. Ils entrent ainsi dans un cercle vicieux. Leur dissidence avérée ou présumée, par l'établissement de petites communautés au mode de vie différent, soulève la suspicion de l'État. Les plus radicaux sont poursuivis. Les communautés puritaines se sentent alors persécutées.

Les réformes religieuses jacobéennes, entre réconciliation de la chrétienté et rejet du non-conformisme religieux

Jusqu'au Complot des poudres, le roi Jacques a montré une relative tolérance envers ceux n'adhérant pas complètement à l'Église d'Angleterre. Sa position change après le 5 novembre 1605 et avec elle, sa politique. Pourtant, il cherche à conserver sa réputation de réconciliateur de la chrétienté et continue à penser que cette réconciliation doit commencer dans ses royaumes. Face aux dangers de l'ultra-protestantisme – autrement dit du puritanisme – et du catholicisme, il demeure persuadé qu'il peut agir en poursuivant l'objectif de l'uniformité religieuse. Il commence donc par réaffirmer son statut de gouverneur de l'Église avant d'annoncer une nouvelle vague de réformes. Le Parlement de 1605-1606 tente de le freiner dans ses ambitions.

En 1606, les puritains, plutôt heureux dans un premier temps d'apprendre que le roi souhaite de nouvelles réformes, interviennent par leurs représentants aux Communes pour demander à prendre part aux décisions à venir en matière d'évolutions ecclésiastiques. Ils expriment particulièrement des attentes concernant des lois qui permettraient le respect du jour du seigneur. On retrouve ici l'attachement des puritains au respect de ce jour qui devrait selon eux être exclusivement dédié au culte de Dieu. Leur demande déplait bien sûr profondément au roi. Selon Jacques, il n'est pas de leurs prérogatives de débattre de la manière dont l'Église d'Angleterre décide de mettre en pratique la religion. Il leur rappelle qu'ils auraient mieux à s'occuper d'affaires autrement plus importantes. Plus tard, en 1618, face aux mêmes demandes, le roi fait ce même rappel et ajoute que si le catholicisme est toujours si vigoureux dans le pays, cela est uniquement dû à ces « protestants qui ne se préoccupent futilement que du seul respect du jour du seigneur ». Pour contrer mieux encore leurs demandes insistantes, et en réponse à la volonté d'une réforme des mœurs, exprimée à travers leur obsession pour le respect du jour du seigneur, il publie une déclaration des sports (*Book of Sports*). Il affirme ainsi sa décision de ne pas soutenir les recommandations des puritains, qu'il juge radicales, visant à interdire aux Anglais de se détendre par des activités diverses après le culte.

Ce Livre des sports, tout comme d'ailleurs son traité sur les dangers du tabac (*A Counterblaste to Tobacco*, 1604), mais avec une autre dimension, fait partie des tentatives du roi Jacques pour reprendre la main sur les mœurs de ses sujets. Dans le cadre de ce livre, il s'agit clairement de mettre fin à un mode de vie dont la rigueur est de plus en plus perceptible au sein des communautés dites puritaines. En réalité, il ne s'agit pas d'un mais de trois Livres des sports, écrits et modifiés en 1617, 1618 et par la suite, sous Charles Ier, en 1633. Le livre est d'abord publié en 1617 pour le comté de Lancaster. Il est étendu à tout le pays en 1618. Il autorise entre autres la chasse, les jeux et la danse après le service dominical. Il est à chaque fois publié avec une déclaration royale menaçant d'exil ceux qui ne respecteraient pas ce Livre comme un des canons de l'Église valant pour la société anglaise.

Les puritains sont scandalisés par ce qu'ils considèrent comme un sacrilège envers Dieu, défendu par le roi, son représentant officiel qui plus est. Ils tenteront de mettre formellement fin à ce Livre par des projets de lois présentés au Parlement en 1621, puis de nouveau en 1624. Le roi refusera même de considérer la demande. Pour autant, les puritains, alors déjà nombreux aux Communes, réussiront malgré tout à faire voter un décret devant punir les « abus » commis le jour du seigneur, et interdisant de sanctionner les activités citées dans les Livres des sports successifs[1]. Ce décret n'aura pas de grand effet.

En amont des débats sur la religion au Parlement, en cette année 1621, un groupe de puritains de Coventry se rassemble pour débattre de la politique ecclésiastique du roi Jacques, qu'ils jugent intolérable car intolérante. Ce sont en fait tous des ministres destitués pour avoir refusé de souscrire à la liturgie et aux cérémonies religieuses imposées par le roi. Ils se sentent persécutés. Ils veulent se séparer de l'Église établie. Dans cet élan, un de ces hommes, John Smyth, propose un covenant à sa congrégation, à Gainsborough. Il est un des premiers à professer ainsi le choix d'une confession protestante dissidente en Angleterre. Se joint à lui John Robinson, un autre ministre qui portera, avec sa congrégation, ces idées séparatistes jusqu'en Nouvelle Angleterre. Mais avant d'en arriver là, Smyth et Robinson rêvent de faire de leur groupe confessionnel une Église à part entière, voire d'en faire la nouvelle Église d'Angleterre. Face à ce qu'ils jugent être la rigidité dogmatique du roi, et surtout face aux menaces d'emprisonnement, ils décident de quitter le pays et de trouver refuge aux Pays-Bas. Nous y

1. *For Publishing of abuses on the Sabbath Day*, 1621.

reviendrons dans notre troisième chapitre. Mais avant cela, revenons sur les origines du sentiment de persécution des puritains jacobéens.

L'archevêque Bankfroft et la croisade contre le puritanisme

Richard Bankroft a été nommé archevêque de Cantorbéry en 1604. Digne successeur de Whitgift, il se montre toutefois encore plus déterminé que lui à vouloir contrôler le puritanisme grandissant dans le royaume. Son acharnement est tel qu'il en reçoit le surnom de « *Hammer of the Puritans* ». Éduqué à Cambridge et proche de l'archevêque Richard Cox, il a évolué dans les sphères épiscopales au plus près des fidèles de la reine Élisabeth. Il est donc de la plus pure tradition des évêques élisabéthains.

Comme la plupart de ses collègues, il a développé une grande appréhension des puritains. Bankroft, rappelons-le, avait soutenu Hatton dans sa croisade anti-presbytérienne à la fin des années 1580. Il avait aussi participé à l'écriture des tracts de Whitgift en réponse aux tracts de *Martin Marprelate*. En 1593, il avait personnellement signé deux tracts, *Dangerous Positions* et *A Survey of the Holy Discipline*, dans lesquels il attaque le système préconisé par les presbytériens. Whitgift l'avait alors récompensé en lui confiant l'évêché de Londres, en 1597[1]. Les articles de Lambeth (1595), particulièrement, sont considérés comme une preuve des inclinations doctrinales calvinistes de Whitgift. L'argument principal faisant préjuger de cela est le fait que ces articles sont très populaires chez les puritains durant

1. Fritz, *Historical Dictionary of Stuart England*, p. 34-35.

le règne de Jacques Ier. Ces derniers ne cessent d'ailleurs de demander à ce qu'ils soient intégrés dans les Canons de l'Église et plus particulièrement dans le *Livre de la prière commune* en plus des Trente-neuf articles élisabéthains[1]. Le calviniste John Reynolds, du Corpus Christi College d'Oxford, est très insistant dans cette demande. Pour lui, les Trente-neuf articles doivent inclure ces articles de Lambeth. Eux seuls peuvent garantir que les articles de l'Église d'Angleterre soient suffisamment cadrés pour ne pas tomber dans des interprétations papistes[2]. De fait, les gestes tels que le signe de croix et s'agenouiller pour recevoir l'hostie lors de l'Eucharistie, par exemple, y sont décriés.

Whitgift s'oppose depuis toujours au principe de prédestination, défendu par une majorité de puritains, et à leur utilisation des sermons, qu'ils considèrent être des enseignements plus importants que la simple prière commune. Les puritains, dans leur globalité, ne sont pour lui que des schismatiques qui affaiblissent l'Église d'Angleterre. Lors de la conférence de Hampton Court, il a œuvré à contrôler les interventions des puritains afin que leurs attaques envers les évêques, plus particulièrement, n'impactent pas trop les débats. Pour le roi Jacques, cet homme est la garantie de la continuité qu'il souhaite avec la politique religieuse d'Élisabeth. Sa nomination comme premier prélat du royaume, à la mort de Whitgift, en mars 1604, est bien le fruit de sa fidélité à la couronne et de sa détermination à ne pas laisser les presbytériens prendre le dessus dans les affaires de l'Église.

1. Austin Woolrych, *Britain in Revolution, 1625-1660*, Oxford, Oxford University Press, 2002, p. 36.
2. Collinson, *op. cit.*, p. 175.

Une fois que Bankroft est nommé premier prélat de l'Église d'Angleterre, son action ne se limite plus aux presbytériens. Tous ceux qui s'attaquent à l'Église épiscopale d'Angleterre subissent ses foudres. Puritains et catholiques comprennent vite que l'exigence de conformité totale à l'Église établie entre dans une phase où le compromis n'aura bientôt plus sa place. D'ailleurs, la première action de Bankroft en ce sens est de reprendre les canons de l'Église pour les renforcer. Le canon XXXVI fait ainsi l'objet d'une attention plus poussée. Il le reformule pour rappeler l'obligation pour les sujets du roi de reconnaître le système et la liturgie de l'Église d'État; il va même encore plus loin en imposant un serment. Désormais, tous les sujets doivent jurer et reconnaître qu'il n'y a rien de contraire à la parole de Dieu dans le *Livre de la prière commune* et dans les Trente-neuf articles. Ceux qui s'y refusent sont considérés comme non-conformistes, voire comme dissidents. Ils sont légalement passibles d'une condamnation. La confiscation des biens, l'exil ou l'emprisonnement sont les sanctions les plus souvent adoptées.

Les puritains accusent mal les mesures prises par Bankroft. Les parlementaires puritains se saisissent du problème et émettent un projet de loi contre la réforme des canons. Ce projet est bien sûr refusé. Bankroft leur explique, tout comme le roi l'a fait de son côté, que contrairement à ce qu'ils affirment, il n'appartient pas à cette institution de s'occuper des canons de l'Église. Faire faiblir la politique de Bankroft est un aspect essentiel de leur projet. Or, le roi soutient son archevêque. Les puritains n'obtiennent pas gain de cause. Les tensions entre les puritains et le roi augmentent ainsi en même temps que celles entre le roi et son Parlement. Elles bénéficient l'une de l'autre plutôt que d'en être les résultantes mutuelles.

Les mesures imposées par l'archevêque sont décriées un peu partout dans le pays. Dans le diocèse de Lincoln, par exemple, 746 ministres pétitionnent l'archevêque. Une centaine d'entre eux se voient confisquer leurs biens en conséquence[1]. Les tensions augmentent encore. Les puritains refont une tentative pour limiter les pouvoirs de l'archevêque en émettant un nouveau projet de loi contre ses mesures d'uniformité en 1610. À ce moment-là, les défenseurs de la *Common Law* sont de plus en plus nombreux, soutenus par le juriste Edward Coke, le meneur de l'opposition parlementaire au droit divin du roi Jacques. Pour les puritains, des avocats de la remise en question du droit divin de la monarchie, tels que Coke, sont du pain béni. Si l'on suit son raisonnement, si ce droit est démontré comme un abus, celui de gouverner l'Église, qui y est fondamentalement lié, le serait aussi. Les puritains en profitent pour proposer de nouveau une Église à leur image. Ils organisent une nouvelle pétition dans laquelle ils décrivent l'Église qui est, selon eux, celle recommandée par Dieu. Elle a pour caractéristique principale de ne laisser aucune prise aux catholiques[2]. Ils pensent qu'ils auront gain de cause cette fois. Mais la seule réponse de Jacques est de nier l'existence d'une telle Église dans les Écritures[3].

Richard Bankroft meurt en 1610. Il est remplacé par George Abbot. Celui-ci est un puritain plus modéré, mais les tensions ne s'apaisent pas pour autant. Il déteste les catholiques et les dissidents. L'expression du puritanisme au sein des Communes n'a jamais vraiment cessé depuis 1604. Elle s'est affirmée et a même affiné la détermination des puritains

1. Fritz, *Historical Dictionary*, p. 34.
2. *Common's Petition on Religion*, juillet 1610, dans *Kenyon, op. cit.*, p. 126.
3. Voir Barlow, *op. cit.*, section transcrivant la seconde journée des débats.

à se faire entendre. Ces derniers existent désormais au niveau ecclésiastique et commencent à faire sentir leur présence au niveau politique. Le puritanisme est prêt à franchir une nouvelle étape : il va être reconnu comme un concept religieux et politique influent dans l'évolution de la société. Ce moment coïncide avec celui où le processus de confessionnalisation entre dans sa phase critique en Angleterre ; celui où les protestants du royaume ont désormais conscience de leurs différences et commencent à ressentir le besoin de les officialiser. Vont commencer à naître ici et là des covenants et diverses expressions de profession de foi. Les communautés se forment et se renforcent. Les mesures anti-puritaines ont permis ces prises de conscience car les poursuites qui y sont liées mettent en évidence les individus et les groupes réfractaires, aidant par la même occasion à dessiner une définition plus précise du puritain. Les plus déterminés d'entre eux sont ainsi pointés du doigt et poursuivis – ou selon eux, persécutés. Quitter le pays de force ou volontairement devient pour beaucoup d'entre eux la seule option valable.

Le parlement de 1621 et la crise en Europe : quelle incidence sur l'évolution du puritanisme ?

Depuis 1618, l'Europe est engluée dans un conflit entre le monde catholique et le monde protestant. Fréderic V Palatin et son épouse, Élisabeth Stuart, la fille du roi Jacques, ont accepté la couronne de Bohême qui leur a été offerte par la Ligue évangélique des États protestants. Ce choix politique aurait dû permettre de faire entrer le protestantisme au cœur du Saint-Empire germanique. Or, ils ne gardent la couronne qu'à peine une année. Après une attaque éclaire en novembre 1620, l'empereur récupère la Bohême et empêche le couple déchu de revenir sur ses terres palatines. L'Europe se divise dès lors entre États catholiques et protestants, mais des alliances transverses compliquent plus encore la donne. Le roi Jacques avait pourtant prévenu son gendre de ne pas accepter cette couronne qui risquait de mettre l'Europe à feu et à sang, et les événements lui donnent raison. Alors que Jacques a œuvré toute sa vie à rétablir la paix au sein de la chrétienté d'Europe, il se retrouve à constater que tout ce qu'il a accompli jusque-là est finalement vain et tout cela en raison de l'imprudence de son gendre et de sa fille. Pour autant, il juge que la cause de ces derniers ne mérite pas que l'Angleterre et l'Écosse entrent dans le conflit par la voie militaire. Il pense que la négociation avec les partis catholiques et protestants, dont sa politique matrimoniale est un des meilleurs exemples, est la seule voie valable pour rétablir la paix. L'intention est bonne mais les protestants de l'île britannique ne l'entendent pas tous de cette façon. Charles, le prince de Galles, et Georges Villiers, le marquis de Buckingham, favori du roi, lui en font aussi le reproche.

La détermination du roi à refuser d'envoyer une véritable armée sur le continent – car il autorise quand même des troupes de mercenaires composés de prisonniers et d'anciens vagabonds à partir pour le Palatinat sous les ordres du général Mansfeld[1] – est interprétée comme une volonté de ne pas s'impliquer dans la cause protestante européenne. C'est pourtant tout le contraire, mais pour les protestants les plus radicaux particulièrement, ce refus d'entrer clairement en guerre est une preuve évidente que le monarque se désolidarise de la cause protestante. D'ailleurs, Jacques n'avait-il pas refusé de devenir le chef de la Ligue évangélique au début des

1. Sabrina Juillet Garzón, « Le vagabond en Écosse sous le règne de Jacques VI » in F. Desvois, M. Landi (eds.), *Le vagabond en Occident. Sur la route, dans la rue*. Harmattan, 2012, p. 95-104.

années 1610, après l'assassinat d'Henri IV de France ? Et n'est-il pas en train de négocier le mariage du prince héritier, Charles, avec une infante d'Espagne ? Autant de preuves qui poussent le Parlement à vouloir reprendre la main pour que l'Angleterre maintienne son statut d'État protestant. Et parmi les plus déterminés des parlementaires, des puritains, bien sûr, horrifiés de constater que l'Angleterre est encore bien trop tournée vers le monde catholique. De leurs actions dépendrait donc presque la survie du protestantisme. C'est du moins le message qui transparaît dans les débats qui commencent au Parlement à partir de 1621 et qui ne cesseront plus jusqu'en 1641, que ce soit lors de sessions parlementaires ou en dehors.

Les parlementaires siégeant au Parlement de 1621 concentrent les débats sur la politique étrangère du roi dans le cadre de la crise sur le continent et de la situation de Frédéric Palatin. Ils considèrent qu'il en va de l'avenir de l'Église réformée et jugent qu'il est de leur devoir de convaincre le roi d'agir. Le 10 juin, les Communes publient une déclaration soutenant toute action militaire, privée ou royale, visant à défendre la « vraie religion » en Europe, autrement dit ici, le protestantisme. Pour de nombreux princes protestants, cette déclaration équivaut à un soutien officiel de l'Angleterre, mais encore faut-il que le roi Jacques donne son accord. Ce dernier s'oppose à cette déclaration, car, selon lui, elle fait un amalgame malheureux entre la défense du protestantisme et la défense des territoires de son gendre.

Jamais Jacques ne considèrera les troubles sur le continent autrement que comme une affaire germanique. Néanmoins, il ne peut envisager de laisser sa fille et son gendre dans une telle situation et ce, autant par amour paternel que par volonté de prouver à l'Europe qu'il peut ramener la paix sur le continent. Il entreprend alors de relancer son projet d'alliance matrimoniale avec l'Espagne. Celui-ci avait été abandonné à la mort de son fils aîné, Henri, premier prince de Galles Stuart. Le roi menait alors plusieurs négociations de mariage parallèles. Les premières étaient avec le monde protestant pour sa fille Élisabeth. Elle avait fini par épouser le jeune champion du protestantisme, Frédéric V Palatin. Les secondes étaient avec le monde catholique, pour marier l'héritier des trônes de Grande-Bretagne avec l'infante Maria d'Espagne, la fille de Philippe III. La crise au Palatinat relance donc les négociations espagnoles avec l'espoir que le roi d'Espagne, un Habsbourg cousin de l'empereur, intercède en faveur du Palatinat.

Or les négociations traînent. Rien ne semble prêt à aboutir et Élisabeth Stuart vit toujours avec ses enfants exilés de ses terres ; son époux est de plus en plus seul car les États protestants n'ont plus les moyens ou l'envie de le soutenir. Le prince Charles n'en peut plus d'attendre l'accord pour ses fiançailles et supporte encore moins de voir sa sœur, dont il était très proche jusqu'à son départ d'Angleterre, dans une situation presque désespérée. Il entreprend donc de partir à Madrid pour convaincre le roi d'Espagne de lui donner l'infante en mariage et d'intervenir en faveur de Frédéric V au Palatinat. Son entreprise secoue le monde diplomatique européen. Il part en effet, début mars 1623, incognito avec seulement trois compagnons, dont le marquis de Buckingham. Les sujets britanniques ne l'apprennent que lorsqu'il est déjà arrivé à Paris. Une immense peur s'empare d'eux. Pour eux, le prince est en train de se jeter dans la gueule du loup catholique. Ils ne comprennent pas pourquoi il risque ainsi sa vie et son âme. Rapidement, des bruits courent sur les véritables intentions du prince et du favori : ils seraient partis en Espagne pour se convertir au catholicisme. Si leur séjour démontre tout le contraire, cette idée n'en reste pas moins partagée par l'Espagne et le Saint-Siège. Lorsque Charles revient en Angleterre au bout de neuf mois, ce sont des sujets soulagés de retrouver leur prince vivant et encore protestant qui l'accueillent avec des feux de joie.

Cet épisode n'est pas anodin. Il participe à convaincre une partie des protestants des royaumes britanniques que les Stuarts, eux, ne sont pas de vrais protestants et que leur politique et leur comportement compromettent l'Église réformée. Il n'en est encore une fois rien, mais cette conviction va continuer à se renforcer plus encore sous le règne de Charles Ier. Elle apporte aussi matière aux puritains pour s'affirmer sur le plan politique. C'est donc bien la situation internationale de crise théologique qui est à l'origine d'une peur sans précédent des protestants de l'île envers une monarchie pseudo-protestante et qui permet au puritanisme de se déployer plus encore aux niveaux religieux, politique et social dans les vingt années suivantes, sous le seul prétexte de la défense du protestantisme.

III
L'uniformité religieuse selon Charles Ier et l'affirmation du puritanisme en politique 1625-1637

Le roi Jacques meurt le 27 mars 1625 des suites d'une longue maladie qui l'a obligé, peu à peu, à laisser les rênes du pouvoir aux mains de son fils, Charles, et de son favori, George Villiers, duc de Buckingham. Lorsqu'il accède aux trônes d'Angleterre et d'Écosse, Charles a donc déjà de l'expérience en gouvernement politique et religieux. *A priori,* le nouveau règne s'annonce dans la continuité de celui de Jacques VI & Ier.

Charles se présente comme l'héritier moral de son père. Il l'a d'ailleurs prouvé en représentant et en défendant parfaitement la politique jacobéenne lors de son séjour à Madrid, deux ans plus tôt. Comme son père, il gouverne, par droit divin, deux royaumes dont il souhaite l'unité, à défaut de l'union. L'uniformité politique et religieuse est pour lui aussi un moyen d'arriver à ses fins. Or, par prudence, conscient des différends confessionnels de plus en plus visibles dans et entre ses royaumes, Jacques n'était pas allé jusqu'au bout de ses réformes, plus particulièrement dans le domaine religieux. Cela, Charles ne l'a pas compris ou ne veut pas le comprendre. Il l'a suffisamment entendu au Parlement : la réforme de l'Église d'Angleterre est incomplète. Pensant agir dans la continuité de la politique religieuse de son père, il décide donc de terminer cette réforme en Angleterre ainsi qu'en Écosse. Or, les temps ont changé. L'affirmation du calvinisme et les prises de conscience confessionnelles de communautés entières n'ont peut-être pas transformé l'Église établie, mais elles ont certainement commencé à changer les sujets britanniques et leur perception du pouvoir royal qui s'exerce sur les affaires religieuses. Le Parlement anglais continue à vouloir faire entendre sa voix dans les évolutions religieuses du pays. Un nombre croissant de puritains aux Communes pousse à la promotion d'un puritanisme désireux de limiter le pouvoir de la couronne sur les affaires religieuses. Les réformes, qui sont décidées pour l'Écosse à partir de 1633 pour consolider l'uniformité avec l'Angleterre, renforcent cette façon de penser l'Église mais, cette fois, au sein de la population.

Le règne de Charles Ier favorise la prise de conscience et l'affirmation confessionnelle de ses sujets anglais sur les plans personnels et nationaux. Deux phases principales peuvent être identifiées dans le processus. La première a lieu de 1625 à 1637. Elle permet une prise de conscience religieuse nationale résultant de la volonté des sujets de maintenir leurs spécificités religieuses et culturelles pour résister à une politique d'uniformisation religieuse passant par l'établissement d'un système épiscopal commun aux deux royaumes britanniques. La seconde a lieu de 1638 à 1648.

Ce chapitre couvre la période de 1625 à 1637. Il présente les enjeux et les conséquences de la politique d'uniformité des Églises d'Angleterre et d'Écosse menée par Charles Ier et à partir de 1633, par son conseiller, l'archevêque William Laud. Il explique comment l'ambition qu'a le roi d'uniformiser les

Églises de ses royaumes en une Église épiscopale s'est confrontée à l'opposition politique des puritains anglais. En effet, la résistance écossaise leur fournit l'occasion de lui manifester leur soutien et à travers cela, de dénoncer les pratiques royales qu'ils jugent néfastes envers les sujets de l'île entière et envers le protestantisme, plus généralement encore. Cette réaction fait passer le mouvement contestataire puritain du niveau national anglais au niveau britannique, créant par-là même les racines d'un contrepouvoir ultra-protestant qui va mener l'île à la guerre civile.

Les peurs puritaines du début de règne

Charles succède à son père à la tête d'une Église où les frustrations des puritains sont persistantes. L'épiscopat est critiqué, voire attaqué. Pour autant, ce système est celui adopté par l'État et il est soutenu par la majorité de ses sujets, malgré ses imperfections. Afin de lever tout doute possible quant à ses objectifs en matière de politique religieuse, Charles se déclare immédiatement l'héritier moral de son prédécesseur et confirme vouloir poursuivre sa politique ecclésiastique.

Charles Ier est moins connu que son père pour ses talents de théologien. Pourtant, il est lui aussi féru de théologie et la maîtrise plutôt bien. Certes, il n'a pu réellement le démontrer jusque-là qu'en Espagne, à la cour du roi Philippe IV[1], mais

1. "The place of Scotland in the marriage negotiations, 1623", in Aniela Korzeniowska (ed.), *Imaging Scotland*, Varsovie, 2017, p. 189-195 ; « La correspondance de Charles de Galles et de ses proches lors des négociations de mariage à Madrid en 1623 : regards intimes sur la cour d'Espagne », in e-Spania, *Revue interdisciplinaire d'études hispaniques médiévales et modernes* 37 | octobre 2020, Ekphrasis et hypotypose (Moyen Âge et Siècle d'Or) /Intime et intimité au Siècle d'Or.

il est prêt à affronter les débats et s'attend à devoir répondre de sa politique ecclésiastique devant les opposants puritains. Le jeune roi se montre immédiatement très impliqué dans son rôle de chef de l'Église. Par exemple, il rédige lui-même des directives pour ses évêques[1]. Durant tout son règne, il va mettre un point d'honneur à choisir les chapelains de sa cour et à lire attentivement tous les rapports annuels[2]. *A priori*, avec lui, l'Église d'Angleterre est sous bon contrôle.

Si, sur le fond, la gouvernance de l'Église est solide, c'est sur la forme qu'elle va être compromise. En effet, Charles se montre naïf dans sa manière d'aborder les problèmes religieux ; il commet même parfois de vraies imprudences en tentant de les résoudre, au point de faire croire qu'il n'a aucune connaissance de ses sujets et des réalités de l'Église. Les conséquences se font ressentir dès les premières sessions du Parlement, qui devient le terreau fertile d'une opposition puritaine désormais prête à utiliser la politique et la religion pour se faire entendre.

Le danger de l'intérieur : la radicalisation protestante, conséquence d'une cour trop tournée vers le catholicisme ?

Les puritains deviennent les avocats de la cause protestante nationale et européenne. La crise européenne, aujourd'hui connue sous le nom de Guerre de Trente ans, finit de les persuader que le protestantisme est en danger et ils voient l'ennemi catholique partout. De leur côté, le roi et l'épiscopat tiennent le même discours. Les réformes religieuses entreprises par le roi et ses

1. BL. Collection PRO SP 16/153/40.3
2. Sharpe, *op. cit*, p. 284.

évêques affichent la même ambition de renforcer l'Église protestante d'Angleterre pour sa sauvegarde. Un fossé se creuse entre ceux qui disent défendre les véritables intérêts du protestantisme et ceux qui semblent jouer un double jeu en se disant défenseurs de la cause protestante, mais en agissant dans une tout autre direction. Selon les points de vue, la seconde catégorie fait en très grande partie référence à certains membres de la cour catholique, mais aussi aux arminiens en général – considérés comme des crypto-papistes –, aux brownistes[1] et autres sectes émergentes. Il est alors difficile de cerner leurs intentions, mais il est clair que leur refus de tout contrôle de l'Église par l'État et par un clergé épiscopal menace la stabilité religieuse – et donc politique et sociale – du pays. Charles Ier est au centre des contradictions que reflète la situation religieuse du royaume d'Angleterre. Il dit vouloir renforcer le protestantisme mais s'entoure d'une cour catholique et de conseillers considérés comme favorables au catholicisme. Ses sujets protestants s'inquiètent d'un potentiel double discours royal ; les puritains, plus particulièrement, dénoncent ouvertement une politique royale crypto-papiste.

La cour, et plus encore, les proches du roi sont responsables de ces craintes protestantes nationales. En effet, Charles vit et gouverne entouré de catholiques ou de personnes suspectées d'inclinations catholiques. Son conseiller et favori, George Villiers, duc de Buckingham, est marié à Catherine Manners, une héritière de la famille catholique des Rutland. Elle avait

1. Voir par exemple Joseph Hall, *A Common Apologie of the Church of England Against the unjust Challenges of the Over just Sects, Commonly Called Brownists*. Londres, 1610. 145 p.En Écosse, la Kirk s'oppose à leurs idées séparatistes. Robert Baillie les confond avec les indépendants. Voir Baillie, *Anabaptism, the True Fountaine of Independency, Brownisme, Antinomy, Familism, and Most of the Other errours which the Time doe Trouble the Church of England*, Londres, 1647, 179 p. BL. 369 (9).

été obligée de se déclarer membre de l'Église établie pour pouvoir épouser Buckingham. On dit qu'elle se serait convertie au catholicisme[1]. La mère de Buckingham est elle aussi catholique. Ces exemples ne sont que les plus notables. De nombreux autres courtisans sont dans la même situation. Or, ce qui alimente encore plus les peurs est l'arrivée de la nouvelle reine, la princesse catholique française, Henriette-Marie.

Le mariage de Charles et Henriette-Marie de France, en 1625, a, au moment de ses négociations, soulevé des nombreuses craintes. La princesse est catholique et, bien que fille d'Henri IV de France[2], elle est avant tout la sœur du très catholique roi Louis XIII. Lui-même ne jure que par son conseiller, le cardinal de Richelieu, déterminé à mettre fin à l'influence des Huguenots en France et plus généralement au protestantisme en Europe. Henriette-Marie appartient donc à la faction antiprotestante européenne. De plus, les négociations de mariage ont abouti à un accord en faveur d'une tolérance des catholiques en Angleterre. Pire encore pour les sujets protestants, la reine a le droit d'avoir une cour et une chapelle catholique. Avec elle, l'ennemi est désormais de nouveau à l'intérieur, au cœur de l'État.

La peur suscitée par les catholiques et par leur possible influence sur la politique religieuse royale se cristallise au Parlement avec la guerre à la Rochelle et la défaite des troupes anglaises. Les catholiques semblent alors avoir repris le dessus

1. Elle le fera de manière déclarée au moment de son remariage. Voir « La correspondance de Charles de Galles et de ses proches lors des négociations de mariage à Madrid en 1623 : regards intimes sur la cour d'Espagne », in e-Spania, *Revue interdisciplinaire d'études hispaniques médiévales et modernes* 37 | octobre 2020, Ekphrasis et hypotypose (Moyen Âge et Siècle d'Or) /Intime et intimité au Siècle d'Or.

2. Henry IV, prince protestant de Navarre, s'est converti au catholicisme pour accéder au trône de France.

à la cour et l'Angleterre protestante être à leur merci. C'est à ce moment critique pour la défense du protestantisme que l'arminianisme prend soudain plus de place au sein de l'Église d'Angleterre avec la nomination de William Laud comme évêque de Londres en 1628.

L'arminianisme, nouvel ennemi du puritanisme ?

Au moment de la nomination de Laud au sein de l'épiscopat d'Angleterre, l'arminianisme est déjà bien connu dans les sociétés et États protestants. Il est né sous l'égide de Jacob Hermandzom, un théologien de Leyde autrement connu sous le nom d'Arminius, au quinzième siècle. Celui-ci soutient l'idée d'une prédestination de l'élu, mais pense que celui qui croit et se repent obtiendra le soutien du Christ pour être finalement sauvé. Ses partisans sont ainsi à l'origine d'un mouvement révisionniste de la doctrine calviniste de la prédestination. Les calvinistes s'opposent donc à lui d'abord sur ce point avant de l'attaquer en faisant croire que le mouvement est en réalité une secte cachée commandée par le pape. Selon eux, ses allures protestantes ne doivent pas être prises au sérieux. Les arminiens sont ainsi devenus une faction religieuse très controversée.

La date de l'apparition de l'arminianisme en Angleterre est incertaine. Peter White soutient que les racines de ce groupe religieux remontent au règne d'Élisabeth, si ce n'est à Édouard VI[1]. Nicholas Tyacke, au contraire, pense que le mouvement est né et s'est renforcé au début du dix-septième siècle, aux alentours de 1610. Un fait est certain : en 1613, les idées

1. Peter White, *Predestination*, Cambridge, Cambridge University Press, 1992, p. 12-31, 52-59.

d'Arminius circulent largement parmi leurs partisans anglais[1]. Elles remportent alors beaucoup de succès auprès de ceux qui ne sont pas contents des principes appliqués au sein de l'Église d'Angleterre. Comme les puritains, les arminiens ne sont pas satisfaits de l'état de l'Église. Ils jugent sa réforme incomplète et demandent à ce qu'elle soit révisée. Les deux mouvements ont cependant des idées et des doctrines opposées. Le calvinisme est leur point principal de dissension.

Le premier homme à véritablement soutenir l'arminianisme en Angleterre et à le faire entrer au sein de l'épiscopat est l'archevêque Lancelot Andrewes. Il fait partie de l'épiscopat de l'Église d'Angleterre depuis le règne d'Élisabeth. Il n'a jamais hésité à exprimer ses désaccords avec les politiques religieuses de ses souverains mais il n'en a pour autant jamais perdu leur confiance. Il a ainsi refusé deux évêchés offerts par la reine en raison de son désaccord avec elle sur l'utilisation des revenus provenant de ces derniers. Il devient néanmoins évêque de Chichester en 1605 puis d'Ely et siège au conseil privé de Jacques Ier. Il est d'ailleurs le doyen de sa chapelle royale. Il est devenu évêque de Winchester en 1619. Il a participé à la traduction de la Bible du roi Jacques. Jacques apprécie ses sermons mais regrette qu'il s'intéresse à la pensée arminienne qui circule déjà de plus en plus fortement au sein de l'épiscopat anglais. Il lui demande alors de rester discret sur le sujet et de n'amener en aucun cas les questions sur la prédestination dans les débats de théologie[2]. Andrewes a toujours obéi au roi Jacques mais n'a pu s'empêcher de lancer régulièrement des attaques contre les calvinistes et plus généralement contre les puritains. Il ne

1. Tyacke, *op. cit.*, p. 163.
2. Fritz, *op. cit.*, p. 15.

fait d'ailleurs pas la distinction entre les deux. Leur volonté de réforme de l'Église est extrême et en inadéquation avec la politique d'unité religieuse du royaume. Andrewes meurt en septembre 1626 mais son combat contre les puritains et son soutien aux principes arminiens sont repris par William Laud.

La peur des Anglais – et des Écossais – se concentre dès lors sur l'appétence de William Laud pour le mouvement arminien[1], considéré comme une branche cachée de Rome. Laud a été un disciple de partisans arminiens comme Richard Neile et Lancelot Andrewes. Aux yeux des puritains, ces relations sont une preuve suffisante de ses inclinations religieuses. Pour eux, l'arminianisme reflète ce qui peut être considéré comme un catholicisme non assumé du dirigeant de l'Église et de son clergé. Le terme utilisé par la plupart des historiens pour désigner le caractère de la faction est « crypto-papiste ». Kevin Sharpe a tenté de faire évoluer cette perception négative du mouvement en soutenant que les accusations de cryto-papisme envers Laud sont infondées[2]. Il n'en reste pas moins que Laud a tout de même acquis une réputation dont il lui est difficile de se défaire. D'ailleurs, elle a même passé les frontières. L'ambassadeur français Senneterre, par exemple, le décrit comme un catholique qui, par son comportement, semble « *plutôt faire le pape sur le clergé d'Angleterre qu'aux affaires d'État*[3] ». De plus, au fur et à mesure que l'influence de l'archevêque grandit, le mouvement arminien prend de l'ampleur grâce à des hommes tels que John Eliot et ses partisans, qui réussissent progressivement à s'imposer au sein de Westminster et insufflent ces mêmes doctrines

1. Pour les détracteurs et opposants de William Laud, cette lettre était supposée prouver l'attachement de l'archevêque à l'arminianisme ; Kenyon, *op. cit.*, p. 132.
2. Sharpe, *op. cit*, p. 284-286.
3. Rapport du 5 septembre 1635, PRO 31/3/68, F216v.

parmi les parlementaires. Bien sûr, cette montée en puissance de la faction arminienne est tout de suite considérée comme une conséquence de la présence de Laud au pouvoir.

Selon leurs thèses révisionnistes, les arminiens veulent changer les règles de l'Église d'Angleterre, en en enlevant tous les aspects calvinistes pour mettre fin aux menaces de dissidence des puritains. Selon Peter White, il ne s'agit-là ni plus ni moins que d'un retour à la politique élisabéthaine. Un retour aux sources considérées comme des fondations sur lesquelles il est désormais possible de construire une Église d'Angleterre solide grâce à ces doctrines. Les réactions qui s'ensuivent démontrent toutefois que les sujets ne perçoivent pas son projet de la même manière. Christopher Hill et Kevin Sharp nuancent tout de même ces affirmations concernant leurs réformes et leurs influences et soutiennent que l'arminianisme n'a rien de nouveau n'y d'innovant, et qu'il n'est qu'une réaction conservatrice face à ce que beaucoup considèrent comme la « menace puritaine ».

Une fois investi dans l'évêché de Londres, Laud entre sans tarder en action. Cette fonction est importante au sein du clergé au point de le rapprocher du roi. Celui-ci le nomme archevêque de Cantorbéry, en 1633. Avec ses réformes, le puritanisme devient un mouvement d'opposition politique à la cour et au gouvernement. Cette opposition ne va toutefois pas s'organiser de manière structurée avant la fin des années 1630, voire début de 1640.

Au même moment, de nouvelles mesures fiscales attisent aussi la colère des puritains à ce moment-là. Ainsi les nouveaux impôts sur les bateaux commerciaux (*Ship Money*) provoquent de longs débats au Parlement particulièrement parmi les puritains. La loi n'est pourtant pas une attaque directe envers eux, mais ils sont nombreux à travailler dans le commerce. Il apparaît, en effet, que ces derniers sont souvent employés dans l'industrie et le commerce du textile[1]. Ils sont donc directement impactés par les répercussions de ces levées d'impôt.

Un autre débat continue à susciter les réactions des puritains, celui qui est lié à l'observation du sabbat. Plusieurs magistrats puritains tentent d'imposer des règles strictes à leur niveau local afin de faire respecter ce jour qu'ils estiment devoir être dédié uniquement au culte de Dieu. Toute activité non religieuse est bannie. Ainsi, le sport, le commerce et tout simplement le travail doivent être suspendus lors de la pause dominicale. Les puritains se confrontent donc à l'État dans des controverses qui vont devenir de plus en plus fréquentes et influentes à partir de la publication du Livre des sports de 1618 et plus encore dans les années 1630, après la publication du Livre de 1633.

Laud a la conviction que l'uniformité est la solution indispensable pour recréer l'unité au sein de l'Église. Il dit à ce sujet que « l'unité ne peut pas perdurer longtemps quand l'uniformité est laissée à la porte de l'Église[2]. » Les puritains, en raison de leur refus de cette uniformité établie, sont donc à bannir. Or le système en place au moment de son arrivée à la tête de l'épiscopat comporte des lacunes qui permettent encore à ces derniers d'exister au sein de l'Église d'Angleterre. Il entreprend donc de débarrasser ce système de tout aspect doctrinal et dogmatique qui autoriserait la subsistance du calvinisme. Il fait donc interdire aux calvinistes de publier et de prêcher. Ces derniers refusent cette situation et se soulèvent contre le clergé. Si l'on considère que le calvinisme s'oppose au

1. Fritz, *op. cit.*, p. 407.
2. Cité dans Neil Davie, *ibid.*

catholicisme, il est aisé de comprendre que les puritains aient réagit contre lui si vigoureusement et qu'ils soient à l'origine de l'amalgame entre arminianisme et crypto-papisme. Pour les calvinistes, elles ne peuvent que ressembler dès lors aux pratiques du catholicisme romain.

L'affirmation d'une opposition religieuse puritaine au sein de la Chambre des Communes

Dès la convocation du premier Parlement, les Communes expriment leurs craintes concernant l'évolution de l'Église protestante en Angleterre. La politique étrangère royale leur offre une porte d'entrée pour entamer le débat avec le roi lui-même. Cependant les Communes ne s'attaquent alors pas au roi mais à son conseiller, le duc de Buckingham. On l'accuse à tort de forcer le roi à mener une politique étrangère dangereuse pour l'avenir du protestantisme sur l'île. En effet, rapidement, les parlementaires montrent quelques inquiétudes envers les politiques de mariage du prince menées avec la participation du duc, tout d'abord avec l'Espagne, en 1623, et désormais avec la France. L'échec du mariage espagnol et les peurs qui étaient nées lors des négociations ont laissé des traces dans les esprits. Le Parlement ne veut pas de nouvelle mésaventure avec le monde catholique. Or, les négociations visant à une alliance avec la France de Louis XIII, prêt à donner sa sœur Henriette-Marie en mariage à Charles, est selon eux une entreprise malvenue en un temps où les protestants de l'île, puritains en tête, attendent que l'Église protestante soit renforcée.

À la politique matrimoniale s'ajoutent les questions liées à la participation de troupes anglaises et écossaises dans le conflit européen. Sur ce sujet, les tensions au sein du Parlement sont palpables depuis 1621 et plus encore depuis 1624. Pour les Communes, l'Angleterre n'en fait pas assez pour la défense du protestantisme. Le nouveau roi ne semble pas être prêt à faire évoluer la situation. Il était d'ailleurs présent au Parlement de 1624, avec Buckingham, pour remplacer le roi trop souffrant, lorsque ces craintes avaient déjà été évoquées. Il n'avait rien fait. Pourquoi ferait-il donc quelque chose maintenant ? Frustration et pessimisme sont ainsi les mots d'ordre à la Chambre des Communes lors du premier Parlement de Charles Ier. L'ambiance belliqueuse qui en découle lors des débats est entretenue par la présence de deux théologiens qui vont participer à changer l'Église d'Angleterre et à pousser plus encore les ultra-protestants à chercher à imposer leurs propres idées. Il s'agit de Richard Montagu et de William Laud.

Richard Montagu est véritablement le premier à déclencher les foudres du parlement avec son livre *Appello Caesarem* qui provoque un véritable petit raz de marée au sein de l'Église d'Angleterre et est à l'origine du mouvement anti-arminien qui émerge aux Communes[1]. Montagu est un des grands défenseurs de l'arminianisme et un des plus puissants partisans de William Laud lorsque celui-ci arrive au gouvernement.

1. Ce livre fut condamné par le roi et le clergé, voir *A Proclamation for the suppressing of a Book intitled Appello Caesarem, or, An Appeal to Caesar,* 17 janvier, 1629, dans Larkin, *op. cit.*, p. 218.

Montagu est déjà connu des Anglais. Sous le règne du roi Jacques, il a publié *A New Gag for an Old Goose*, en 1624[1], en réponse à un pamphlet catholique *A Gag for the New Gospel* où il avait affirmé que l'Église d'Angleterre était dans l'erreur, car elle était essentiellement calviniste. Ce livre a alors été à l'origine de fortes discordes, car il prône des principes arminiens à un moment où l'Angleterre est obnubilée par la volonté de partir en croisade contre les Habsbourg. Accusé d'être un papiste déguisé, Montagu a alors fait appel au roi Jacques qui a examiné son cas avec l'aide de Francis White. Celui-ci a conclu qu'il n'y avait rien d'innovant et de dangereux dans ses écrits et qu'il ne représentait donc aucune menace pour l'Église protestante. Suite à cette conclusion, White fait même autoriser *Appello Caesarem*. Ce nouveau pamphlet de Montagu est une défense de l'Église protestante mais il rejette l'idée que toutes les confessions qui la composent croient en la doctrine calviniste de la prédestination. Un tel soutien de la part du roi et de son Église provoque immédiatement la colère des parlementaires puritains. Avec ses idées arminiennes que les protestants les plus déterminés assimilent à du crypto-papisme, Montagu est considéré comme un traître au sein de l'institution parlementaire, qui ne souhaite que la défense du protestantisme.

Les Communes ne sont pas les seules à réagir aux écrits de Montagu. *Appello Caesarem* est fortement critiqué par l'ensemble des communautés calvinistes. En effet, l'auteur les accuse d'être à l'origine d'une trop grande démocratisation de l'éducation. Cette dernière, recherchée par les puritains à travers une réforme des mœurs, nivèlerait par le bas les compétences de la société à penser et comprendre Dieu. Selon lui, ils ont même convaincu le concile de Trente de limiter les intellectuels dans leurs droits d'analyse et

1. Voir Sharpe, *op. cit.*, p. 293.

d'expression au sein des universités. Il est de plus en plus difficile de soutenir des opinions dans les écoles ; l'esprit critique, vu comme salutaire pour la bonne évolution de la société et de la religion, est selon lui en train de mourir. Ainsi, mal encadrés par des ministres et des théologiens mal formés, les fidèles protestants n'ont plus la capacité de chercher Dieu dans les meilleures conditions. Les attaques envers les universitaires calvinistes et envers la réforme des mœurs que les puritains commencent à mettre en place dans leurs communautés sont claires[1]. Pour Montagu, il faut donc réformer l'Église, mais pas à la manière des puritains. Il préconise d'aller dans une direction contraire.

C'est une véritable levée de boucliers puritains que Montagu doit affronter au sein du Parlement et dans les rues de Londres. L'évêque de Rochester, Buckeridge, se fait l'écho de la colère des puritains dans une lettre qu'il adresse à Buckingham. Il lui demande d'intervenir auprès du roi pour qu'il empêche des hommes tels que Montagu de mener l'Église à la dérive avec ses idées[2]. Malgré ces avertissements, l'influence de Montagu continue d'augmenter considérablement. Il a l'oreille bienveillante du roi. Il sera consacré évêque de Chichester en 1621, puis de Norwich, en 1638.

Le premier Parlement de Charles Ier est dissous. Les frustrations des puritains grandissent. Lors du second Parlement, qui se réunit à partir de 1626, les doléances sur les sujets religieux reviennent. La présence de partisans de doctrines arminiennes au sein de l'épiscopat inquiète. William Laud prend en effet de plus en plus de place auprès du roi.

1. Voir chapitre 3.
2. Buckeridge, Archbishop of Rochester, *Letter to the Duke of Buckingham*, 2 août 1625, dans Kenyon, *op. cit.*, p. 136.

Charles est alors forcé de dissoudre à nouveau son Parlement. Pour rassurer ses sujets, il émet une proclamation par laquelle il se déclare contre toute innovation en religion[1]. Il dit ainsi qu'il ne prévoit pas de réformes arminiennes dans l'immédiat mais sa déclaration est aussi une manière de suggérer qu'il n'acceptera pas non plus d'autres projets de réformes, venant des puritains, par exemple. La réforme de l'Église d'Angleterre est ainsi suspendue par ordre du roi, alors que quelques mois plus tôt, lors de son accession, ce dernier avait déclaré qu'il la continuerait. Serait-il en train de se désengager ? Dans le contexte international de crise théologique, un tel comportement serait perçu par ses sujets comme un abandon vis-à-vis de la cause du protestantisme sur l'île.

Le troisième Parlement du règne de Charles Ier se réunit le 23 janvier 1629. Il ne va pas arranger le problème. Sa première action est de remettre en question le droit du roi à interférer dans la levée des impôts et dans les affaires de l'Église. Le Parlement ne veut pas que le roi prenne seul des décisions concernant l'Église : il est bien trop sous l'influence d'un entourage catholique ou crypto-papiste pour cela. Pour un nombre toujours plus grand de parlementaires, la peur d'un rapprochement avec le catholicisme est un véritable moteur qui les pousse à vouloir désormais obtenir le droit d'intervenir dans les affaires de l'Église. Cette tendance s'affirme particulièrement à la Chambre des Communes, qui est constituée d'un grand nombre de puritains. Parmi eux se trouve le charismatique presbytérien John Pym.

1. *Proclamation for the Peace and Quiet of the Church of England*, 16 juin 1626, in Kenyon, *op. cit.*, p. 138.

John Pym, le porte-parole des puritains

Le puritain le plus influent du règne de Charles Ier avant la guerre civile est indubitablement John Pym, surnommé « le roi Pym » au Parlement. Pym a grandi dans une famille puritaine du Somerset. Ultra-calviniste et anti-arminien, son positionnement religieux et politique s'est confirmé durant ses études à Oxford. Son ambition première est d'aider à l'unité protestante contre les catholiques et la contre-Réforme. En 1626-1628, il est nommé pour représenter les Communes dans l'affaire contre Montagu à la Chambre des Lords, mais elle est classée avant qu'il ne puisse vraiment intervenir. Dès lors, certainement quelque peu frustré, il s'exprime ouvertement contre l'arminianisme au sein du Parlement dès que l'occasion se présente. Il est en effet de ceux qui assimilent l'émergence de ce mouvement au gouvernement épiscopal au danger catholique. Il motive les Communes à prendre position et à alerter le roi sur l'erreur commise en confiant les rênes de l'Église aux arminiens. Son premier coup d'éclat a lieu en 1628 lorsque les Communes présentent la pétition du droit au roi.

Les onze années qui vont suivre, durant lesquelles le roi gouvernera sans Parlement, n'en seront pas moins une période durant laquelle va se développer le puritanisme. John Pym sera un acteur clé de la résistance puritaine et de son expression hors-institution. Il regroupe autour de lui des puritains qui, par ailleurs, suivent de près la réforme de l'Église en Écosse. Il a à ses côtés Francis Rouse, un autre anti-arminien. Ensemble, ils se préparent à faire du puritanisme une véritable force politique.

Il est alors inhabituel pour un parlement de se préoccuper autant des affaires de religion, mais la théorie d'une révolution arminienne latente, bien que non fondée selon Kevin Sharpe[1], inquiète de plus en plus les parlementaires et la population. Le Parlement de 1629 se montre plus préoccupé que les autres par la religion et par son maintien dans le royaume et dans le reste de l'Europe. En 1629, les puritains au Parlement anglais tentent de réagir face à l'arminianisme qu'ils considèrent comme une menace pour le protestantisme. Les Communes décident de mener une enquête sur l'état de L'Église. C'est à la suite de cette dernière qu'elles se décident à agir en réunissant un comité. Ce dernier rédige un ensemble de résolutions concernant la religion qui seront présentées au roi pour lui démontrer que le pays est menacé par les arminiens et les papistes :

> *The subtle and pernicious spreading of the Arminian faction ; whereby they have kindled such a fire of division in the very bowels of the State*[2].

La troisième partie des résolutions justifie une intervention du Parlement dans la politique ecclésiastique du pays comme une nécessité, en comparant l'Église d'Angleterre à celles de France et d'Allemagne. Il est expliqué que ces Églises sont délabrées (« *in great part ruined* »). Il est donc urgent d'agir pour sauver ce qui reste à sauver. Pour cela de plus en plus de sujets, puritains pour la plupart, pensent que le Parlement doit prendre en main tout ce qui a trait à l'Église d'Angleterre. Pour eux, le rôle du roi est de gérer les affaires religieuses du royaume, mais pas de gouverner l'Église. Ils avancent aussi, comme preuve supplémentaire des

1. Kevin Sharpe, *op. cit.*, p. 275-278.
2. Voir Woolrych, *op. cit.*, p. 60 et *Resolutions on Religion Drawn by a sub-committee of the House of Commons*, 24 février 1629, p. 79, dans Gardiner, *Constitutional Documents*. Oxford, Clarendon Press, 1889, p. 77-83.

menaces qui pèsent sur la religion protestante en Angleterre, que quelques 2000 supposés papistes entourent et influencent le roi dans son gouvernement. Ces derniers seraient même prêts à se soulever et à rétablir l'Église de Rome. Les arminiens sont en réalité les premiers visés par ces accusations. On pense qu'ils cherchent à diviser l'Église d'Angleterre : « *it is sufficient to ruin our religion, by dividing us from the reformed Church.*[1] »

À la lumière des journaux des parlementaires siégeant à ce moment-là aux Communes, l'Église protestante semble alors plus que jamais menacée. La situation en Europe et la présence d'arminiens au pouvoir alimentent les craintes. La question de la religion monopolise les débats, six jours seulement après l'ouverture du Parlement. Le 26 janvier, par exemple, alors que le comité se réunit pour débattre de la situation religieuse du pays, Rouse fait un discours éloquent sur l'engagement des Anglais dans la cause protestante. La défense du protestantisme est ainsi devenue une affaire nationale. Dès lors, au titre de leur mission de représentation de la nation, les Communes considèrent qu'elles peuvent légitimement s'en préoccuper. Après avoir diplomatiquement reconnu le droit divin de Charles à diriger l'Église (« *a right of Religion derived to us from the King of Kings, conferred upon us by the King of this Kingdom, enacted by law in this place*[2] »), elles entament un plaidoyer dénonçant avec vigueur les arminiens :

> *We may consider the increase of Arminianism an errour that marketh the Grace of God lackey it after the will of man, that marketh mortal seed of*

1. *Resolutions on Religion Presented by a Committee of the House of Commons*, 1629. Gee, *op. cit.*, p. 523-524.
2. Wallace Notestein, *The House of Commons, 1629*. Minneapolis, Mineapolis, University of Minnesota 1921, p. 12-13. Voir aussi les appels à une concertation pour la sauvegarde de la religion dans le journal de Nicholas, Notestein, *op. cit.*, p. 111-112.

> *an immortal God. Yea, I desire that we now may look into the belly and bowels of this Trojan horse [...] for an Arminian is the spawn of a Papist; and if there come the warmth of favour upon him, you shall see him turn into one of those frogs that rise out of the bottomless pit. If you mark it well, you shall see an Arminian reaching out his hand to a Papist, a Papist to a Jesuit, a Jesuit gives one hand to the Pope and the other to the King of Spain*[1].

L'arminianisme est tel un cheval de Troie dans l'Église d'Angleterre. C'est par lui que le catholicisme risque d'être restauré en Angleterre. Cette accusation très imagée qui présente une société anglaise infectée dans ses entrailles par un mal qui menace de la détruire tout entière ne peut que susciter l'approbation de la majorité des parlementaires. L'arminianisme est devenu une obsession chez la plupart des protestants anglais au gouvernement. En faisant de ce problème un point central des débats parlementaires, ces derniers remettent en question l'autorité du roi et montrent leur ambition – quoique discrète encore – de prendre en charge les affaires de l'Église, qui selon les parlementaires sont mal gérées.

Les parlementaires doivent cependant user d'habileté pour ne pas s'opposer ouvertement au droit divin du roi en religion. Le parlementaire puritain Mr Sherland rappelle habilement à l'ordre ses coreligionnaires en avançant l'idée que certes, ils ont pour ennemis les arminiens, mais que ces derniers sont les amis du roi. La querelle ne doit donc pas impliquer le roi et son autorité, auquel cas, tous les « bons » protestants – ici

1. Wallace Notestein, *op. cit.*, p. 12-13.

clairement identifiés sous le terme de « puritains » – seraient considérés à tort comme des traîtres, alors qu'ils ne cherchent qu'à défendre la religion protestante[1].

Alors que la Chambre des Communes dénonce les dangers de l'arminianisme, le comité pour la religion, rassemblé au même moment dans le cadre du Parlement, la soutient en condamnant lui aussi les arminiens. Les évêques Neige et Montagu sont au centre des critiques[2]. Le comité n'ose pas s'attaquer au roi. Le 23 février, il poursuit ses attaques en publiant une série d'articles visant à prouver la détermination du parlement anglais à défendre la religion contre le papisme et l'arminianisme sur l'île et dans le reste de l'Europe[3].

Fortes du soutien du comité pour la religion, les Communes décident d'aller plus loin dans leur démarche. Elles ne se limitent plus à porter des accusations, désormais, elles proposent aussi officiellement des solutions. La liste des « remèdes » est lue à la Chambre le 24 février[4]. S'ensuit une déclaration sur les dangers qui pèsent sur la religion. L'arminianisme y est bien sûr dénoncé. Les titres et les résumés des contenus des articles que le Parlement recommande pour l'Église d'Angleterre sont

1. Wallace Notestein, *op. cit.*, p. 15.
2. Séances de la Chambre des Communes entre le 3 février et le 23 février 1629. Voir par exemple, Wallace Notestein, *op. cit.*, p. 34-37 et 100-125, ainsi que *Resolutions on Religion*, 1629, dans Gee, *op. cit.*, p. 525-526.
   Voir aussi les accusations d'arminianisme qui lui furent adressées aux Communes le 17 avril 1626, Wallace Notestein, *The House of Commons, 1621*. New Haven, Yale University Press, 1935, p. 47.
3. Wallace Notestein, *op. cit.*, p. 95-98.
4. *Resolutions on religion, presented by a committee of the House of Commons*, 1629, Gee, *op. cit.*, p. 521.

présentés[1]. Les Communes mettent alors en évidence le nombre grandissant de papistes et plus encore d'arminiens dans le pays. Elles expliquent aussi que ces papistes profitent des erreurs du *Livre de la prière commune*, du Livre des Homélies et du Catéchisme pour continuer à exister dans le royaume sans risquer d'être hors-la-loi. Sous des apparences de protestantisme, la liturgie de l'Église d'Angleterre protègerait donc le papisme. Lorsque le Parlement se réunit de nouveau le 2 mars 1629, les opposants du roi, menés par John Elbot, réussissent à présenter trois résolutions dans lesquelles il est spécifié qu'aucune innovation en religion ne sera permise si elle met en avant des doctrines arminiennes[2].

Furieux de l'affront que lui impose son Parlement en remettant en question son statut de garant de l'Église protestante sur l'île, Charles tente d'ajourner à nouveau les sessions, mais un groupe de parlementaires, mené par Benzine Colles, s'oppose ouvertement à la décision en affirmant que seule la Chambre a le droit d'ajourner une session. Les trois résolutions sont validées et seulement alors, les Communes votent l'ajournement. Bien sûr, le roi, ne pouvant accepter un tel comportement de la part de ses sujets, annonce la dissolution du Parlement le 10 mars 1629. Immédiatement après, il fait une déclaration dans laquelle il confirme ses choix politiques et la prérogative royale qui lui permet de lever certains fonds sans l'aval du Parlement. Il leur fait ainsi savoir qu'il n'a pas besoin de cette institution pour

1. *Heads of the articles to be insisted on, and agreed upon at the sub committee for religion*, 24 février 1629 à la Chambre des Communes, dans Kenyon, *op. cit.*, p. 140.
2. *Protestations of the House of Commons*, 2 mars 1629, Kenyon, *op. cit.*, p. 71.

gouverner son royaume et qu'il peut tout aussi bien ne plus souhaiter faire appel à eux sans que cela ne change ses projets politiques[1].

Westminster est en train de devenir le terrain de l'expression des divisions au sein de l'Église nationale.

Vers un nouveau *Livre de la prière commune* ?

À la fin des années 1620, le gouvernement de l'Église d'Angleterre ressent comme un besoin urgent d'être repris en main. Charles Ier décide de reprendre le cours des réformes commencées par son père. William Laud va l'y aider.

Après tous ses déboires avec le Parlement, Charles ordonne une nouvelle publication des Trente-neuf Articles. Il souhaite que tous les différends sur les interprétations qui pourraient exister à leur sujet soient traités lors de convocations. Il veut une réconciliation entre ses hommes d'Église par la conformité à une Église établie sur des fondements communs. Il a ainsi choisi d'occulter le fait que la division religieuse est bien plus institutionnelle que confessionnelle. Cette mesure est donc inutile. Sans se soucier des craintes émises par le Parlement, il nomme des hommes d'influence à des postes stratégiques du clergé d'Angleterre. Ils sont presque tous d'inclination arminienne. Il va jusqu'à nommer Montagu évêque de Chichester, mais se déclare cette fois contre la publication de son *Appello Caesarem* pour éviter de nouvelles foudres contre l'arminianisme[2].

1. Petrie, *op. cit.*, p. 63.
2. Kenyon, *op. cit.*, p. 133.

Les puritains continuent malgré tout à se montrer virulents envers les arminiens, responsables selon eux de la nouvelle vague de réformes religieuses du pays. Leurs réactions se font entendre entre autres par la voix et les écrits de William Prynne.

William Prynne est avocat. Son puritanisme s'exprime dans ses attaques contre la cour royale et William Laud dans les années 1630. Il est l'un des opposants principaux à l'arminianisme et à la politique ecclésiastique de Laud. Le fait que la reine soit une catholique l'horripile. Son *Histrio Mastix* (1632) démontre combien sa haine des évêques est viscérale. Dans ce traité, il dénonce le caractère sacrilège des spectacles et plus particulièrement des pièces de théâtre, des feux d'artifices, des festivals, etc. Concernant les pièces de théâtre, par exemple, il écrit qu'elles sont écrites sur du plus beau papier que celui utilisé pour la Bible et que les lieux où elles sont jouées ne sont que des chapelles de Satan étant donné la débauche qui y est représentée[1]. Il fait ainsi la promotion d'une plus grande sobriété au sein de la population pieuse, qui devrait renoncer à ses plaisirs, et d'un plus grand respect de la religion. Ce traité se veut l'expression de la façon de penser des puritains. S'il trouve un écho chez eux, le reste de la population n'a évidemment pas la même perception de la vie. Prynne pousse ses attaques jusqu'à accuser l'arminianisme d'être le produit de manipulations menées par les jésuites. Bien qu'exagérés, ces propos reflètent le degré d'inquiétude suscité par ce mouvement religieux dans la population. L'Église épiscopale est la première à condamner les propos de Prynne. Ce dernier est finalement traduit devant la Chambre étoilée. Ce choix de le traduire à la cour de justice du roi d'Angleterre est alors négativement perçue du

1. David Hume, *op. cit.*, p. 233.

côté puritain et chez les opposants à l'autorité absolue du roi plus généralement. Cela est lié au fait que les jugements y sont rendus par un petit groupe d'hommes agissant sous les ordres du roi sans que soient toujours entendus de témoins pour la défense des accusés[1].

Prynne est ainsi emprisonné à plusieurs reprises. En effet, ses pamphlets ébranlent l'autorité religieuse de Charles Ier et de Laud en donnant des arguments aux opposants puritains et en fournissant au Parlement matière à remettre en question leurs réformes religieuses. Il est donc important pour la couronne de faire un exemple de ce meneur intellectuel de la cause puritaine séditieuse. En 1634, il est libéré après être passé au pilori et avoir eu une oreille coupée. Son traité est brûlé en sa présence par le bourreau sur la place publique, rendant ainsi la punition spectaculaire par sa théâtralité pour impressionner la population. Le recours au bourreau est fortement symbolique et conforte la propagande des idées de l'État.

Prynne n'est pas le seul puritain à se déchaîner sur la cour et l'épiscopat. Deux de ses principaux compagnons, les pamphlétaires, Henry Burton et John Bastwick, sont emprisonnés avec lui en 1637 pour appel à la sédition lorsque Prynne publie son nouveau pamphlet, *News from Ipswich*. Ils écopent tous de la même sentence : une amende conséquente et les oreilles coupées (ou ce qu'il en reste pour Prynne). Prynne sera un fervent partisan du parti parlementaire puritain lors de la guerre civile durant les années 1640.

1. Elle fut abolie par le Parlement de Westminster, en 1641.

La lutte contre les arminiens est malgré tout déjà bien engagée. La politique de réformes ecclésiastiques est, selon un grand nombre de puritains, une preuve évidente du glissement de l'Église d'Angleterre vers Rome. Par exemple, Alexander Bobsleigh, dans son appel au Parlement par son ouvrage *Sions Plea against Prelacy*, a été, en 1628, un des premiers à s'adresser directement au Parlement en dénonçant les cérémonies de l'Église d'Angleterre comme étant des reliques de l'antéchrist. Il est alors un de ceux qui espèrent que cette institution pourra agir efficacement auprès du roi pour lui faire entendre raison.

L'arminianisme devient de plus en plus visible par les cérémonies. En 1636, Lucy Downing écrit à son frère, le puritain exilé en Nouvelle Angleterre, John Winthrop, pour lui donner des nouvelles de l'Église en Angleterre : « I cannot say that the doctrine of sanctification is now so frequently pressed and taught as we have known and could wish ». Elle est de toute évidence face à ces pratiques qu'elle ne qualifie pas de crypto-papistes mais qui sont très éloignées de ce à quoi elle est habituée[1]. La controverse autour des décorations des autels ne fait que renforcer l'idée que l'Église défendue par Laud est très proche de celle de Rome[2]. Leur position délibérément tournée vers l'est et l'ouest dans les églises, ainsi que les décorations et les objets utilisés sont autant de preuves particulièrement choquantes pour les puritains, qui prônent une sobriété totale des lieux de cultes. Le propre chapelain de Laud, Peter Heylyn, alerte l'archevêque sur les dangers de ses réformes à travers un traité intitulé *The Holy Table attacked. A Coale from the Altar*, une réponse au traité de John Williams, *The Holy Table : Name*

1. *Winthrop Papers*, 1871, p. 15, cite dans Sharpe, *op. cit.*, p. 300-301.
2. Sharpe, *op. cit.*, p. 333-335.

and Thing (1637) défendant la décoration des autels. Laud est agacé par ces prises de positions mais ne fait rien pour mettre fin à la controverse. Les fidèles – mais surtout leurs évêques – sont libres de continuer à les décorer pour mieux honorer Dieu. Il vaut mieux en tout cas le faire pour montrer leur loyauté à l'archevêque de Cantorbéry.

L'influence du continent dans l'évolution des prises de position puritaines en Angleterre

La décision prise par William Laud et Charles Ier de lancer une série de réformes visant à l'uniformisation des Églises de l'île répond au besoin d'en finir avec les derniers bastions de résistances presbytériens et ainsi de mieux contrôler les Églises. Elle est aussi une réponse à une sollicitation des États réformés européens qui souhaitent que le « royaume uni » d'Angleterre et d'Écosse participe au grand projet irénique naissant sur le continent.

Ce projet a pour objectif d'établir une solidarité entre réformés et d'amener ces derniers à repenser une Église protestante universelle. Il cherche à définir les différends et les différences qui opposent alors les divers courants confessionnels pour y mettre fin et recréer l'harmonie religieuse en Europe. Ce projet est motivé et soutenu par les États réformés calvinistes et luthériens. Il est porté par un groupe de théologiens se surnommant « irénistes ». Ils sont calvinistes pour la plupart, mais les luthériens constituent aussi une grande partie du groupe. Ils sont aussi de plusieurs nationalités. Parmi les plus grands défenseurs du projet se trouvent le Morave Jan Amos Komensky, aussi connu sous le nom de Coménius, le Polonais de mère anglaise Samuel Hartlib, l'Écossais John Durie et l'Anglais John Davenant. Le protestantisme sur l'île britannique est donc bien représenté et cela explique pourquoi l'Angleterre, et plus largement les royaumes de Charles Ier, sont choisis pour la mise en place initiale du projet. Avec leurs réseaux dans toutes les communautés protestantes du continent, ces quatre irénistes tentent de convaincre l'Angleterre d'être un modèle d'unité – voire d'uniformité – protestante, qui devra servir à la création d'un protestantisme universel. Ils tentent d'abord de convaincre le gouvernement de l'Église d'Angleterre en contactant William Laud. En parallèle, ils contactent le Parlement en s'adressant à John Worthington et John Pym qui leur ouvrent les portes de l'intelligentsia puritaine qui les soutiendra à partir des années 1640. Peu importe d'ailleurs la confession de ces derniers : les protestants doivent avant tout construire ensemble l'Église universelle.

L'Angleterre est alors un État protestant stratégique qui continue à se réformer. Elle évolue désormais avec l'Écosse dans le contexte de l'Union des couronnes. L'unité religieuse des deux royaumes est au cœur des préoccupations du jeune roi. Les royaumes de Grande-Bretagne sont ainsi le reflet à petite échelle de la situation européenne globale. Réconcilier l'ensemble de ses sujets et leurs Églises luthériennes et calvinistes reviendrait à donner l'exemple pour la chrétienté réformée du continent, elle aussi divisée par ces mêmes doctrines et leurs adaptations. C'est donc pour les irénistes le moment idéal pour accompagner Charles Ier dans ses réformes en lui apportant un soutien et en témoignant de l'expérience des Réformes du continent.

L'archevêque Laud, bien qu'intéressé en apparence, n'agit pas[1]. William Prynne essaiera par la suite de démontrer que Laud, malgré ses encouragements affichés, a tout fait pour décourager Durie, le principal représentant du mouvement irénique sur l'île durant les années 1630. Une des raisons avancées pour expliquer cette réaction de Laud est que le projet était mené par un presbytérien. Durie est en effet un presbytérien écossais, issu d'une famille d'émigrés à Leyde durant le règne de Jacques VI. Durie n'en prend pas ombrage, et la fin justifiant les moyens, se convertit pour devenir un représentant « en règle » de l'Église d'Angleterre. Cette décision pragmatique n'est pas en contradiction avec ses convictions. Bien au contraire, il prône une voie médiane entre les confessions. Durie reste donc fidèle à son principe de ne pas accorder plus d'importance à une confession qu'à une autre. Dans son traité *Israel's Call to March out of Babylon*, Durie explique ses prises de position par une démonstration sur la différence entre le temporel et le spirituel[2]. Cette différenciation permet la tolérance des divers groupes confessionnels alors en formation, une tolérance transitoire bien sûr, le temps que l'Église universelle se mette en place. Pourtant, sa conversion ne convainc pas plus l'archevêque.

Laud ne semble pas comprendre l'intérêt de soutenir ce projet pour les royaumes de son roi et pour la cause protestante plus généralement. C'est pour les ultra-protestants la preuve qu'il n'est pas un vrai protestant et qu'il n'a aucune intention de réformer les Églises des royaumes britanniques pour y renforcer le protestantisme. À travers leur porte-parole, John Pym, les

1. Batten, *op. cit.*, p. 49.
2. *John Durie, Israel's Call*, 1646, p. 5.

puritains assurent Durie de leur soutien. Il faudra toutefois attendre la convocation d'un nouveau Parlement pour qu'ils puissent débattre officiellement du projet.

Le projet des irénistes en Angleterre demeure avant tout un concept européen mais il permet aux puritains anglais de s'affirmer davantage pour obtenir une certaine forme de reconnaissance sur la scène protestante européenne. En soutenant le projet, ils ont l'occasion de convaincre la communauté protestante de choisir l'un modèle calviniste pour l'Église protestante universelle.

Les onze années de gouvernement sans Parlement sont-elles vraiment responsables de l'émergence politique des puritains ?

Les années 1630 sont dépeintes comme une décennie durant laquelle les puritains n'ont pu s'exprimer. L'explication se trouverait dans le fait que Charles Ier règne personnellement, autrement dit sans Parlement. Pourtant, nous venons de le voir avec l'exemple de John Pym qui fédère tout ce temps ses partisans autour de lui. En soutenant le projet des irénistes, les puritains se placent sur la scène religieuse européenne avec l'espoir de devenir un exemple. Certes, la non-convocation du Parlement, dans lequel ils ont pris l'habitude de s'exprimer depuis vingt ans, les tient éloignés de la scène politique, mais c'est cet éloignement même qui les pousse à exister autrement.

Dans l'introduction de son travail titanesque sur le règne personnel de Charles Ier, Kevin Sharpe présente ce Stuart avant tout comme un roi qui aime les Parlements de ses royaumes. Selon lui, seul un enchaînement de cas de force majeure l'a obligé à régner sans leur aide. Sans cela, jamais il ne lui serait venu à l'esprit de rester onze années sans eux. Le règne personnel de Charles Ier serait la cause première de la guerre civile qui a suivi en 1641. L'absence de Parlement aurait été une source de frustration telle pour le puritanisme qu'il s'en serait renforcé. La colère aurait décuplé son caractère contestataire envers la politique royale. Les puritains seraient donc entrés en guerre contre le roi par colère de n'avoir pas eu de Parlement où s'exprimer ? Cette considération téléologique, soutenue aussi par Gardiner, est peut-être quelque peu exagérée. Onze années sans Parlement n'avaient alors rien d'exceptionnel ; le roi Jacques s'en était lui-même passé durant sept ans. Dans *Basilikon Doron*, ce dernier avait d'ailleurs conseillé à son héritier de ne pas convoquer inutilement cette institution qu'il considérait comme bénéfique seulement lorsqu'elle était utilisée de manière justifiée (« *The honourablest and highest judgement in the land (as being the kings head court) if it be well used*[1] »). Ce n'est pas la durée du gouvernement personnel qui a amené l'île à la guerre civile, mais certaines des décisions politiques et religieuses prises durant cette période. L'absence de Parlement ne fut qu'un argument supplémentaire dans un ensemble de chefs d'accusations suffisamment convaincants contre le roi ; rien ne nous permet d'affirmer qu'il n'eût pas pris forme si des parlements avaient été régulièrement convoqués. Quant à l'affirmation politique frustrée des puritains, rien n'indique qu'elle ne se serait pas développée, peut-être même encore plus rapidement, au sein d'un Parlement.

1. *Basilikon Doron*, livre II, *op. cit.*, p. 21.

Les Ultra-protestants de l'île britannique tous unis face à la politique d'uniformité de Charles Ier ?

La peur des réformes laudiennes, fortement teintées d'arminianisme et menées en partie dans le cadre du règne personnel de Charles Ier, a poussé les puritains à vouloir plus encore se faire entendre. Toutefois, ce n'est pas l'unique raison qui les a poussés à se soulever contre le roi au début des années 1640. Pour comprendre comment ils en sont venus à s'opposer à lui en provoquant une guerre civile, il faut de nouveau élargir le spectre puritain anglais à celui du calvinisme à l'échelle britannique. De fait, les puritains anglais des années 1630 sont en étroite relation avec les ultra-protestants d'Écosse. Ils évoluent de manière parallèle mais pas totalement indépendante. Le fait de partager le même monarque les lie. Ils se soutiennent mutuellement dans leur quête d'une Église plus et mieux réformée. C'est bien ce lien qui va les pousser à se soutenir face à la nouvelle politique de réforme religieuse du roi et de Laud en Écosse à partir de 1633.

William Laud décide alors d'étendre la consolidation de l'Église épiscopale jusqu'en Écosse. Les réformes programmées s'inscrivent dans la lignée de celles qu'il a entreprises en Angleterre, en accord avec le roi. Or contrairement à l'Angleterre, il est loin d'être là-bas en terrain favorable. Bien qu'unis par la couronne, les deux royaumes ne peuvent et ne doivent en aucun cas être considérés comme similaires.

Il est décidé d'annoncer les réformes de l'Église en Écosse lors de la venue du roi à Édimbourg. Celui-ci a prévu de venir dans la capitale écossaise pour se faire couronner, à l'automne 1633.

Charles contacte en amont l'évêque de Dunblane, doyen de la Chapelle royale de Holyrood, pour lui faire part de son intention d'établir un nouvel office à Holyrood qui prendrait en exemple la liturgie et les rites cérémoniels utilisés dans l'Église d'Angleterre[1].

C'est donc l'Église d'Angleterre qui servira d'exemple. Cela est loin de réjouir l'ensemble des Écossais qui y voient une intrusion anglaise dans leurs affaires religieuses. Le couronnement n'arrange rien à la situation. Le service est célébré à la chapelle royale selon le rite de l'Église d'Angleterre. Cela scandalise autant les presbytériens que les épiscopaliens du pays. Charles agit comme un roi d'Angleterre et non comme un roi d'Écosse[2].

De plus, Charles fait officiellement part de sa volonté de réformer l'Église d'Écosse lors d'un discours à la chapelle royale du château d'Édimbourg, en 1634[3]. Il annonce qu'il souhaite établir de manière officielle des évêques écossais et leur attribuer des diocèses. Auparavant, les évêques présents en Écosse étaient anglais et étaient ordonnés par l'Église d'Angleterre. On voit ici la volonté du roi – et celle de Laud – de renforcer la position des évêques en Écosse comme cela est en train de se faire en Angleterre. Pour la grande majorité presbytérienne du pays, cette réforme est d'autant plus mal acceptée qu'elle est étendue à Édimbourg qui a jusqu'alors bénéficié d'un statut à part. La capitale est encore un haut lieu symbolique du presbytérianisme. La déclarer diocèse revient à ignorer la présence pourtant dominante des presbytériens. William Forbes est donc

1. 8 octobre 1633, Baillie, *Letters and Journals*, vol. II, p. 422.
2. Kevin sharpe, *op. cit.*, p. 780. Voir aussi John Row, *History of the Kirk*. Maitland Club, 1842. p. 151.
3. Charles I, *Anent Communicating in the Royal chapel*, 1634. Appendix, Baillie, *op. cit.*, vol. I, p. 423.

nommé évêque de la « cathédrale » de Saint Giles. La décision de faire de la plus grande église d'Édimbourg une cathédrale est considérée par un grand nombre d'Écossais comme un pas décisif vers la restauration du catholicisme en Écosse.

Contrôler l'autorité du roi sur l'Église est une préoccupation en Écosse. Aussi, pour la renforcer, une des premières décisions du roi est d'établir une Court de haute commission[1] pour l'ensemble du pays en octobre 1634.

Plus que la peur de voir l'Église d'Écosse revenir vers une forme de catholicisme, c'est celle de voir l'Église dite « écossaise » devenir « anglaise » qui pousse immédiatement les Écossais à réagir. En effet, le roi Jacques avait toujours maintenu certaines caractéristiques spécifiques. Le *Livre de la prière commune*, les rites, l'existence d'une assemblée générale religieuse pour débattre des problèmes religieux étaient restées jusque-là des différences concrètes et symboliques par rapport à l'Église d'Angleterre. Les deux royaumes ont ainsi conservé des Églises nationales distinctes malgré leur caractère épiscopal commun. Or, avec les réformes proposées par Laud et Charles, ce sont désormais une liturgie et une discipline identiques à celles d'Angleterre qui menacent d'être imposées. En réaction, théologiens et pamphlétaires se font l'écho du sentiment national. Balmerino, par exemple, écrit :

> *There is now a general fear of some novations intended in essential points of religion; and that this apprehension is much increased by reports of allowance given in England for printing books of popery and Arminianism*[2].

1. La Cour de haute commission était une cour de justice du clergé pour le clergé. Bien sûr, de nombreux cas de justice y étaient jugés à l'abri de l'opinion publique et les sentences étaient toujours dans l'intérêt de ses membres.
2. *Balmerino's Supplication, ibid.*

Plus que les liturgies en vigueur en Angleterre, c'est l'arminianisme qui est une fois de plus montré du doigt et rejeté. Les presbytériens écossais qui voient en tous les évêques des arminiens et des partisans de William Laud rejoignent en cela les puritains anglais. Balmerino participe à soulever le pays contre ces « papistes anglais » et leurs représentants dans le pays. Il crée aussi le lien avec les calvinistes de l'autre royaume, rappelant qu'ils subissent ensemble des réformes arminiennes contraires aux besoins de la nation et du protestantisme[1].

Après les attaques de Balmerino, les réactions se calment durant quelques mois, laissant petit à petit place à la résignation. Les évêques se mettent au travail. Fin 1636, le royaume subit une nouvelle onde de choc. En effet, au mois de décembre, le Conseil privé d'Écosse émet une proclamation ordonnant qu'un nouveau livre de prière soit utilisé dans tout le royaume. Cette nouvelle liturgie officielle est commandée avec l'ordre qu'elle se rapproche le plus possible du livre anglais de 1549. Chaque paroisse est dans l'obligation de l'acheter avant Pâques[2]. Le premier exemplaire est publié en mai 1637. L'unité religieuse souhaitée par Laud ressemble désormais plus à une uniformisation par intégration de l'Église écossaise à celle d'Angleterre qu'à un simple projet de renforcement du protestantisme sur l'île.

Les presbytériens les plus éminents du pays craignent le pire. Le 29 janvier 1637, le théologien presbytérien Robert Baillie, par exemple, fait part à William Spang de ses impressions sur la nouvelle liturgie à paraître. Il prédit que les réactions seront

1. *Balmerino's Supplication, op. cit.*, p. 193.
2. Stevenson, *The Scottish Revolution, 1637-44*, Édimbourg, John Donald, 2003, p. 92-93.

nombreuses contre elle, car elle est néfaste à l'Église en Écosse : « *For myself, I suspend my judgement till I see the book, only I fear the event be the hurt of our poor Church*[1]. » Il n'a pas tort. Les pétitions circulent plus nombreuses tous les jours. La population est en ébullition. Des échauffourées ont lieu à chaque coin de rue à Édimbourg. La situation commence à devenir incontrôlable. Pour calmer les esprits, le Conseil privé entame une démarche qui va finalement le discréditer : il revient sur l'ordre donné aux paroisses d'acheter le *Livre de la prière commune* et ajoute qu'il n'y a pas obligation de l'utiliser lors des services. Malgré tout, le premier acte établissant la nouvelle liturgie est voté le 13 juin 1637[2] et le Conseil choisit la date du 23 juillet, un dimanche, pour introduire officiellement le nouveau *Livre de la prière commune* et les nouvelles cérémonies.

Le Livre est finalement présenté à la date prévue du 23 juillet, à St Giles. Une femme, que la postérité a retenue sous le nom de Janet Geddes, se lève et jette une chaise sur l'archevêque. L'assemblée la suit dans son élan pour protester contre la réforme. Les Écossais descendent dans les rues de la capitale. Le mouvement se propage jusqu'à Glasgow. Pour tenter de calmer les soulèvements, l'évêque John Spottiswood prend l'initiative d'accorder aux paroisses la possibilité d'utiliser la version de leur choix et ce, jusqu'à ce que le roi se soit clairement exprimé[3]. À Édimbourg, où l'opposition est la plus forte, le Livre est purement et simplement suspendu dans l'attente de nouveaux ordres.

1. Lettre du 29 janvier 1637, Baillie, *op. cit.*, vol. I, p. 2.
2. *Act anent Service Book*, Edimbourg, 13 juin 1637, Baillie, *op. cit.*, appendix p. 447.
3. La demande fut faite par l'archevêque Spottiswood auprès du conseil privé, le 29 juillet 1637.

Les presbytériens écossais reprennent ainsi le contrôle sur leur Église. Pour les puritains anglais, qui surveillent la réforme liturgique de leurs voisins, c'est une victoire contre l'arminianisme. C'est aussi la preuve que le puritanisme peut arriver lui aussi à prendre le pouvoir sur l'Église d'Angleterre. Ils soutiennent donc les événements d'Écosse, sur le plan moral seulement pour l'instant. La colère du roi, qui va bientôt décider d'envoyer une armée pour sauver ses évêques en Écosse, va attiser la sympathie puritaine envers les presbytériens écossais jusqu'à les pousser à se liguer avec eux contre le roi pour mettre fin à son autorité ecclésiastique sur l'île.

Ainsi, la colère des puritains, que l'on croit être le résultat de l'absence de Parlement durant onze ans, provient en réalité en grande partie de leur soutien aux Écossais dans leur croisade contre les réformes laudiennes visant à une uniformité religieuse, qu'ils subissent par ailleurs eux aussi. Les ultra-protestants de l'île vont ainsi se liguer. Les puritains anglais en deviendront un contre-pouvoir religieux et politique. De fait, ils ne sont plus seuls face au roi, comme celui-ci va le constater dès l'ouverture de son Parlement en 1640.

IV
La prise de pouvoir des puritains en Angleterre 1638-1642

Les années 1638-1642 marquent le début de l'apogée des puritains en Angleterre grâce à leur prise de pouvoir au Parlement. Elles voient naître un véritable parti politique puritain qui hisse le Parlement de Westminster au rang de contrepouvoir politique et religieux de la monarchie. C'est là la conséquence directe de la politique d'uniformité des Églises d'Angleterre et d'Écosse menée par Charles Ier et son conseiller, l'archevêque William Laud, depuis la fin des années 1620. Le puritanisme s'est renforcé au fil des ans et s'est trouvé des alliés face à la politique laudienne chez les presbytériens écossais. Une volonté d'unité covenantaire avec les calvinistes d'Écosse va progressivement naître et permettre aux puritains de s'affirmer encore plus face au roi en Angleterre.

Ce chapitre revient sur l'affirmation politique des puritains à travers leur relation avec l'Écosse dans le contexte commun d'opposition à l'autorité ecclésiastique royale. Il présente la Première guerre des évêques et propose une analyse de son impact dans l'affirmation puritaine au Parlement anglais. Westminster devient, en effet, le siège d'un contrepouvoir religieux et politique puritain qui, en 1641-1642, pose les bases d'une remise en question totale de l'Église d'Angleterre et de la monarchie.

Le roi, le Covenant et les évêques en Écosse : une crise sous forme de contexte favorable au puritanisme anglais ?

Les événements en Écosse sont un véritable tremplin pour le puritanisme en Angleterre. La confrontation entre le roi et les presbytériens écossais, qui résulte des révoltes contre la liturgie laudienne, officiellement établie en 1637, conforte chez les puritains l'idée que l'arminianisme doit être extirpé de l'île et que c'est le presbytérianisme qui est probablement le système religieux d'avenir pour les royaumes britanniques. Ce qui suit va participer à les influencer et à les motiver à prendre le pouvoir en Angleterre. En effet, dans les mois qui suivent le soulèvement de St Giles, les presbytériens écossais se liguent au sein d'une alliance pour la sauvegarde de la « vraie » Église de Dieu en Écosse. L'alliance est religieuse et nationale. Appelée Covenant national, elle va devenir, dans les mois suivants, un modèle pour les puritains anglais, et une base pour une alliance ultra-protestante des royaumes britanniques.

En décembre 1637, il était devenu évident que le projet laudien d'uniformité religieuse entre l'Angleterre et l'Écosse n'aboutirait jamais. La Kirk – l'Église presbytérienne d'Écosse – a depuis ce temps les cartes en main pour tenter d'établir plus solidement encore ses principes et surtout son Église en Écosse. Les presbytériens décident d'élire des représentants qui débattraient de la situation, sous prétexte de ramener la paix dans le royaume, mais avec la volonté cachée d'organiser leurs idées avant de les imposer au roi. C'est le début de l'assemblée connue sous le nom des « Tables ».

Les Tables sont constituées de l'élite de l'opposition au roi, et rassemblent tous les nobles ralliés à la cause presbytérienne. Elles siègent officiellement à partir du 23 février 1638. En plus de débattre de la situation religieuse du pays, cette assemblée devient une sorte de gouvernement provisoire pour l'Écosse durant les premières semaines de 1638[1]. Elle sera source d'influence pour les puritains au Parlement à partir de 1641-1642. Nous le verrons, ils suivront le même exemple que les Tables en attaquant les évêques. Ces derniers, en Écosse, doivent désormais se justifier devant le Parlement. Ils perdent alors leur statut d'immunité face à la justice. Les Tables ont ainsi réussi à prendre l'ascendant en matière de politique religieuse et à étendre leur pouvoir à chaque strate de la société pour devenir un gouvernement dont l'autorité remplace provisoirement celle du Conseil privé.

Cinq jours plus tard, le 28 février 1638, les presbytériens des Tables se retrouvent en secret en plein milieu de la nuit dans l'église de Greyfriars à Édimbourg et se jurent fidélité dans le cadre d'une alliance pour la défense de la religion. Ce document rédigé par Alexander Henderson et Archibald Johnston of Wariston est appelé le « Covenant National d'Écosse ».

Le covenant national est composé de trois documents : le covenant du roi signé en 1581, un recueil de lois du parlement en faveur de la réforme et une promesse de covenant pour la protection de la « vraie religion ». Le document a cela d'étonnant – et pourtant cela est souvent oublié – qu'il engage à la fois le roi et Dieu bien avant les autres chrétiens du royaume. Ce covenant national n'est donc pas un document révolutionnaire. C'est l'utilisation qui en est faite en Écosse puis en Angleterre, par les

1. Woolrych, *op. cit.*, p. 99.

puritains, qui en fait un texte clé de l'histoire du protestantisme britannique. En 1638, au moment de sa signature, il s'agit juste d'une déclaration d'intention visant à protéger l'Église presbytérienne établie et à y empêcher tout changement. Le covenant ne s'oppose alors explicitement ni au pouvoir du roi sur l'Église ni à l'épiscopat. En effet, à cette époque, cela aurait été maladroit et même dangereux de s'opposer ouvertement au roi. Ce n'est que par la suite que les presbytériens, forts de leur succès – car des révoltes en leur faveur naissent dans tout le pays – tentent de reprendre le contrôle total de l'Église d'Écosse. Il a même été avancé que les Melvilliens cachés depuis le règne du roi Jacques seraient revenus sur la scène politico-religieuse pour s'approprier la direction « spirituelle » du mouvement covenantaire[1]. Il ne s'agit là que d'une hypothèse qui reflète tout de même la volonté des covenantaires de rattacher leur action à la résistance manifestée par le presbytérianisme depuis les débuts de la Réforme.

Le covenant est aussi un avertissement au roi pour lui rappeler que son royaume du nord reste malgré tout distinct de celui d'Angleterre et qu'il n'est pas encore prêt à être dirigé de la même manière et encore moins par un même gouvernement. Smout voit en ce second argument la motivation principale de la rédaction du document lorsqu'il a écrit :

> *The National Covenant was therefore a conservative protest by leaders of society against unseeing misrule from a London King*[2].

1. Smout, *op. cit.*, p. 168. Voir aussi A. Burrell, « The Apocalyptic vision of the Early Covenanters », *Scottish Historical Review* vol. XLIII (1964), p. 1-24 (BL. 6214b)
2. Smout, *op. cit.*, p. 106.

Les presbytériens écossais – et très vite les puritains anglais à leur exemple – ne tardent donc pas à tirer profit du succès du covenant auprès de la population. La colère du roi renforce chez eux la volonté de s'opposer à ses réformes et d'y voir l'occasion de restaurer le système presbytérien tel qu'il était en place avant les réformes du roi Jacques. Pour mieux convaincre encore la population, ils mettent en avant l'idée que l'Écosse a été choisie par Dieu pour cette mission au cri de « *O Scotland, God chosen Nation* ». Certains suggèrent même qu'ils doivent se poser en exemple pour la chrétienté réformée et avant tout pour leurs voisins anglais. Dès lors, un de leurs objectifs devient celui d'amener l'Angleterre à la conformité avec l'Église d'Écosse[1]. La conformité qu'ils demandent est toutefois encore loin du projet d'uniformité presbytérienne qu'ils présenteront à Westminster en 1643.

Au lendemain de la signature du covenant national rétablissant l'Église presbytérienne en Écosse, le roi envoie ses troupes pour rétablir ses évêques. Cette décision va avoir de nombreuses conséquences dans les années qui vont suivre, amenant le pays à ce que Christopher Hill appelle « une révolution puritaine ». La fin de la suprématie des évêques sur l'Église et la remise en question de l'autorité du roi qui en découlent, redéfinissent la relation des Anglais avec leur Église et leur roi.

En 1639, le roi envoie des troupes pour restaurer la paix dans la capitale écossaise. Il souhaite ainsi permettre à ses évêques d'établir sereinement la nouvelle liturgie. Or la présence de ces troupes n'a rien d'apaisant pour la population qui voit là une prise d'armes par le roi contre ses propres sujets. Ainsi commence la guerre dite « des évêques ». Elle voit s'affronter le roi et les covenantaires. L'envoi des troupes royales en Écosse

1. Smout, *op. cit.*, p. 168.

est inévitable, tout comme la convocation du Parlement anglais, car le roi n'a pas les revenus suffisant pour mener à bien une telle action militaire. On estime en effet à un million de livres le coût du maintien des troupes[1].

Un « Parlement bref » qui fait état d'un puritanisme prêt à durer

Les coûts engendrés par l'envoi de troupes armées pour soutenir ses évêques obligent ainsi Charles Ier à convoquer un parlement. Celui-ci se réunit le 17 avril 1640. Il ne va durer que moins d'un mois, d'où son surnom de « Parlement bref ». Ainsi se terminent les onze années du règne personnel du roi. Le Parlement qui se rassemble après cette longue période a beaucoup de choses à dire… et elles ne sont pas forcément agréables pour le roi. Les doléances et critiques sont l'accumulation de tout ce qui n'a pu être institutionnellement exprimé durant la décennie passée. Les questions de finances se mélangent à celles de la religion. Les puritains siégeant en grand nombre aux Communes, ce Parlement contribuera à renforcer l'image du puritain obnubilé par la religion et la fiscalité.

Les Communes attaquent immédiatement la politique religieuse royale ainsi que le roi en personne pour avoir envoyé des troupes en Écosse contre ses propres sujets. Le roi a besoin de fonds pour aider ses évêques. Les puritains se mobilisent donc pour empêcher le vote de subventions devant financer l'attaque contre les presbytériens d'Écosse, leurs « frères de religion » (*Brethrens in religion*). John Pym, John Hampden, William et Nathaniel Fiennes, Lord Saye et William Rouse,

1. Fritz, *op. cit.*, p. 495.

entre autres, sont à la manœuvre. Ils sont en contact avec les covenantaires écossais. Ils ont en commun avec eux une vraie volonté de mettre fin à ce qu'ils considèrent comme l'absolutisme de la politique religieuse du roi (et peut-être déjà aussi de sa politique d'État plus globalement). Grâce à ses talents d'orateur, John Pym mène les débats. Il appuie l'idée que Laud est en train de mener une conspiration ayant pour objectif de rétablir les pratiques de l'Église de Rome sur l'île. L'envoi de troupes en Écosse contre les sujets presbytériens n'est ni plus ni moins qu'une guerre déclarée au protestantisme.

Des courriers entre les covenantaires écossais et le Parlement d'Angleterre sont interceptés. Ils démontrent nettement la collaboration qui est en train de s'installer entre les calvinistes de l'île autour d'un soutien militaire à condition de promesses de réformes religieuses[1].

Selon Christopher Hill, de nombreux parlementaires étaient des puritains qui avaient accédé à la propriété grâce à l'émergence du commerce. Les principes de vie étayés par le calvinisme qu'ils soutenaient les auraient motivés à entreprendre et à travailler dur. L'émergence de l'ultra- protestantisme et celle d'une nouvelle classe marchande seraient donc liées. Le choix confessionnel des Anglais dits « puritains » aurait ainsi été conditionné par leur situation sociale et économique. Bien que souvent décriée par les historiens dits révisionnistes, cette idée est à nuancer, mais demeure une réalité. Force est de constater que les parlementaires des années 1640 sont majoritairement des puritains que l'on pourrait qualifier de « nouveaux riches », imbus d'une volonté d'accroître leur influence en politique. Le roi négocie et tente d'amadouer ces derniers en se déclarant

1. *Calendar of State Papers, Domestic Series, 1625-1639*, p. 295.

prêt à abandonner le *Ship Money* en échange de leur soutien dans l'obtention de subsides. Cela ne suffit pas à convaincre les nombreux puritains. De plus, il est alors bon pour ceux qui ne sont pas toujours d'accord avec les politiques royales de rechercher un soutien en se joignant à d'autres mécontents politiques ou religieux, créant ainsi petit à petit une concentration d'opposants au roi au sein même d'un parlement frustré de n'avoir pas été convoqué durant onze années. Dès lors, le puritanisme des années 1630-1640 revêt un caractère politique. La faction dite puritaine est une faction de ralliement de l'opposition au roi, bien plus qu'un choix confessionnel. Ceci explique par ailleurs que dans les mois qui suivent, cette faction se subdivise selon les inclinations plus spécifiquement religieuses de ses membres. Nous y reviendrons.

Le 24 avril 1640, les Communes à Westminster remettent en cause l'autorité du roi en tant que gouverneur suprême de l'Église d'Angleterre et critiquent la commission censée créer de nouveaux canons. Le 29 avril, la critique s'amplifie à l'occasion d'un débat sur la mauvaise politique ecclésiastique du roi et de Laud[1]. Les covenantaires ont contribué à motiver les Communes à réagir. Robert Baillie, par exemple, à une influence déterminante dans cette affaire. À travers son pamphlet sur William Laud, en 1640, il s'exprime au nom des presbytériens sur l'arminianisme. Cette critique violente de la « faction de Cantorbéry[2] » est un moyen de s'adresser à la fois aux Écossais presbytériens et aux puritains anglais afin que ces derniers agissent contre les réformes de l'archevêque. Baillie a de l'influence en Écosse grâce à son statut de membre

1. Woolrych, *op. cit.*, p.137.
2. « Canterburian faction », Baillie, *op. cit.*, vol. I p. 163.

de l'assemblée générale. Publié en 1640 à Édimbourg, son pamphlet reçoit toute la considération nécessaire. L'Angleterre puritaine montre tout autant d'attachement à son argumentaire. Selon Baillie, les deux pays devaient s'unir afin de garantir le maintien de l'Église réformée sur l'île. Le pamphlet sera même réédité à Londres en 1641, alors que l'influence de l'assemblée générale de la Kirk grandit de jour en jour en Angleterre. Londres et Westminster sont donc le terrain où s'exprime un très fort sentiment anti-épiscopal. Les pamphlets écossais qui commencent à se propager ont beaucoup de succès. La capitale ne déguise pas son enthousiasme et sa curiosité pour chacun d'eux. Les propos de Baillie y sont très populaires. Fort de son succès, il écrit un autre pamphlet dans lequel il s'exprime de nouveau contre les arminiens[1]. Il y remet aussi en cause la doctrine de l'élection telle qu'elle est présentée par eux. Selon lui, cette doctrine est suffisamment claire dans les Écritures pour ne pas être remise en question et il cite, sans faire de référence à des versets précis :

> *Blessed be God, who hath blessed us with all spiritual blessings in Christ, according as he hath chosen us in him, that we should be holy, blameless before him in love*[2].

Le but de l'auteur est non pas de justifier, mais de provoquer des réactions chez ses lecteurs afin qu'ils agissent concrètement, comme l'avait fait l'Écosse, pour avoir un droit de parole dans leurs propres affaires ecclésiastiques. Baillie veut donc faire réagir l'Angleterre, dont il critique l'inaction : « *the obstinate*

1. Ce pamphlet ne fut toutefois officiellement publié en Angleterre qu'en 1652.
2. Baillie, *A Scotch Antidote Against English Infection of Arminianism*. Londres, 1652, p. 26.

silence of the English Divines is prodigious. » Nul doute que ce tract participe à convaincre les parlementaires de prendre en charge les affaires ecclésiastiques de leur pays.

Charles dissout le Parlement le 5 mai. La convention pour la religion est néanmoins maintenue. Ceci est du jamais vu. William Laud décide de faire ainsi voter des nouveaux canons pour l'Église sans qu'ils aient été discutés au Parlement. Quelques rares puritains participant à la convention tentent de remettre en question le projet, mais Laud arrive à s'imposer et les canons, fortement teintés d'arminianisme, sont votés. Le canon VI oblige ainsi le clergé à prêter serment au gouvernement épiscopal. La phrase se termine par « Etcetera ». Que voulait donc dire cet « Etcetera » ? D'aucuns pensent qu'il s'agit potentiellement du pape. Il ne s'agit en fait que des prélats responsables des évêchés et des groupements de paroisses. En tout cas, le terme est suffisamment vague pour agiter un peu plus les puritains et attiser les peurs protestantes face au crypto-papisme arminien.

Un nouveau Parlement au puritanisme encore plus affirmé ?

Le parlement est rassemblé de nouveau le 3 novembre 1640. Le roi vient alors d'être vaincu par les covenantaires à Newbury (30 août). Les Écossais occupent le nord de l'Angleterre.

Le roi a accepté de convoquer un nouveau Parlement malgré ses appréhensions suite à l'échec du précédent, quelques mois plus tôt. La pression résultant de ses besoins financiers mais aussi celle exercée par Pym et ses partisans, parmi lesquels de nombreux notables de Londres tels que les comtes de Warwick et Bedford, sont déterminantes dans sa décision. Il n'a en fait pas vraiment le choix. Il a besoin de son Parlement pour valider les subventions et les dernières réformes religieuses. Ses appréhensions se vérifient lorsque Pym devient le porte-parole du mouvement qui se soulève contre William Laud au sein des Communes. L'archevêque est accusé d'être de mauvais conseil pour le roi, avec ses partisans arminiens. Les relations de Pym avec certains lords dont Warwick, lui permettent d'avoir aussi un écho à la Chambre des Lords. Les deux chambres se coordonnent finalement dans des attaques envers Laud et certains de ses évêques. Le comte de Strafford, Thomas Wentworth, lieutenant d'Irlande, devient alors le centre de la controverse et bientôt la cible privilégiée des attaques. L'archevêque de Cantorbéry n'est en effet par intouchable, mais il est moins facilement atteignable, d'autant plus qu'il a tout le soutien du roi. Strafford est accusé de pactiser avec les catholiques. Il est arrêté pour trahison envers la nation (protestante) et sera exécuté le 12 mai 1641. Les puritains ont ainsi pour la première fois gain de cause. C'est une véritable victoire juridico-religieuse face à l'épiscopat. Après la chute de Strafford, désormais, en théorie, la destitution de Laud peut être envisagée et avec elle l'établissement d'un protestantisme plus fort en Angleterre et sur l'île plus généralement.

Le roi faiblit progressivement devant les attaques des Communes sous forte influence d'un parti « réformiste » naissant, mené par les puritains Pym, Fiennes, Saye, St John et Sele[1]. Les cours de justice de la Chambre étoilée et de la Haute commission sont abolies. Les liturgies et les innovations en religion des années 1630, établies sans consultation du Parlement, sont déclarées illégales.

1. Fritz, *op. cit.*, p. 311.

Les puritains sont coalisés au Parlement et déterminés à imposer leur(s) vision(s) de l'Église et de l'État. Cette coalition s'inspire des covenantaires écossais avec qui ils ne tardent pas à envisager une alliance. Ils pensent à un covenant entre les sujets calvinistes britanniques.

L'unité covenantaire… avec l'Angleterre

La signature du covenant national d'Écosse suivie de la guerre des évêques mène à une réorganisation totale de la gestion des affaires religieuses tant en Écosse qu'en Angleterre.

Les événements en Écosse fournissent l'occasion inespérée pour les puritains, et les opposants du roi en général, de s'emparer du contrôle de l'Église d'Angleterre et de constituer ainsi une opposition extrêmement puissante soutenue par le parlement d'Angleterre et l'assemblée générale d'Écosse. Menée dans un premier temps par le Parlement de Westminster, cette opposition utilise l'Église comme une arme contre le roi.

L'Écosse, et plus particulièrement la Kirk, sont admirées et montrées en exemple dans la défense du protestantisme. Leurs réformes sont désormais sources d'inspiration. Ce petit pays a réussi à réduire le pouvoir de la couronne sur les affaires de l'Église et à officialiser le nouveau statut du Parlement, pourtant sous haute influence royale. En affirmant l'indépendance de l'Église face à l'État, les Écossais ont su utiliser une arme efficace contre le roi et ont imposé leur volonté. Leur soutien des Écossais, dans ce contexte-là, ne peut qu'être bénéfique pour ceux qui, en Angleterre, tentent de faire de même.

Dès lors, le Parlement d'Angleterre, constitué au début de ces années 1640 de nombreux puritains toujours déterminés à se faire entendre, entrevoit une possibilité d'imposer un système similaire à celui d'Écosse pour mettre enfin en place l'Église dont ils rêvent pour l'Angleterre. Ainsi, dès la convocation du Parlement anglais, en 1640, les Communes contactent l'assemblée générale d'Écosse pour lui demander son soutien. Le plan est le suivant : les deux nations réunies dans une même entreprise auraient plus de force pour obtenir ce qu'elles veulent en matière de religion d'abord, pour réduire le pouvoir politique du roi ensuite. Bien sûr, il ne s'agit là encore que d'entreprendre des négociations avec le roi en s'imposant de façon plus prononcée face à lui et surtout à sa manière de gouverner. Aucun soulèvement n'est encore envisagé.

La signature du covenant national d'Écosse a mis fin aux rêves d'uniformité entre les deux royaumes chers à William Laud. Néanmoins, l'idée d'uniformité et d'union ne disparaît pas de l'esprit de certains contemporains. En effet, un certain nombre de covenantaires commence à envisager l'idée d'étendre leur Église et leurs principes jusqu'en Angleterre. Malgré la situation, Charles et ses évêques ne renoncent pas à mener à terme leurs réformes dans ce royaume, car si l'Église en Écosse a échappé au contrôle du roi, il reste encore une chance de s'imposer à elle. Celle-ci devient dès lors une des grandes préoccupations des parlements qui sont convoqués cette année-là. La question religieuse est mise au centre des débats. Elle est tenue comme responsable des tensions entre les Communes et le roi. Au même moment, les évêques essaient déjà de se protéger des foudres des puritains qui selon encore de nombreux parlementaires, remettent l'Église protestante établie en question[1]. À ce stade, il est de plus en plus évident que si le Parlement prend possession des affaires ecclésiastiques, l'existence même du système épiscopal est menacée.

Finalement, le 18 décembre 1640, Laud est accusé de haute trahison. L'Église laudienne reçoit ainsi son arrêt de mort. Désormais, ce sera au Parlement de Westminster d'entreprendre et de finaliser les réformes de l'Église d'Angleterre. Au même moment, la nouvelle de la prise de pouvoir par la Kirk des affaires religieuses en Écosse se propage en Angleterre. Les Écossais sont célébrés à Londres[2] puis dans le reste du pays par les opposants de l'archevêque. Les puritains à Westminster les qualifient de meilleurs sujets que les Anglais, incapables, selon eux, de protéger l'Église protestante. Le vent est en train de changer de direction et devient enfin favorable aux ultra-protestants. Les puritains prennent conscience de la possibilité qui s'offre à eux d'aller plus loin dans les réformes et les prises de position qu'ils sont de plus en plus nombreux à défendre depuis les procès de Prynne, Burton et Bastwick[3]. Ceux-ci ont provoqué de la sympathie envers les puritains et leurs idées tout en amplifiant l'impopularité des évêques et de la cour de Haute commission. Grâce à ce contexte et à la nouvelle autorité des Écossais en matière de religion, de nouvelles réformes vont voir le jour et avec elles, la dernière tentative d'uniformisation et d'union des Églises de l'île de Grande-Bretagne sur le modèle presbytérien. Westminster va s'en porter garant.

1. 2 avril 1640. BL, Add. Ms 11045 f.105
2. Ce sentiment transparaît dans de nombreux documents se trouvant dans le volume *Calendar of State Papers, Domestic Series,* 1640. Voir aussi Sharpe, *op. cit.*, p. 906.
3. Voir Sharpe, *op. cit.*, p. 906 et David Hume, *op. cit.*, vol. V, p. 240.

En 1641, les puritains anglais ne pensent encore qu'à une réforme plus profonde de leur Église épiscopale. Leurs attentes peuvent différer quelque peu, mais ils mettent en évidence le fait que le roi n'est pas capable de mener ces réformes à bien tout seul et qu'il est temps pour lui de se décharger du fardeau en le confiant à la Kirk en Écosse et au Parlement en Angleterre. Un an plus tard, à la veille de 1643, la relation entre le Parlement anglais et les covenantaires écossais a changé la donne. Désormais l'Angleterre puritaine se montre très favorable à une réforme de son Église soutenue par l'Écosse. Les parlements des deux royaumes sont prêts à collaborer pour rétablir une Église à leur image. Une lettre des parlementaires anglais Marshall et Nye aux représentants écossais est assez révélatrice de cette intention :

> *They* [les représentants du Parlement anglais] *are generally resolved to live and die with us in this quarrel against the popish and Episcopal faction and for the reformation of religion*[1].

Ils se montrent déterminés à agir ensemble pour mettre fin au papisme sur l'île.

Le but principal des Écossais avant 1643 est de convaincre Westminster de s'allier à eux dans une lutte commune afin de rétablir une religion – plus qu'une Église – purifiée dans les deux royaumes. Les théologiens siégeant à l'Assemblée générale sont tout aussi déterminés à promouvoir leur système religieux par-delà les frontières écossaises. Lors de l'Assemblée générale de l'Église d'Écosse d'août 1641, le théologien Alexander Henderson demande qu'une confession de foi soit écrite et accompagnée d'un catéchisme que la Kirk pourrait proposer

1. *A letter from Mr Marshall and Mr Nye appointing assistants to the Commissioners of Scotland*, Londres, 1643. NLS mf SP 165 (17)

à l'Angleterre. Le document est intitulé *A Confession of Faith, a Catechism, a Directory of Government for all the parts of the public worship and a platform of government, where in possibly England*[1]. Les Communes se montrent favorables à un tel projet de réforme liturgique. Le 11 juin 1642, le Parlement d'Écosse jure alors de s'exprimer sans retenue afin de résoudre les problèmes religieux et de rétablir ainsi la paix au sein de l'Église tout en maintenant celle-ci aussi avec l'Angleterre et l'Irlande[2]. Le même serment est fait ensuite en Angleterre. Désormais, chaque décision concernant les Églises des deux pays va être considérée dans un même temps de façon à ce qu'elles évoluent parallèlement et non pas encore conjointement. C'est une victoire pour les presbytériens de l'île. Le puritanisme en est d'autant plus affirmé à Westminster. Les prochaines réformes de l'Église et de l'État ne peuvent qu'en être plus puritaines. John Pym, le porte-parole des puritains aux Communes va s'en assurer.

Pym et les presbytériens à Westminster

Il n'est pas surprenant que le puritain John Pym soit surnommé « le roi Pym » (« King Pym[3] »), à partir de 1641. Cela reflète la place que prend le parlementaire dans l'opposition au monarque et le degré d'influence qu'a atteint le puritanisme dans le royaume à cette date. Il est désormais évident que l'extrémisme religieux est exploité par le Parlement à des fins d'opposition ouverte envers l'autorité du roi sur l'Église,

1. Baillie, *op. cit.*, vol. II, p. 365.
2. Parlement d'Écosse, *The Oath taken by the parliament of England, concerning the maintenance of the Protestant religion and the advancement of his Majesties honour and regall Prerogative. Whereunto is annexed the oath of the Dukes, Earls, Barons… of Scotland*. 11juin 1642, Londres, 17 juin 1642.
3. Cottret, *Cromwell*, p. 88.

et progressivement dans les mois et années suivantes, envers la monarchie de droit divin dans le royaume. Or si Pym est l'homme qui a permis d'impulser cette émergence du puritanisme au Parlement, le mouvement a su s'ancrer et se développer sans lui. De fait, la mort de Pym en décembre 1643 n'arrêtera pas leur ascension. Pour autant, Pym est bien la figure de proue du puritanisme au Parlement.

Les puritains sont de fait si nombreux aux Communes et les lords puritains étant bien sûrs toujours présents aussi à la Chambre des Lords et à la cour, qu'avec ou sans Pym, le roi ne peut plus agir sans les prendre en considération. Lorsque le roi a enfin convoqué son Parlement en 1640, Pym et ses partisans sont déjà prêts à se faire de nouveau entendre sur l'avenir de l'Église. Pour le prouver, ils prononcent une série de discours[1] dès les premiers jours. Le roi constate ainsi leur détermination, et ne voulant pas ajouter des conflits à ceux qu'il doit alors affronter en Écosse, tente de faire de Pym un allié. Il l'invite à traiter en privé des affaires de l'Église et lui propose de siéger à son Conseil privé dès 1641.

Pym considère l'Église comme un outil efficace de lutte contre une monarchie à tendance absolutiste. Pour lui, la religion est la plus grande source de liberté pour le royaume[2]. Grâce à elle, les sujets peuvent se retourner contre leur roi si celui-ci ne respecte pas les principes qui sont à eux seuls les fondements de l'Église et de l'État. La référence à l'exemple des covenantaires écossais est ici évidente. Il fait partie du groupe puritain mais voit d'un mauvais œil les attaques conditionnées par des intérêts

1. Gardiner, *Constitutional Documents of the puritan Revolution*, p. 197, 202, 236.
2. *A short View of the Life and Actions*, *op. cit*. Voir aussi Gardiner, *op. cit.*, vol. I, chap. XIII, p. 256.

sectaires qui divisent le groupe d'opposition à l'épiscopat au lieu de le renforcer. Gardiner nous explique que Pym ne se préoccupait guère de la forme de gouvernement qui serait choisie pour l'Église d'Angleterre : épiscopat ou presbytérianisme, peu importe donc encore en 1641. Cette affirmation n'est toutefois pas totalement juste. En effet, les discours de Pym, ses réseaux ultra-protestants et non-conformistes anglais ajoutés à son soutien aux convenantaires écossais sous-entendent clairement qu'il est en faveur d'un système presbytérien. Par la suite, ses actions confirment cette hypothèse.

Le complot catholique qui a lieu cette année-là depuis l'Irlande lui permet d'alerter les Communes sur la persistance du danger catholique ; il est alors soutenu y compris au sein même de la cour royale. Les événements en Irlande alimentent plus encore son argumentation qui vise à convaincre le Parlement que le roi n'est en réalité pas capable de gérer son Église. Pire, il est tellement éloigné des besoins du protestantisme au sein de ses royaumes qu'il se permet même d'envoyer son armée contre ses sujets protestants en Écosse alors que ces derniers, selon lui, ne font qu'essayer de résister eux aussi à la politique crypto-papiste du roi. Pym poussera les Communes à réagir par une action qui est appelée la « Grande remontrance ». Nous y reviendrons. Son appel aux puritains du Parlement à se soulever contre le roi et à lever une armée pour la défense du protestantisme en Angleterre le rend responsable de la Première guerre civile qui commence durant l'été 1642.

Alors que John Pym rassemble les puritains presbytériens au Parlement, la pensée puritaine se développe au sein de la population grâce aux manifestes et pamphlets. De nombreux presbytériens anglais se retrouvent autour du manifeste de John

Milton intitulé *Smectymnws*[1]. Celui-ci se bat contre l'épiscopat à partir du mois de novembre 1640. Ce manifeste est l'expression de ces mois de prises de position puritaines contre la politique religieuse de Charles Ier. Il sert de point de départ aux cinq pamphlets anti-épiscopaux qu'il écrit par la suite[2]. Ses écrits sont le fruit de l'ensemble des considérations des puritains au début des années 1640. Ils participent à les concrétiser en définissant par des mots et des idées un nouveau mode de pensée révolutionnaire pour l'État et l'Église. Les défenseurs de l'épiscopat se sentant menacés, répondent à leur tour. Ainsi, un manifeste de partisans de l'épiscopat intitulé *An Answer to an Humble Remonstrance* est écrit par Joseph Hall[3], en mars 1641. Le débat sur le nouveau gouvernement de l'Église ne fait que commencer. Les covenantaires écossais savent alors profiter de la situation pour s'imposer et faire valoir leur point de vue.

---

1. Il fut intitulé ainsi d'après les initiales des auteurs : Stephen Marshall, Edmund Calamy, Thomas Young, Matthew Newcomer et Wiliam Spurstowe. Voir Hill, *Milton and the Revolution*. Londres, Faber, 1977, p. 80.
2. *Of Prelatical Episcopacy* et *Animadversions upon the Remonstrants Defence Against Smectymnws*, deux mois plus tard. *Of Reformation* fut écrit après l'exécution de Strafford en mai 1641. Il continua dans sa défense d'une réforme en profondeur de l'Église d'Angleterre avec son *Reason of Church Government* qui fut écrit au début de l'année 1642, puis avec *An Apology Against a Pamphlet Called A Modest Confutation of the Animadversion* (1642). Plus tard, dans *De Doctrina*, Milton dit que l'union de l'Église et de l'État ne doit pas être considérée comme une innovation. Une vraie réforme ne peut, selon lui se faire qu'à travers un retour aux pratiques de l'Église primitive.
3. Joseph Hall (1574-1656). Il a participé au synode de Dordrecht avant d'être nommé évêque d'Exeter en 1627. Il se déclare contre le choix d'un système presbytérien pour l'Église universelle soutenu à ce moment-là par les irénistes alors que lui-même soutient l'idée d'une Église universelle pour réconcilier la chrétienté. Ses pamphlets, anti-presbytériens, écrits dans les années 1640 sont très controversés.

Retour sur le Long Parlement et la concrétisation de l'engagement des puritains dans la défense du protestantisme

Si le premier Parlement de 1640 a été dissous avant d'avoir eu le temps d'agir concrètement, il en va autrement pour le suivant. Celui-ci se réunit au mois de novembre avec à la tête du parti puritain John Pym, désormais bien décidé à faire entendre l'ensemble des voix des coreligionnaires tant en politique qu'en religion. Très rapidement, les Communes placent de nouveau les affaires de l'Église à l'ordre du jour. Elles mettent en évidence la nécessité urgente d'agir au sein de l'Église pour la protéger contre le catholicisme et indirectement aussi contre une autorité royale qui est selon elles préjudiciable à la paix de l'Église et du royaume. Pour Pym, la priorité est d'écarter les catholiques et tout ce qui pourrait rappeler Rome. Dans un discours daté du 7 novembre 1640, il exprime son aversion pour les factions dont les principes rappellent le papisme, en citant les raisons qui lui semblaient justifier leur neutralisation dans le royaume : « *Papists' party alter religion and this by setting differences between the king and his subjects*[1]. »

Durant ce dernier trimestre de 1640, les troupes écossaises approchent et la cause presbytérienne est de plus en plus soutenue en Angleterre, au grand désespoir du roi. C'est à cette même période que les puritains anglais tentent malgré leurs différends grandissants, de se lier pour exprimer leurs doléances vis-à-vis de la politique ecclésiastique du roi. Dès les premiers temps de

1. Kenyon, *op. cit.*, p. 189.

ce nouveau Parlement, les Chambres convoquent des comités qui doivent se pencher sur les questions de religion, mais les débats restent agités.

La question du droit divin des évêques est débattue depuis plusieurs mois par toutes les factions religieuses d'Angleterre, particulièrement à Londres où les presbytériens sont nombreux. La tendance dominante penche pour la négation de ce droit. Entre les Écossais qui avancent en Angleterre et les presbytériens de Londres, les pressions sur le Parlement et leurs débats sont grandes. De nombreux pamphlets circulent dans la capitale et le pays exposant des arguments pour et contre l'autorité des évêques. Ils mettent en garde contre une réforme partielle de l'épiscopat et demandent à approfondir les réformes[1]. Certains pamphlets cherchent spécifiquement à justifier la mise en accusation de William Laud et à encourager la décision à Westminster de supprimer l'épiscopat. Le pamphlet *The Jury of inquisition de Jure Divino, whether by Divine Right it is Lawful to inflict Punishment uppon the offending Lordly Bishops*, par exemple, juge que les évêques méritent d'être punis s'ils agissent contre l'Église protestante ou si tout simplement ils se comportent mal. Le pamphlet accuse les évêques de pousser les princes à la guerre en étant trop influents auprès d'eux et en pervertissant leur manière de penser en leur faisant croire qu'ils agissent sous les ordres de Dieu[2]. John Milton écrit à son tour un pamphlet contre les arminiens, intitulé *The Reason of Church government urged against Prelaty* (Londres, 1641) et dans lequel il porte à peu près le même jugement. En quelques mois, les puritains au Parlement se sont persuadés qu'il est

1. *Pamphlet series*, NLS 1-444.
2. Anonyme, *The Jury of inquisition de Jure Divino, whether by Divine Right it is Lawful to inflict Punishment upon the offending Lordly Bishops*, Londres, 1640.

désormais de leur mission d'abolir l'épiscopat. Mais avant d'en venir là, ils entreprennent de corriger les dernières innovations religieuses de Laud.

Dès les premières sessions, les Communes s'emparent du sujet des canons arminiens et demandent à ce qu'ils soient abolis. Les 15-16 décembre, les débats sont centrés sur le sujet. Les Communes démontrent que ces canons sont illégaux car la convention pour la religion qui les a validés n'a pas le pouvoir d'acter sur des sujets liant les laïcs au clergé. Les Communes se considèrent les représentantes de la population et c'est donc à elles de s'en occuper. Elles sont alors étonnamment soutenues par la Chambres des Lords. C'est donc le Parlement entier qui se ligue à ce moment-là contre la politique de Laud. Il se dresse contre l'autorité du roi en religion.

Face à la détermination des Communes, le roi comprend qu'il lui sera désormais difficile de les arrêter dans leur intention de prendre en charge la réforme de l'Église d'Angleterre. Il tente tout de même encore une fois d'imposer son autorité lors d'un discours prononcé le 25 janvier 1641 dans lequel il avertit les parlementaires des dangers que pourraient engendrer des innovations dans le gouvernement religieux. Selon lui, il existerait « une grande différence entre la réforme et les altérations en matière de gouvernement religieux[1] ». À ce moment-là, les Communes ne souhaitent pas encore l'abolition formelle de l'épiscopat, mais sont plutôt partisanes d'une limitation de ses pouvoirs en s'attaquant à ceux de ses représentants qui selon elles, abusent de leurs prérogatives. En fait, le système épiscopal n'est pas encore remis en cause, seuls certains de ses représentants le sont.

1. Kenyon, *op. cit.*, p. 17.

Le roi tente encore de rassembler ses sujets. Par naïveté ou par manque de diplomatie ou encore de conscience de la réalité au sein de son Église et de son Parlement, il le fait en réaffirmant son statut de gouverneur de l'Église, cela même pour quoi son autorité est remise en question. Il attise ainsi malgré lui la hargne des puritains plutôt qu'il ne les apaise. En effet, rappeler son droit divin à gouverner l'Église et le respect dû à sa personne revient pour eux à affirmer son caractère absolutiste et à ignorer volontairement les attentes de ses sujets qui ne cherchent qu'à protéger le protestantisme dans ses royaumes. Pour eux, Charles est en décalage complet avec ses sujets.

Convaincues qu'elles peuvent réparer les erreurs de Laud et du roi, les Communes s'en prennent donc à leurs dernières innovations. Les canons sont repris. Le premier à être visé est le canon VI qui interdit toute innovation au sein de cette Église et oblige le clergé à jurer fidélité à la doctrine et à la discipline de l'Église d'Angleterre. La liberté de conscience est revendiquée et le canon n'en est donc que plus décrié. Tous les canons sont ainsi corrigés afin de condamner clairement tout ce qui est jugé de caractère papiste et les Communes vont plus loin encore dans la défense du protestantisme en interdisant aux catholiques de continuer à pratiquer leur religion sur l'île[1]. Le roi accepte d'abandonner le serment *Etcetera*. Les Communes prennent aussi la décision de rappeler puis d'y insérer certains articles antérieurs favorisant la pensée puritaine. Ainsi, les articles de Lambeth, datant de 1595, qui réaffirment que la grande majorité de l'humanité est irréversiblement damnée, et les articles irlandais de 1615[2], sont intégrés. Cette décision est

1. Sharpe, *op. cit.*, p. 878.
2. Écrit par l'archevêque James Ussher, ces articles établissent l'Église d'Irlande sur le modèle de celui de l'Église épiscopale d'Angleterre.

l'action la plus décisive de la part des Communes en matière de religion à cette époque, car elle remet en cause toutes les réformes des dix dernières années précédentes, autrement dit toutes celles faites durant le règne personnel de Charles Ier. Cette décennie sans Parlement ne laisse ainsi plus de trace d'innovation visible en religion.

La prise de position du Parlement, en ce milieu du mois de décembre 1640, reflète l'ambiance qui est ressentie jusque dans les rues de Londres. Le 11 décembre, environ 15 000 Londoniens ont pétitionné le roi pour lui demander d'extirper « les racines et les branches » du papisme au sein de l'Église (*Roots and Branches Petition*). Cette pétition, présentée aux Communes par Alderman Pennington, demande l'abolition de l'épiscopat par la destruction de toutes ses racines, c'est-à-dire de William Laud, et de ses branches, autrement dit les évêques et le clergé qui prêchent l'arminianisme dans le royaume[1]. On y assimile clairement l'arminianisme au papisme. Laud y est directement accusé de vouloir rétablir le catholicisme sur l'ensemble de l'île.

Les auteurs de la pétition, les « *Roots and Branchers* », appartiennent en majorité à la faction religieuse des indépendants, une subdivision confessionnelle des puritains qui commence à s'affirmer sur la scène religieuse. Ils exigent le renvoi définitif des évêques de l'Église, mais leur demande est encore bien trop radicale pour l'époque. Malgré tout, le 30 mars 1641, un projet de loi est présenté à l'ordre du jour des débats pour renvoyer les évêques de la Chambre des Communes. Le 1er mai suivant,

1. *We therefore humbly pray and beseech this honourable assembly… that the said government, with all its dependencies, roots and branches, may be abolished and all laws in their behalf made void…* (*Roots and Branches*, dans Kenyon, *op. cit.*, p. 154.)

il est envoyé aux Lords. Le 24 mai, ces derniers informent les Communes qu'ils ne peuvent accepter une telle loi, car évidemment, elle les forcerait à renvoyer des membres de leur propre chambre. En réponse à ce refus, les pétitionnaires franchissent une nouvelle étape dans leurs demandes et émettent un projet de loi demandant, cette fois, l'abolition de l'épiscopat[1]. Or, une telle loi est très litigieuse, puisqu'elle s'attaque directement à l'autorité du roi. Celui-ci menace d'ajourner le Parlement si elle est adoptée. Aussi, les Communes décident-elles d'oublier – pour un temps – la demande des pétitionnaires sans néanmoins abandonner l'idée d'un profond changement dans le système de l'Église du pays.

Les débats liés à la pétition des « racines et des branches » ont lieu du 11 juin au 3 août 1641. Cette pétition continue en effet à soulever les passions. Elle est soutenue par divers comtés puissants et bien représentés à Westminster tels que le Lancashire, le Suffolk, le Hertfordshire et le Norfolk[2] qui lui donnent un poids considérable dans les débats. Il semble alors que la volonté de changer l'Église est nationale et non plus celle d'un petit groupe de puritains présent aux Communes. De là à penser que l'Angleterre est devenue puritaine, il n'y a qu'un pas.

Le journal des Communes et les divers journaux privés de cet été - là nous permettent de comprendre qu'à cette date, le Parlement a bien été convaincu par les puritains de réformer l'Église. On y apprend que les Communes planifient de le faire de manière douce et progressive, afin de ne pas provoquer le courroux du roi. Le programme de réforme du système de l'Église est même annoncé : les parlementaires ont décidé de

1. Cette loi fut présentée le 27 mai 1641.
2. Fletcher, *op. cit.*, p. 194.

remplacer l'épiscopat par un système presbytérien en deux étapes. Tout d'abord, ils prévoient de créer un synode constitué de théologiens pour débattre de la nouvelle forme de gouvernement religieux à adopter. Les Communes espèrent l'appliquer dès le premier mars 1642. Mais en attendant que cela soit mis en place, le Parlement prendrait en charge les affaires de l'Église et s'occuperait des juridictions ecclésiastiques tout en procédant à une redistribution massive des ressources financières de l'Église. Les représentants laïcs chargés de cette mission auront les mêmes pouvoirs que les évêques au niveau local. L'Église d'Angleterre va-t-elle vraiment être réformée par ce Parlement puritain ? À l'été 1641, les Anglais peuvent commencer à y croire.

Si les Chambres de Westminster sont désormais d'accord sur la décision de réformer l'Église en Angleterre, les modalités des réformes à effectuer suscitent de plus en plus de débats. Ceux-ci divisent peu à peu les parlementaires en les obligeant à prendre position sur des points mêlant politique et religion, intérêts et convictions personnels. Ces divisions sont encore assez peu ressenties dans les années 1640-42, mais elles gangrènent déjà insidieusement le Parlement. L'unité contre l'épiscopat demeure alors une priorité pour résister au roi. Le 29 novembre 1641, une foule s'amasse devant le parlement au cri de « *No Bishops* ! », « *A bas les évêques* ![1] » Le médiateur Dorset demande aux gardes du parlement d'intervenir et d'ouvrir le feu. Les soldats refusent de tirer, mais la foule, choquée, se dissipe. Pour le Parlement, cet événement est la preuve que le pays le soutient dans sa croisade.

1. Woolrych, *op. cit.*, p. 203.

En cette année 1641, les sujets anglais de Charles Ier sont déjà nombreux, à Londres et dans d'autres congrégations importantes du pays, à s'être séparés de l'Église d'Angleterre. La plupart ne voit pas la nécessité d'une autorité supérieure entre eux et Dieu. Leur nombre grandit au fur et à mesure que les erreurs de Laud et des évêques sont mises en évidence par les Écossais et par Westminster. Bien évidemment, cela rend les partisans de réformes protestantes plus radicales de plus en plus influents. Kenyon affirme ainsi que les groupes de puritains non-conformistes ont tous des partisans aux Communes[1]. Au départ, toutefois, ils n'étaient pas tous non-conformistes, mais juste partisans d'un épiscopat purifié. Or, les puritains affirment de plus en plus ouvertement leurs différences et spécificités au gré des débats théologiques et politiques et se constituent en factions.

Ainsi, depuis le début de l'année 1641, les sujets du royaume évoluent dans leur perception de l'Église ; ils sont motivés à le faire en grande partie en réaction aux décisions de Westminster. Voyant que le Parlement procède à des changements dans la liturgie de l'Église d'Angleterre, faisant fi des ordres de Laud et du roi, de nombreuses paroisses prennent d'elles-mêmes la décision de faire quelques petits changements dans leurs églises. Des autels sont enlevés ou déplacés de façon à revenir à la situation d'avant les réformes laudiennes. Le clergé puritain abandonne la totalité ou une partie des cérémonies imposées par Laud et réduit considérablement la liturgie pour l'adapter à ses besoins et ce, en dépit d'un ordre de la Chambre des Lords, daté du 16 janvier[2], réaffirmant l'idée que les offices religieux

1. Kenyon, *op. cit.*, p. 229.
2. Kenyon, *op. cit.*, p. 235.

doivent se dérouler selon les réformes mises en place par Laud. Dans cet ordre, les Lords mettaient en avant la recrudescence de groupes sectaires dans chaque paroisse du pays. Ils dénoncent ainsi la division qui y règne et crée des cultes différents de ceux imposés par l'État. Mais rien n'y fait.

Le 3 mai, les Communes jurent de défendre la « vraie » Église protestante telle qu'elle apparaissait dans les doctrines de l'Église d'Angleterre à travers une « *Protestation*[1] » qui est en fait une promesse faite par le Parlement de défendre le protestantisme contre le papisme. Elle est particulièrement défendue par William Pym qui est déterminé à rendre sa nation libre de celui qu'il considérait comme un tyran : le roi. Il préconise que le parlement prenne en charge les affaires de l'Église au nom de la nation, car pour lui, dit-il, « la plus grande des libertés […] est la religion[2] ». C'est le contrôle de la religion qui rend possibles tous ses espoirs pour l'Angleterre.

À travers ce document, les Communes expriment leur volonté d'instaurer un système religieux plus austère tel celui prôné par les calvinistes. Elles souhaitent par exemple établir une plus grande rigueur dans le respect du jour de repos en interdisant le sport ou les fêtes. L'influence des puritains à Westminster est telle que les Lords se sentent obligés de valider ces résolutions dans un « *Ordre des Lords*[3] ». Ces résolutions prévoient de réhabiliter l'Église telle qu'elle était avant les réformes de Laud et ainsi de l'éloigner du catholicisme dont

1. Gee, *op. cit.*, p. 545.
2. *A short view of the life and actions of John Pym*, BL, E. 68,13
3. "*That the Divine service be performed as it is appointed by the acts of Parliament of this realm*", Gee, *op. cit.*, p. 553.

les puritains sont persuadés qu'elle s'est rapprochée par ces innovations. Malgré tout, le paysage religieux de l'Angleterre ne change pas vraiment.

Le roi a toujours ses partisans au Parlement. Le « parti du roi » (*King's party*) est présent dans les deux chambres. Il se veut le contrepoids du parti réformiste, ou puritain. Il est mené par John Culpeper et Edward Hyde. Le roi tente aussi de se réconcilier avec les Écossais en signant un traité avec eux à Londres en août 1641. L'armée covenantaire se retire d'Angleterre. Le roi espère que leur influence à Westminster en sera diminuée, mais il n'en est rien. Au contraire, la coalition ultra-protestante se renforce avec les événements en Irlande qui commencent à l'automne. Le 23 octobre, en effet, les catholiques d'Irlande se soulèvent contre l'administration du roi. L'émergence de l'ultra-protestantisme au Parlement d'Angleterre et en Écosse leur fait craindre une invasion. À Dublin et dans la région de l'Ulster où les presbytériens écossais sont nombreux à s'être établis à partir de 1608, cette peur pousse au massacre des protestants. Le roi Charles et Westminster cherchent à mettre fin à la rébellion mais ne s'entendent pas sur les modalités de l'intervention militaire. Le Parlement se persuade que le roi n'interviendra pas efficacement contre ses sujets catholiques. Le désaccord entre le roi et les Communes sur la question irlandaise contribue à détériorer leur relation et à renforcer la croyance que le Parlement est désormais le seul véritable garant de la cause protestante. Il va par ailleurs s'allier à celui d'Écosse dès avril 1642 pour intervenir militairement, en Ulster, plus particulièrement, où les presbytériens sont en train de se faire massacrer par les rebelles catholiques. Ce sera là la première entraide presbytérienne/ultra-protestante anglo-écossaise au nom de la défense commune du protestantisme.

Au mois de novembre 1641, les Communes émettent la pétition de la « Grande Remontrance » qu'elles font parvenir au roi[1]. Elle a pour ambition affichée d'avertir le roi des dangers du papisme auquel il semble adhérer à travers son soutien à Laud et à l'arminianisme. Les Communes lui suggèrent par là de renoncer à confier les réformes religieuses du royaume aux évêques. L'exemple de Laud est un échec probant, illustration pour eux de la tyrannie et de la corruption perpétrées par l'ensemble des évêques. La charge des réformes religieuses doit être confiée au Parlement[2]. La pétition justifie l'abolition de la cour de Haute commission par une comparaison avec la cour d'inquisition à Rome, donnant tous les pouvoirs aux évêques. Ensuite, elle démontre les méfaits de la corruption pratiquée par les évêques en mettant en avant l'émigration des sujets du royaume vers la Hollande et les terres d'Amérique du Nord, preuve de la persécution dont ils se sentent victimes et de la situation qu'ils jugent désespérée de l'Église. L'Angleterre – autrement dit la nation anglaise – qui dit vouloir défendre le protestantisme, est accusée de contredire ses principes en acceptant la présence des évêques. Elle donne ainsi l'image d'une terre hostile aux Églises réformées. La décision d'abolir les évêques est justifiée par le fait que ces derniers n'ont pas leur place si on se réfère au Nouveau Testament et n'ont donc aucune

1. Elle lui parvint le 1er décembre.
2. *An Abstract of the Proceedings of Parliament from the First Convention*. 3 novembre 1642-10 juin 1642.

raison d'exister. Leurs réformes doivent donc légitimement être annulées. Cette pétition est bien l'expression du puritanisme et ses auteurs l'assument explicitement :

> *The Puritans, under which now they include all those that desire to preserve the laws and liberties of the kingdom and maintain the religion in the power of it*[1].

Le roi ne peut plus freiner la ratification par la Chambre des Lords des documents devant mettre en place le projet de loi devant mettre fin aux pouvoirs des évêques le 13 février 1642. Celui-ci est désormais connu sous le nom de « projet de loi pour l'exclusion des évêques » (« *Clerical Disabilities Bill* » ou « *Bishops' Exclusion Bill* »). Treize évêques sont exclus de la Chambre[2]. Près d'un tiers des pairs du royaume se déclarent en faveur du Parlement[3]. Le pays est donc déjà clairement divisé entre le roi et le Parlement. Les tensions sont telles, en raison des questions de religion et de qui doit s'en charger pour la sauvegarde du protestantisme, que l'on craint bientôt un conflit, voire une guerre civile. Cette crainte ne va pas tarder à devenir une réalité.

Par cette remontrance, Pym répond à ce qu'il croit être les nécessités les plus urgentes de l'Église et surtout du Parlement. À l'instar des autres parlementaires, il est alors préoccupé par le conflit grandissant entre Westminster et le roi en Angleterre. Les Communes commencent à penser à créer une armée pour contrer celle du roi, si jamais celui-ci décide de les attaquer lors de la mise en place de leurs réformes. La Guerre des évêques en

1. Ces réformes furent justifiées et officialisées par les documents suivants : *Triple Episcopacy, or a threefold order of Bishops*, Londres, 1641 et *The Abolishing of the Book of Common Prayers*, 1641.
2. *Diurnals of Parliaments proceedings*. Novembre 1641-1642. BL 14 79 c 18
3. Fritz, *op. cit.*, p. 312.

Écosse est pour eux un exemple très concret de ce dont le roi est capable. Ainsi, dans le contexte de leur projet de réforme religieuse du royaume, le Parlement décide de créer un corps d'armée qu'il veut défensif et qui lui permettra de mener sa politique religieuse sereinement.

Le Parlement prend les armes contre roi au nom de la défense du protestantisme

En mai 1642, les deux Chambres du Parlement décident ensemble de lever une armée « pour la défense du Parlement et de la religion protestante ». Ils nomment Robert Devereux, 3e comte d'Essex, général de cette armée. Celle-ci est prête à attaquer le roi. Un ultimatum lui a été lancé avec les *Dix-neuf Propositions* faites au roi. Celui-ci les refuse en juin. Désormais plus rien n'empêche le Parlement d'envoyer son armée contre ce monarque qui décidément ne comprend pas que sa politique est une menace pour le protestantisme dans ses royaumes.

Une armée parlementaire créée en quelques mois n'a pas beaucoup de chances contre l'armée de métier du roi. Les Communes sont conscientes qu'elles ont besoin d'une aide militaire pour renforcer leur armée. L'Écosse covenantaire pourrait très probablement la leur offrir, encore faut-il la convaincre. Les Communes entrent donc dans des négociations avec la Kirk. La possibilité de choisir un système presbytérien pour l'Angleterre est avancée dans les pourparlers. Pour prouver leur bonne foi, les parlementaires anglais mettent en avant leurs réformes anti-épiscopales. Ce contexte participe en grande partie, par la suite, à la décision de renoncer totalement à l'épiscopat. Cela arrange parfaitement les partisans du presbytérianisme siégeant au Parlement.

La Kirk se réjouit de cet appel à l'aide des parlementaires puritains. Elle prend la décision de les soutenir en contactant directement le roi. Elle lui conseille de s'en remettre au Parlement anglais pour régler le problème religieux sur l'île. Le président du parlement, Pym, répond au message en remerciant les Écossais de donner ce conseil au roi et confirme le lien incontestable entre les deux nations justifiant leur entraide en cas de menace à la paix sur l'île. Il ajoute qu'il faut aider le roi à comprendre les dangers du papisme[1], car il semble toujours aveuglé par son entourage. Ainsi, l'entraide qui s'organise entre les calvinistes des deux royaumes est présentée comme un projet d'accompagnement du roi dans sa politique religieuse. Les Parlements d'Écosse et d'Angleterre proposent de remplacer les évêques. Ils prétendent que ces conseillers sont avisés car ils sont selon eux fondés sur les besoins et les attentes des sujets protestants de l'île. Le roi doit en quelque sorte être rééduqué pour qu'il comprenne que le puritanisme presbytérien est désormais la solution pour les Églises de ses royaumes. En attendant, la gestion des affaires de l'Église doit lui être retirée. La prise en charge de cette dernière par le Parlement apparait dès lors comme une nécessité pédagogique, devant montrer le bon exemple au souverain. À l'instar du roi, les sujets anglais doivent redécouvrir l'Église dans sa grande pureté. La rééducation confessionnelle devient ainsi la première étape de la construction d'une société plus stable tant sur le plan religieux

1. John Pym, *A Message of Thanks delivered to the Lords Commissioners for Scotland*. Westminster, 1642.

que politique. Cette entente mutuelle entre le Parlement anglais et les Écossais établit le principe d'une reconnaissance institutionnelle d'une réforme profonde des mœurs de la société en Angleterre destinée à la rendre plus sainte (*Godly*).

Les négociations pour une alliance avec les covenantaires écossais confirment les puritains dans leur légitimité à amener le Parlement à prendre le pouvoir pour « accompagner » le roi dans une réforme totale de l'Église et du gouvernement d'Angleterre. Les négociations aboutissent à une alliance militaire en 1643, quand l'Écosse accepte d'aider le Parlement anglais contre le roi en échange de l'engagement de Westminster à établir le presbytérianisme comme système pour l'Église d'Angleterre. Cet engagement se traduit par la convocation d'une assemblée de théologiens où des représentants de la Kirk seront invités pour aider les Anglais dans leur réforme. À ce moment-là, le Parlement d'Angleterre n'a pas vraiment d'autre choix que d'accepter ce compromis religieux. Il vient en effet d'essuyer une défaite contre les armées du roi dans ce qui est la première bataille de la guerre civile qui a commencé entre le roi et son Parlement puritain.

Edgehill, une défaite des puritains ou le début de la révolution puritaine ?

La bataille de Edgehill est déterminante pour la suite de la prise de pouvoir des puritains au Parlement. Elle a lieu le 23 octobre 1642. L'armée parlementaire est dirigée par Robert Devereux, 3e comte d'Essex. L'armée du roi est officiellement menée par Robert Bertie, comte de Lindsey, mais le roi prend la main et finit par diriger personnellement son armée durant la bataille. Le neveu du roi, le prince Rupert du Palatinat, est aussi présent auprès de troupes étrangères, formations majoritairement suédoises venues en renfort. La cavalerie est largement plus nombreuse du côté du roi. La victoire est assurée. Il pense avoir repris le contrôle de la situation et repart pour Londres. Il reprend les petites places fortes qu'il croise en chemin. Pour des raisons qui ne sont pas claires, le roi décide de ne pas se rendre à Londres et dévie vers l'ouest pour s'installer à Oxford. La capitale, où se trouve la plus grande concentration de puritains du pays, peut donc continuer à s'organiser avec le Parlement contre le monarque. Pendant ce temps, l'armée d'Essex se rend à Warwick et s'empare du comté après une bataille éclaire contre les quelques troupes royales. Le roi décide alors de revenir à Londres. Il se rend alors à l'évidence : la capitale est totalement sous le contrôle du Parlement. Le roi affronte Essex à Turnham Green. Il est vaincu et se retire à Oxford. Dès lors, il n'arrivera pas à reprendre le dessus.

Le roi a perdu l'avantage sur les champs de bataille. Il s'est réfugié à Oxford. Les puritains contrôlent le Parlement et la capitale. Ils ne tiennent pas officiellement encore les rênes du pouvoir, mais ils y sont presque. Désormais, pour eux, le rêve de faire de l'Angleterre une nation puritaine relève désormais du possible. Une chose reste certaine, les puritains ont perdu la bataille d'Edgehill, mais le puritanisme en devient suffisamment fort pour gagner la guerre. L'Angleterre entre en effet totalement dans une ère qui sera politiquement, religieusement et socialement puritaine.

Chapitre 3

Puritanisme et sociétés

I
La réforme puritaine des mœurs de la société anglaise

Avec l'affirmation du puritanisme au sein des élites de la société anglaise, certains groupes de puritains entreprennent de réformer plus que l'Église : ils veulent changer la société. Ils sont aussi motivés par l'exemple des congrégations brownistes et anabaptistes aux tendances séparatistes de la fin du seizième siècle. Faire de l'Angleterre un pays fondamentalement protestant n'est soudain plus de la seule responsabilité du clergé et de l'État. Désormais, c'est l'individu et le groupe – la famille et la congrégation – qui doivent s'assurer que la parole de Dieu est respectée à toutes les étapes de la vie et dans le quotidien du chrétien. Ceci n'est certes pas une nouveauté, mais les puritains donnent une nouvelle dimension à la manière dont la société doit vivre sa foi. Leur attachement quasi viscéral au respect des Évangiles au quotidien, transforme la religion en discipline sociale et culturelle. Les puritains cherchent à la faire adopter par l'ensemble de la société d'Angleterre. Cette ambition va s'affirmer au fil du temps grâce à des congrégations puritaines qui vont réinventer un modèle de chrétienté fervente, voire zélée. Ce chapitre revient sur la transformation sociale liée aux évolutions politiques et religieuses du puritanisme anglais. Il démontre comment la réforme des mœurs (*Reformation of manners*), impulsée par les puritains à tous les niveaux de la société, a créé une petite révolution culturelle et identitaire puritaine. Cette dernière a participé à ancrer le puritanisme dans un mode vie parfois même stéréotypé tant il a été à la fois suivi et décrié en Angleterre et jusqu'en Nouvelle Angleterre. Car si le puritanisme est né des réformes élisabéthaines, il est aujourd'hui encore connu grâce à la réforme des mœurs qu'il a déclenché et qui a profondément marqué la culture et l'identité des protestants anglais et américains.

Réformer la société anglaise pour l'amener plus près de Dieu : une utopie ou une entreprise concrète ?

Réformer la société est une ambition de tout dirigeant et de toute Église en tout temps. L'ambition déclarée derrière cela est l'établissement d'un meilleur contrôle de la société autour d'un cadre de valeurs et de principes communs. Elle est portée par les gouvernements politiques et/ou religieux. Parler de réforme des mœurs n'apporterait donc aucune valeur ajoutée à cette étude si elle n'était cette fois pas différente, presque révolutionnaire. De fait, elle implique une reconsidération en profondeur de la société anglaise au point où elle est devenue la base de la société britannique dans les colonies de la Nouvelle Angleterre aux dix-septième et dix-huitième siècles. Plus ou moins aboutie et concrétisée de façons variées, elle a pour bases communes d'être portée d'abord par les individus, les familles et les congrégations, avant d'être reconnue et soutenue par l'État, même si cette reconnaissance n'est souvent que partielle et qu'elle évolue avec le temps et les gouvernements.

Cette réforme puritaine s'inscrit sur un principe de base : la vie chrétienne est une affaire de communauté et de famille ; elle se fonde sur les Saintes Écritures et rien ne doit la détourner de la voie de Dieu.

Cette réforme des mœurs est le fruit de la confessionnalisation qui pousse les groupes à prendre position pour la défense de leur foi. Ces derniers s'affirment généralement par leur façon commune de pratiquer cette foi à partir de doctrines et dogmes qu'ils ont, ensemble, déclarés comme les piliers de leur religion. Alors que l'État impose un modèle d'uniformité religieuse, leur prise de position peut apparaître comme une forme d'émancipation du cadre religieux national. Sans pour autant être des séparatistes, ces groupes deviennent différents du courant religieux soutenu par l'Église établie principalement dans la manière dont ils appliquent la religion dans leur quotidien. Jusqu'à la prise de pouvoir politique des puritains dans les années 1640, le puritanisme, qui incite l'État à aller plus loin dans la réforme de l'Église et qui juge que celui-ci n'est pas assez efficace, se transforme en une action parallèle, au sein même de la société. Par les entreprises de certaines congrégations puritaines, la société anglaise entreprend de mener elle-même sa réforme, à son niveau, de l'intérieur. Pour les groupes ayant choisi cette voie, le cadre imposé par l'État passe dès lors au second plan. En effet, leur référence quant à la vie religieuse qu'ils désirent mener a basculé vers ce qu'ils jugent leur unique autorité : la Bible et ses Évangiles.

Antony Fletcher explique, dans son livre *County Community*[1], l'importance de l'influence des élites sur l'ensemble des affaires religieuses : « *The conditions of local society remained the decisive influences on the form of worship employed from village to village.* » Les besoins locaux de la société conditionnent l'application de ses politiques ecclésiales. Il y a donc un réel décalage entre l'Église de l'État et l'Église des villes et villages. La vie religieuse

1. Antony Fletcher, *County Community in Peace and War Sussex*, Londres, Longman, 1975, p. 89.

est indéniablement diversifiée. Dans les villages, les paysans pratiquent généralement la confession de leurs propriétaires terriens. Ce choix est plus naturel que réfléchi, car leur réelle préoccupation n'est pas la manière la plus juste de prier Dieu, mais la manière de s'attirer la bienveillance de leurs propriétaires en n'allant pas à leur encontre tout en montrant leur attachement à Dieu. Le seul lieu de culte auquel ils ont accès est aussi souvent celui de leur propriétaire. En fait, la plupart du temps, les problèmes de confessions sont bien éloignés de leurs préoccupations quotidiennes.

La réforme des mœurs se fait principalement, si ce n'est exclusivement, au sein des communautés, de manière locale. Aucune législation proposée par des membres du Parlement n'arrive à aboutir. Quelques tentatives ont été faites, dans les années 1570, soutenues par des ministres du culte et même des évêques, comme à Rye, dans le sud de l'Angleterre, ou à Northampton. Ces derniers ont réussi à organiser des congrégations autonomes aux normes de vie strictes.

Suite à un incendie à Dorchester, le recteur John White, fonde sa nouvelle Jérusalem et lui donne le nom de « New city on the Hill[1] ». Ces congrégations et même ces villages entiers restent peu nombreux. Elles ne sont pas non plus dissidentes de l'Église d'Angleterre. Elles ne se différencient vraiment que par les règles de vie adoptées par leur communauté, plus strictes et plus religieuses que leurs voisines. Ce sont des îlots puritains discrets.

Les groupes puritains se joignent généralement autour de convenant, sorte de contrat moral et spirituel entre eux et avec Dieu. Ce contrat les engage à respecter un même mode de vie, fondé sur l'application des règles morales et spirituelles posées

1. Spurr, *op. cit.*, p. 74.

dans la Bible, la seule inspiration qu'ils jugent valable. Leur vie quotidienne en est ainsi conditionnée. Ils sont le peuple de Dieu et à ce titre, ils cherchent la Nouvelle Jérusalem, le royaume promis par ce dernier à la fin des temps. En attendant, ils essayent de la recréer à leur échelle humaine au sein de congrégations dans lesquelles leurs principes sont strictement appliqués. Les puritains partis s'installer en Amérique à partir de 1620, appliquent ce principe à son paroxysme.

Imposer leur vision de la religion tout en restant sujet et fidèle du monarque, gouverneur de l'Église établie, exige une détermination indiscutable. Celle-ci est sans doute à l'origine de l'image stéréotypée du caractère radical que l'on prête volontiers aux puritains quand il s'agit de leur mode de vie. En effet, fondamentalement, le puritanisme pousse à retrouver la voie de Dieu en revenant aux sources, autrement dit à la Bible. L'étude de cette dernière et son application à la lettre est une activité assimilée à une quête quotidienne où le – leur – modèle du parfait chrétien se redéfinit sans cesse mais cherche à devenir un exemple pour l'ensemble de la société. La rigidité de leur approche des Écritures et leur application diffèrent et choquent le reste des protestants anglais, mais peu importe ; les puritains sont convaincus que leur voie est la voie à suivre. Ils la codifient progressivement pour en faire ce mode de vie strict, zélé jusqu'à l'extrême, que Ben Jonson et Shakespeare, pour ne citer qu'eux, ont eu plaisir à décrire par plus d'exagération encore, pour faire rire leur public ou l'alerter et le faire réfléchir pour que le pays ne tombe pas dans ce qui apparaît à ce moment-là comme un travers. Car là encore, la perception du « mode de vie puritain » va évoluer jusqu'à devenir le modèle national établi pour l'Angleterre sous le Commonwealth de Cromwell. Cette évolution passe par une affirmation de caractéristiques communes à la manière de pratiquer sa foi au quotidien et dont voici les expressions principales.

Les "Feoffees", une opportunité de fonder de Nouvelles Jérusalem ?

La réforme des mœurs par les puritains a été enclenchée par des congrégations déterminées à vivre, en groupe, une vie fondée sur des principes qu'ils ont identifié comme saints. Cela est plus facile dans le cadre de petites communautés, telles que des villages ou des paroisses. Les réformes de l'État visant à la réorganisation des propriétés et des terres par une gestion dévolue par l'État est une opportunité dont plusieurs communautés puritaines se saisissent pour créer des paroisses à leur image.

Beaucoup d'évêques et de ministres ont perdu des terres et des revenus au fil des réformes depuis Henri VIII. Ces terres restaient parfois vacantes. Elles étaient parfois rachetées pour usage personnel ou pour être replacées sous la gestion de paroisses. Elles sont parfois une source de revenus non négligeable. Lors de son accession au trône d'Angleterre, ces terres sont considérées par le roi Jacques et Richard Bankroft comme une source de revenus supplémentaires pour la couronne qui en a cruellement besoin. Ils pensent les confier à des gérants liés à des paroisses sous le contrôle de l'État. L'idée est ainsi de se réapproprier des terres pour y rétablir le contrôle par le clergé et en tirer des revenus (*Impropriations & Feoffees*). Cette décision suscite immédiatement des réactions parmi certains propriétaires fonciers siégeant aux Communes. Parmi eux, le puritain William Stoughton se permet de suggérer que plutôt que d'être gérées indirectement par la couronne, ces terres pourraient l'être par des communautés autonomes ou par leur racheteur, dans l'intérêt de la population vivant dans le périmètre paroissial de ces terres. L'idée, derrière cette suggestion, est de permettre aux puritains qui arriveraient à en devenir propriétaires d'y établir leur mode de vie et de pensée.

De fait, des petits groupes de puritains arrivent à se rassembler pour répondre aux conditions et établissent des petites communautés gérées par des avocats, des clercs, des ministres et des laïcs. Ils organisent une vie autour de principes calvinistes. Les premières acquisitions foncières (*Feoffees*) apparaissent à partir de 1612 sans cadre légal formel. En 1625, un groupe de 12 puritains composé d'avocats, de laïcs et de ministres rachètent une de ces propriétés vacantes. Ils y nomment prêcheurs et enseignants aux principes ultra-calvinistes autour desquels se regroupe leur communauté puritaine. Ces derniers sont financés avec les revenus de ces terres. Cette forme d'acquisition devient officielle en février 1626. On en trouve dans dix-huit comtés, dont six au moins à Londres[1]. Occupées par des puritains ou pas, ces terres sont rentables. L'État n'entre pas dans leur gestion tant que les individus les occupants se comportent en sujets loyaux. Pourtant, il est clair que ces lieux favorisent le développement de communautés puritaines dans lesquelles peut se pratiquer la réforme des mœurs en plus d'une pratique de la religion plus radicale.

Les *Feoffees* ont permis aux prêcheurs puritains de s'établir durablement au sein des nombreuses paroisses avec le soutien des souscripteurs[2]. Ils ont participé ainsi à l'ancrage du puritanisme dans la société.

1. Fritz, *op. cit.*, p. 244-245.
2. Hall, *op. cit.*, p. 140.

Parmi les familles que l'on retrouve dans ces domaines on peut compter des puritains tels que les Winthrop, les Davenant, ou les Sibbs. Ils jouent déjà ou joueront un rôle considérable dans l'évolution du puritanisme en Angleterre et en Amérique.

William Laud et Peter Heylyn feront des sermons pour dénoncer leurs pratiques trop radicales à leur goût. Ils les qualifient même de schismatiques. Les *Feoffees* sont finalement abolies par William Laud en 1633.

Notons aussi que certains services religieux sont pratiqués dans les demeures des puritains[1], mais ce ne sont pas pour autant des conventicules, réunions secrètes de groupes non-conformistes.

Le puritanisme comme vecteur de principes moralisateurs

Être un chrétien exemplaire, voilà ce que cherche le puritain. Qu'il soit persuadé d'être prédestiné à être sauvé ou qu'il croit qu'il puisse encore pouvoir gagner son Salut – car rappelons que durant les règnes d'Élisabeth Ire, Jacques Ier et Charles Ier, les puritains ne sont pas forcément des calvinistes – le puritain est très attentif à son comportement et à celui des autres. Toute action et chaque moment de la journée sont pensés pour être en adéquation avec sa volonté d'appliquer à la lettre les enseignements des Évangiles, voire de la Bible dans sa totalité. Selon eux, l'Église d'Angleterre n'agit pas assez concrètement dans ce sens. La morale, la discipline et l'ordre sont les piliers de ce qu'ils souhaitent une réforme de mœurs. Ils s'assurent, par la rigueur et l'austérité de la vie qu'ils imposent à la communauté toute

1. Sharpe, *op. cit.*, p. 734.

entière, qu'aucune limite ne sera franchie. Le contrôle de chaque moment de la journée est rythmé par la prière et l'application de la parole divine. Cela ne laisse en théorie pas de place à la fantaisie.

Le caractère puritain est identifié par ses contemporains à mesure que le puritanisme s'affirme. Des tentatives de le définir commencent relativement tôt, avec par exemple, l'intervention de Job Throckmorton au Parlement en 1585. Il parle alors de comportement singulier de style puritain, tel que la détermination à lutter contre le blasphème, l'adultère, etc.[1] Le péché est au centre de ses préoccupations. Nicholas Tyacke rappelle une des caractéristiques les plus visibles de cette obsession en proposant une analyse des prénoms donnés par certaines communautés considérées comme puritaines à partir des années 1580[2]. La tendance est alors de voir une augmentation visible d'enfants baptisés non plus avec des prénoms traditionnels tels que Thomas, John, William, Mary, Jane ou Catherine, mais avec des prénoms plus marqués, reflétant la soumission à Dieu et le refus du péché porté par le puritanisme naissant. Ainsi, trouve-t-on des prénoms tels que *Sin-Deny* (*Refusant le péché*), *Fear-Not* (*N'aies Crainte*), *Sorry-for Sin* (*Désolé d'avoir Péché*) ou encore *Be-Thankful* (*Soies Reconnaissant*) ; sans compter des prénoms tels que *Delivrance, Comfort, Faith, Hope*… Ces nouveaux prénoms sont souvent non-genrés et très évocateurs des messages divins et des traits de caractère attendus d'un bon chrétien. Ils sont supposés être inspirants pour la personne le portant et pour ceux qui l'entourent. Ils étonnent toutefois leurs contemporains comme le démontrent les

1. Hall, *op. cit.*, p. 157.
2. Tyacke, *op. cit.*, p. 104 ; Cambers, *op. cit.*, p. 12.

personnages de théâtre tels que Zeal of the Land Busy chez Ben Jonson, par exemple, qui joue sur l'exagération de ces prénoms pour toujours mieux faire rire et réfléchir.

L'ambition des puritains est de purifier la société du péché en éradiquant le vice tel que l'ivrognerie, la fainéantise, les rapports sexuels hors mariage, l'adultère et même le langage grossier et la vulgarité en générale… Une fois de plus, réformer la société pour en éradiquer le vice n'est pas nouveau. Elle est engagée depuis le renforcement de l'autorité de l'Église sur la population au Moyen-Âge, bien avant la Réforme. Or les réformes religieuses en cours sont l'opportunité de la mener de manière plus efficiente. Les protestants et puritains plus encore, voient comme une mission sainte de mener la réforme des mœurs de la société selon leurs critères et leurs principes.

Les congrégations constituées en communautés de vie dans les villages poussent la lutte contre le vice parfois jusqu'à appliquer une tolérance presque nulle. Le scandale familial ne doit pas exister au risque d'être jugé avec la plus grande des sévérités par l'ensemble de la communauté. Certaines familles sont même renvoyées de la communauté si elles ne se plient pas aux règles. La rigueur de ces mesures de vie semble porter ses fruits. John Spurr le démontre par les chiffres qu'il a trouvés dans les registres de la ville de Dorchester, sous régime puritain depuis la fin du seizième siècle. En une décennie, le nombre d'enfants nés hors mariage a été presque réduit à zéro[1].

Pour autant, le rejet du vice peut aussi passer par des méthodes plus constructives et, pourrions-nous les qualifier, plus curatives et pédagogiques. En effet, il apparaît que les villes et villages constitués de partisans prônant et appliquant les valeurs puritaines ont tendance à mettre en place des systèmes étonnants, fondés sur le

1. Spurr, *op. cit.*, p. 75.

principe de l'utilisation de la source du mal pour le transformer en (res)source vertueuse. Leur lutte contre l'immoralité, par exemple, en particulier l'ivrognerie et la distraction malsaine, les poussent à la création d'hospices, d'ateliers municipaux (« workhouses ») et d'hôpitaux. Ainsi, à Salisbury et Dorchester, les brasseries municipales financent les ateliers pour des travaux au bénéfice de la communauté toute entière[1].

Le puritain et le respect du sabbat

Dans plusieurs paroisses du nord du pays, où le puritanisme est installé, il n'est pas rare que le jour du Sabbat, les jeux et la vente d'alcool soient interdits[2].

Le caractère sacré du sabbat est tel que les puritains jugent le sport, la chasse et toute autre activité considérée comme du loisir comme un sacrilège en ce jour qu'ils estiment exclusivement réservé à Dieu.

En 1626, Charles, qui vient tout juste d'accéder au trône, accepte de considérer un projet de loi interdisant les sports de combats, la consommation d'alcool (Ale) et la danse le dimanche. Il accepte de la valider. Les demandes puritaines sur le respect du sabbat s'apaisent jusqu'en 1633, quand Laud reçoit une pétition qui lui demande d'enlever toute utilisation de l'alcool par l'église pour lever des fonds. Cette tradition datant du Moyen-Âge consiste à vendre de la bière lors de festivités paroissiales dans le but de récolter de l'argent pour les pauvres. Elle est considérée comme une tradition catholique sacrilège car elle pousse à l'ivresse et donc à des mœurs négatives pour la société. Pour Laud, les puritains envahissent le domaine de la juridiction

1. Spurr, *op. cit.*, p. 74.
2. Sharpe, *op. cit.*, p. 357.

ecclésiastique des évêques en imposant de telles restrictions au sein des paroisses. Laud amende en conséquence le Livre des sports pour y ajouter l'autorisation d'organiser ces festivités le jour du sabbat en 1633. En réalité, la controverse des festivités dominicales n'est pas de la seule responsabilité des puritains. Des protestants plus modérés soutiennent le mouvement. Le sabbatarianisme doit être considéré comme l'expression d'un sentiment anti-laudien général, lui-même amalgamé à l'anti-arminianisme, ce qui en fait une réaction qui semble émaner directement du puritanisme qui se développe au sein des localités à défaut du Parlement. Celui-ci n'a toujours pas été convoqué depuis sa dissolution en 1629. Il ne le sera pas durant onze années.

Un nouveau *Livre des sports* est publié en 1633. Il est considéré comme une attaque ouverte envers les puritains. Le *Livre des sports* est une liste officielle des activités autorisée par l'État et l'Église pour la récréation lorsqu'ils ne travaillent pas. Il oblige en effet les sujets du roi à passer leur après-midi après le culte à faire de l'exercice ou à vaquer à des activités de détente. Face au constat de contraintes dans les récréations des sujets dans certaines régions et villages du royaume, le roi voit là l'influence d'un puritanisme de plus en plus présent et exigent au sein des paroisses comme une menace à la paix sociale. Les responsables des restrictions imposées aux fidèles dans la pratique des sports, y compris la chasse, et parfois de simples jeux, sont presque immédiatement associés aux puritains. De fait, les communautés dans lesquelles on retrouve ces derniers ont tendance à inciter les membres de leur communauté à se tenir éloignés, voire leur interdisent de vaquer à des « récréations » le dimanche. Ils considèrent en effet que ce jour doit être exclusivement dédié à Dieu.

Lire et comprendre la volonté de Dieu : le puritain et sa Bible

Le puritain est souvent représenté comme quelqu'un cherchant à éviter le péché à tout prix. Pour lui, la force d'y arriver se trouve dans les Écritures. Le puritain est donc tenu de les connaître parfaitement et d'être capable de les appliquer correctement. La lecture et la réflexion sont dès lors une activité centrale de sa vie.

L'image stéréotypée du puritain plongé dans sa lecture de la Bible devant l'âtre de sa maison entouré de sa famille est somme toute un reflet de la réalité. Andrew Cambers alerte toutefois qu'elle est plus vraie pour les puritains aisés et ayant bénéficié d'une éducation que pour les villageois dans une société rurale[1].

Les puritains ont pour réputation d'entretenir une obsession pour les livres, les textes saints et la lecture, plus généralement, de textes liés à la religion. Ils n'hésitent pas à annoter les pages et à surligner, voire recopier des passages entiers. Andrew Cambers a produit une étude très complète sur le rapport des puritains aux livres et aux textes saints. La Bible est leur première source de lecture. Ils lisent seuls et plus encore en famille ou en communauté, au quotidien. Le foyer familial, la salle commune du village, une forêt valent tout autant comme lieu de lecture et de partage autour de cette dernière que l'église ou la bibliothèque. Cambers démontre que la lecture était vitale dans la pratique du puritanisme. Elle fait partie de son identité. Elle

1. Cambers, *op. cit.*, p. 87.

est une pratique sociale[1]. Elle deviendra caractéristique de la sociabilité puritaine qui se maintiendra jusqu'au dix-huitième siècle en Angleterre et en Amérique.

La lecture est une forme d'engagement religieux individuel et local. Les textes sont destinés à la réflexion individuelle et partagée. Le langage utilisé pour favoriser cela est donc adapté. Les textes guident et inspirent le chrétien jusque dans ses moindres actions. Pour le puritain plus particulièrement, c'est un moment central de partage de la famille et de la communauté autour de la lecture de ces textes dans la vie quotidienne. Les journées et les semaines sont ainsi rythmées par des lectures suivies d'une réflexion personnelle ou en groupe.

L'attachement des puritains à la lecture et au partage des textes religieux se retrouve dans les journaux intimes. Pour le puritain, la Bible est généralement considérée comme le lien direct avec Dieu alors que pour les autres protestants – ou chrétiens, plus globalement – elle est plutôt seulement un ensemble de témoignages qui les guide par l'exemple vers le salut de leur âme. La Bible n'est pas le seul livre à passer de génération en génération. Le *Livre des Martyrs* de Foxe et tout autre texte inspirant sont précieusement conservés dans les familles[2]. Il est caractéristique chez les puritains de léguer sa Bible et autres livres d'une génération à une autre[3].

À l'instar de la famille de Lady Hoby, en 1599, par exemple, les familles se retrouvent le soir pour relire les sermons de la journée ou du dimanche précédent, ou encore pour partager des passages

1. Andrew Cambers, *Godly Reading. Print, Manuscript and Puritanism in England, 1580-1720*. Cambridge, Cambridge University Press, 2013, p. 7.
2. Cambers, *op. cit.*, p. 9.
3. Andrew Cambers, *Godly Reading. Print, Manuscript and Puritanism in England, 1580-1720*. Cambridge, Cambridge University Press, 2013, p. 3,

du *Livre des Martyrs* de Foxe[1]. Dans sa jeunesse, le puritain Symon Patrick, évêque d'Ely, se rappelle des dimanches en famille passés à chanter des psaumes et à relire le sermon du matin[2].

Les sectes qui vont se définir tout au long du dix-septième siècle, vont se dissocier du puritanisme ordinaire en refusant la lecture publique de la Bible, qu'ils jugent souvent comme de l'idolâtrie[3].

Les sermons circulent facilement grâce à l'imprimerie. Dans son livre sur les puritains élisabéthains, Collinson présente un état des lieux des utilisations de ces supports de réflexion spirituelle. Ils sont utilisés par les villages et paroisses ayant décidé de mettre en place une éducation civique fondée sur la religion. Ils proposent souvent des manières concrètes d'appliquer les principes de religion au quotidien, de manière très pratique. Les sermons se transforment ainsi en véritables manuels d'éducation en apportant des recettes pour vivre la parole de Dieu au quotidien dans chaque action de la vie[4]. Parmi les plus populaires se trouvent *Plain Mans Path-way to Heaven* de Arthur Dent ou *Crumbs of Comfort, the valley of tears* et *The Hill of Joy* de Michael Sparks (1623).

Les puritains sont férus de sermons. John Adair écrit qu'ils les « dévorent comme du pain béni[5] ». Ils sont connus pour galvaniser l'assemblée de fidèles. On imagine aisément le ton

1. Joanna Moody (ed.), *The Private Life of an Elizabethan Lady: the Diary of Lady Margaret Hoby*. 1599-1605, Stroud, 1998, p. 22-26 ; voir aussi Cambers, *op. cit.*, p. 91, 100.
2. Alexander Taylor (ed.), *the Works of Symon Patrick, D.D. Sometime Bishop of Ely, Including his Autobiography*, Oxford, 1858, vol. IX, p. 410 ; voir aussi Cambers, *op. cit.*, p. 102.
3. Cambers, *op. cit.*, p. 13.
4. Collinson, *op. cit.*, p. 180.
5. Adair, *op. cit.*, p. 92.

théâtral du prêcheur. Le langage est plus accessible que celui des sermons prononcés par les ministres de l'Église d'Angleterre souvent agrémentés de citations en latin ou en grec. Les sermons étaient souvent notés sur des carnets pour être relus ensuite dans les sphères familiales et amicales. Pour plus d'efficacité, on invente même des méthodes de prises de notes, telle celle de Timothy Bright, *Characterie*, publié en 1588.

L'éducation par le sermon et la réflexion commune

L'éducation est une préoccupation au centre de la vie des puritains.

La lecture à voix haute, en groupe, rend le partage de la religion plus facile, dès le plus jeune âge. Elle a donc un véritable rôle pédagogique pour la diffusion et l'assimilation de cette religion. Les discussions qui s'ensuivent le confirment. Les principes et mœurs puritains qui en découlent en sont d'autant plus affirmés dans les esprits. Ces moments de partage conditionnent la vie de la communauté en la régissant, la définissant et en créant finalement un sentiment d'appartenance pour tous ceux qui y participent. La pratique religieuse devient ainsi pratique sociale et socialisante. Ces lectures cimentent les groupes puritains et alimentent leur résistance et leur développement.

Les sermons des prêcheurs sont là pour dicter et rappeler les règles de vie. Celles-ci sont fondées sur le principe de la nature de l'être commandée par Dieu et sont dictées dans les leçons de la Bible. Le sermon ou sa (re)lecture est un événement pour le groupe. Celui-ci va le commenter, se l'approprier en le réécrivant et en le partageant probablement ensuite au sein de son foyer familial.

La réflexion du puritain passe aussi par les réactions qu'il partage en famille et avec sa communauté sur la société et la politique du royaume. Celle-ci se fait à l'oral, lors des moments de lecture ou à l'heure du culte, mais aussi par écrit, avec la publication de pamphlet ou de réponses aux pamphlets. Les débats se font souvent par voie de presse. Ce phénomène devient important dans les années 1640. Pour l'année 1642, plus de deux mille pamphlets auraient été publiés[1].

La réflexion religieuse passe aussi beaucoup par l'écrit de journaux et d'autobiographies. Les puritains en font une occupation commune. Les résultats sont souvent publiés pour mieux diffuser les exemples de cheminement spirituel. Pour Cambers, ceci est là encore une caractéristique culturelle puritaine affirmée[2].

Le puritain face à lui-même

L'examen de soi est chose courante chez les puritains. Certains rapportent leurs pensées et actions dans des journaux personnels. Les journaux de Lady Hoby, William Bradford ou encore Richard Roger[3] reflètent le parcours personnel du puritain dans sa vie religieuse. La peur du péché est omniprésente. Le contrôle de soi est particulièrement pour lui un travail de chaque instant pour ne pas tomber dans le péché. La pression de la communauté est constante. Cela est encore plus vrai dans les villages et petites communautés où tout le monde se connaît et se côtoie sans cesse. Elle participe à l'image de rigidité et d'austérité du puritain car il vaut mieux ne rien montrer, ne rien laisser paraître pour ne pas susciter de jugement. L'homme et la femme semblent être soumis à ces pressions de manière égale.

1. Cottret, *Cromwell*, p. 100.
2. Cambers, *op. cit.*, p. 9.
3. Cité dans Adair, *op. cit.*, p. 93.

Certains puritains « renaissent » dans leur vie de chrétien. Cette renaissance ou régénération est alors décrite dans leurs journaux ou dans diverses réflexions telle celle de Samuel Clark, *Lives of Eminent Divines* (1683). Il y cite l'exemple du puritain Initius Jurdain, maire d'Exeter, mort en 1640 et qui aurait connu cette renaissance à l'âge de soixante-cinq ans[1].

Une réforme qui remet les principes fondamentaux de la société en question et qui replace la famille et le rôle des parents au centre

La question de la prédestination influe sur l'ensemble de la vie que le puritain doit mener, de sa naissance jusqu'à sa mort. La manière dont l'enfant doit être élevé et nourri, y compris allaité, est régi au sein de la réforme des mœurs des puritains. Les femmes sont, en effet, responsabilisées dans la conservation de la pureté de l'esprit de leurs enfants. Elles sont donc enjointes à allaiter elles-mêmes leurs nourrissons plutôt que de les confier à d'autres femmes pour s'assurer qu'ils ne seront pas pervertis par une autre[2]. Là encore, ils trouvent la justification de ces prises de position dans les Écritures et textes sacrés. L'exemple, pris dans la Bible, de Sarah et de l'enfant qu'elle crut ne jamais pouvoir avoir, est ainsi utilisé pour justifier le devoir des mères de nourrir elles-mêmes leur enfant par le ministre William Gouge dans son traité *Of Domesticall Duties* (1622)[3]. L'ordre naturel lié

1. Alexandra Walsham, "Second birth and the spiritual life cycle in Protestant England", in Vine, Emily, Whitehouse, Tessa (eds.), *Religion and Life Cycles in Early Modern England*, Manchester, Manchester University Press, 2021, p. 25.
2. Lauren Cantos, "Maternal Breastfeeding: providence and advocacy in seventeenth-century sermons and prescriptive literature", in Vine, Emily, Whitehouse, Tessa (eds.), *Religion and Life Cycles in Early Modern England*, Manchester, Manchester University Press, 2021, p. 65, 67, 69.
3. Cantos, *op. cit.*, p. 69, 80.

au genre, autrement dit les devoirs naturels de l'homme et de la femme, est mis en avant lors des sermons. Il doit être respecté au quotidien et à tout âge, car il est insufflé de manière innée par Dieu. Aller à l'encontre de sa nature reviendrait à renier Dieu, plus encore si cela est fait par confort ou pour la raison que la personne a les moyens financiers pour se le permettre.

La réforme des mœurs s'attaque aussi à la prostitution et à la danse. Entre 1570 et 1610, neuf projets de loi sont présentés au Parlement sur la question des enfants nés hors mariage. Ils sont soutenus par des partisans puritains[1].

Dans la même logique, et sous l'influence de puritains, le Parlement vote régulièrement des amendes et des punitions corporelles en réponses aux demandes de plus en plus nombreuses d'actions contre l'abus d'alcool ou le fait d'avoir juré en public. En 1592, la ville de Lancaster bannit les comportements intolérables ayant lieu dans les tavernes, dans les arrières court[2].

Conclusion : de la réforme puritaine des mœurs en Angleterre à l'invention d'une culture protestante britannique

La réforme des mœurs impulsée par les puritains à partir de la fin du seizième siècle s'est développée au fil des années. Au début du dix-huitième siècle, elle n'est plus identifiée alors comme « puritaine » mais elle y est pourtant très similaire. Elle motive la création de sociétés dédiées, telles que la *Society for Reformation of Manners* ou la *Society for the Propagation of Christian Knowledge.*

1. Key & Bucholz, *op. cit.*, p. 117.
2. R.W. Hoyle, "Advancing the Reformation in the North: Orders from York High Commissions, 1583 and 1592", *Northern History* 28 (1992) ; voir aussi Key & Bucolz, *op. cit.*, p. 117.

Ces sociétés sont créées à Londres, Édimbourg ou en encore en Nouvelle Angleterre. Leur ambition est fort similaire à celle des puritains et aux valeurs morales défendues par le puritanisme. La religion y est centrale. Elles luttent contre les vices de la société telle que le non-respect du jour du seigneur, l'immoralité, l'ivrognerie, le blasphème, la débauche, etc.[1] Elles se fondent sur des initiatives privées ou sur les lois des divers monarques. Si ces initiatives de réformes sont acceptées et défendues jusqu'au niveau de l'État britannique au dix-huitième siècle, c'est bien le résultat des transformations enclenchées par les protestants anglais attachés à faire de la société anglaise une société fondamentalement protestante dès la fin du règne élisabéthain. Ses racines religieuses dites alors « puritaines » ont évolué pour devenir simplement celles d'un protestantisme culturel anglais, accepté par la majorité. Le terme « puritain » en est devenu un adjectif référent à une identité culturelle stéréotypée, faisant presque oublier sa dimension religieuse d'origine. Ceci est encore plus vrai si l'on considère l'évolution du puritanisme anglais en Amérique. Revenons sur les transformations du puritanisme anglais face aux opportunités du « nouveau monde » de l'Amérique.

1. Voir par exemple Josiah Woodward, *Account of the Progress of the Reformation of Manners, in England, Scotland, and Ireland, and Other Parts of Europe and America*, Londres, Joseph Downing, 1704.

II
L'Europe continentale et les Amériques, terres d'exil pour les puritains anglais ?

Le puritanisme anglais des années 1559-1642 n'a pas uniquement évolué sur le sol anglais. Ses transformations se sont faites en partie au contact des protestantismes étrangers sur l'île britannique et sur le continent européen. L'Europe a été tour à tour terre d'inspiration et terre d'exil. Le puritanisme a ainsi pris une dimension internationale qui a motivé une partie des puritains à choisir la dissidence, voire le sectarisme. Ils ont alors été poussés à l'exil, volontaire ou forcé. Les Pays-Bas furent leur destination privilégiée. La Nouvelle Angleterre, dans le Nouveau Monde aux Amériques devint finalement leur Terre promise.

Le puritanisme anglais s'est alors transformé en une nouvelle culture religieuse, marquée sur le plan identitaire, désormais associée à la culture protestante nord-américaine. Car le puritanisme américain dont les États-Unis ont fait un véritable mythe des origines à travers l'image des Pères pèlerins, ou Pères fondateurs, était bien au départ, une forme de puritanisme anglais. Nous ne pouvons donc aborder la question des transformations du puritanisme anglais sans le regarder dans sa dimension internationale.

Ce chapitre revient sur les raisons qui ont poussé les puritains anglais, dont une partie était exilée en Hollande et en France sous prétexte d'être persécutée par le roi et son Église, à partir pour concrétiser leur « rêve puritain américain » de faire de la Nouvelle Angleterre une Nouvelle Jérusalem. Il montrera comment ces communautés puritaines ont ainsi créé de nouvelles branches du puritanisme anglais tout en lui permettant de s'ancrer durablement dans la société américaine naissante.

De l'installation des puritains anglais aux Pays-Bas

> *Dès qu'ils comprirent qu'ils n'avaient aucun avenir en ces lieux où leur tracas était si grand, ils décidèrent d'un commun accord de se rendre aux Pays-Bas. On disait que là-bas, la liberté de religion était accordée à tous.*[1] (William Bradford)

La quête de liberté pour pratiquer la religion serait donc la raison qui, selon William Bradford, a poussé plusieurs congrégations de puritains anglais à quitter leur pays pour s'installer aux Pays-Bas durant le règne jacobéen.

William Bradford fera la narration des pérégrinations de ce groupe de puritains jusqu'en Amérique où il deviendra leur gouverneur. Son témoignage, dans la pure tradition puritaine de l'écriture de mémoires, retrace l'aventure des

1. William Bradford, *Of Plymouth Plantation*, chapitre 1, traduit en français par Lauric Henneton, Sabrina Juillet, Michael Mariaule, Brian Valès, in Henneton, Lauric (ed.), *Histoire de la colonie de Plymouth. Chroniques du Nouveau Monde (1620-1647)*, Genève, Labor et Fidès, 2004, p. 64.

« Pères pèlerins » dans la baie du Massachussetts. Il explique les raisons de leur départ, d'abord pour la Hollande puis pour la Nouvelle Angleterre.

Il est donc de ces puritains qui ont quitté l'Angleterre avec leur famille et leur congrégation suite à ce que ces derniers considèrent alors comme une persécution du gouvernement envers les protestants du royaume refusant de suivre le modèle imposé par l'Église établie. Selon les mots de Bradford, ce choix de l'exil est en effet le sacrifice de gens qui n'ont pas eu d'autre choix que de tout abandonner pour se donner une chance de pratiquer librement leur religion :

> *Qu'ils fussent obligés de la sorte à quitter leur mère patrie, leurs terres, leurs revenus, tous leurs amis et leurs proches étaient déjà un comble : d'aucuns considéraient que c'était même extraordinaire. Mais pour partir pour un pays qu'ils ne connaissaient que par ouï-dire, où il leur faudrait apprendre une nouvelle langue et trouver des revenus sans qu'ils sachent comment, un pays où, de surcroît, le coût de la vie était cher et où ils subiraient les affres de la guerre… voilà qui, pour beaucoup d'entre eux, constituait une aventure presque sans espoir, une épreuve insupportable et une souffrance pire que la mort*[1].

Ces premières pages du journal de Bradford, placent leur épopée dans la lignée des martyrs de Foxe. D'ailleurs, Bradford cite ce dernier et n'hésite pas à reprendre son style en faisant à son tour la narration des persécutions des protestants :

1. Bradford, *op. cit.*, chapitre 2, p. 65.

> *Aux morts sanglantes et aux tourments cruels succédèrent les emprisonnements, bannissements et autres sévices par lesquels le Malin a cherché à empêcher que son empire ne s'effondre, que la vérité ne triomphe, et que les Églises de Dieu ne retournent à leur ancienne pureté et recouvrent l'ordre, la liberté et la beauté de leur état primitif*[1].

Ces puritains se disant contraints à l'exil s'affirment, par leur action de changement de vie radicale, comme des groupes désormais en complet désaccord avec la politique religieuse jacobéenne. Tel le peuple de Moïse fuyant l'Égypte, ils cherchent leur Terre promise[2] pour pratiquer librement leur foi. Ils la croient d'abord en Hollande.

Le départ se fait de toute évidence dans la souffrance de quitter leur lieu de vie, leur famille et amis, mais aussi avec grande difficulté : à cette époque, il était interdit de sortir du pays sans autorisation officielle. Celle-ci n'est alors pas accordée aux catholiques et aux protestants dissidents[3]. Une partie des congrégations arrivent toutefois à obtenir des laisser-passer grâce à des relations haut placées. Les autres partent clandestinement.

Dissidence, non conformisme, autant de désignations souvent anachroniques qui qualifient le mouvement puritain réfractaire à appliquer le modèle imposé par l'Église d'Angleterre et qui finissent par faire le choix de quitter le royaume prétextant un sentiment de persécution. Parfois exagéré, ce sentiment reflète toutefois une certaine réalité. Les Canons de 1604 ont participé à motiver certaines congrégations de puritains à

1. Bradford, *op. cit.*, chapitre 1, p. 57.
2. Bradford, *op. cit.*, chapitre 3, p. 73.
3. Henneton, Lauric (ed.), *op. cit.*, p. 66.

se séparer de l'Église d'Angleterre et à s'exiler à l'étranger[1]. Les groupes puritains refusant de suivre les instructions de l'Église établie sont poursuivis. Ainsi, par exemple, Richard Clyfton, prêcheur à l'église de Babworth, passe au tribunal en 1605 pour non conformisme. Il refuse en effet d'utiliser le *Livre de la prière commune*, ne porte pas le surplis et ne se signe pas de la croix lors des cérémonies de baptême. Il perd sa rente et doit quitter Babworth[2]. Pourtant, ceux refusant de se conformer restent peu nombreux. Ils le sont encore moins à entrer en dissidence complète. John Smyth est un de ces rares dissidents les plus emblématiques. Ce prêcheur de la paroisse de Gainsborough est jugé en 1606 à la Cour royale. Il décide en conséquence de quitter le pays et de se réfugier avec sa congrégation à Amsterdam, où se trouve déjà une autre congrégation de puritains anglais, celle des *Ancient Brethren*, dirigée par les « brownistes » Robert Browne, Francis Johnson et Henry Ainsworth[3], originaires de Londres.

La paroisse de Scrooby Manor voit se former elle aussi une congrégation puritaine, dirigée par John Robinson et William Brewster. John Robinson arrive rapidement à regrouper autour de lui de nombreux puritains. Ensemble, ils se radicalisent face à ce qu'ils considèrent comme l'insuffisance de leur monarque à réformer correctement leur Église. Sa diplomatie impliquant une bienveillance évidente avec le monde catholique déplait finalement plus qu'il ne fait peur. Les puritains se sentent comme dans un carcan religieux qui ne leur correspond pas ou plus. William Bradford écrira dans son journal que l'hostilité du

1. Fritz, *op. cit.*, p. 69.
2. Keith Cheetham, *On the Trail of the Pilgrim Fathers*, Édimbourg, Luath Press, 2001, p. 28.
3. Keith Cheetham, *op. cit.*, p. 40. Voir aussi Collinson, *op. cit.*, p. 198.

gouvernement anglais envers leurs congrégations était sensible au quotidien. Il parle même de haine envers elles, au point de les faire se sentir persécutées[1].

De fait, plusieurs membres de la congrégation, dont Robinson et Brewtser sont jugés et emprisonnés un mois au château de Lincoln en 1607. N'étant pas autorisés eux non plus à pratiquer leur foi selon leurs critères, ils décident à leur tour de quitter l'Angleterre. Ils sont ainsi une soixantaine à partir[2]. Parmi eux se trouve William Bradford, qui n'a alors que dix-huit ans. Ils partent de Boston pour rejoindre Amsterdam. Ils s'installent auprès de Smyth et de sa congrégation baptiste, installée là-bas depuis 1581.

Les Pays-Bas sont une terre protestante, calviniste, qui accueille à bras ouverts les exilés des persécutions religieuses. Le pays est réputé pour être relativement paisible à partir de la trêve avec l'Espagne qui a été signée en 1609. Les congrégations puritaines s'y établissent facilement.

La congrégation dite d'abord « de Scrooby » s'établit en un groupe qu'ils nomment les *Frères de la séparation de la première Église d'Angleterre* (*Brethren of the Separation of the First English Church*). Ce choix de nom affirme leur statut de groupe séparatiste de l'Église d'Angleterre. Ils s'installent ainsi et refont leur vie comme petits marchands et artisans. Quelques-uns, à l'instar de Brewster, donne des cours d'anglais. Brewster tient aussi une presse qui lui permet d'imprimer des tracts brownistes, entre autres.

1. Bradford, *op. cit.*, chapitre 1, p. 56-57.
2. Keith Cheetham, *op. cit.*, p. 35.

La littérature puritaine fleurie en Hollande au contact des congrégations exilées. Cette littérature en est le reflet. Le livre *The Perth Assembly,* publié en 1619 à Leyde en est un parfait exemple. Ce livre fait le lien entre les politiques religieuses de Jacques VI & Ier en Écosse et en Angleterre afin de démontrer combien celles-ci sont en contradiction avec une réforme des Églises pour un retour à l'Église primitive de Dieu. Ce genre de livres circulent librement sur le continent alors qu'ils sont interdits en Angleterre. De nombreux écrits sont aussi envoyés clandestinement de l'île pour être imprimés avec le soutien de ces congrégations anglaises sur le continent. William Brewster est devenu un des imprimeurs les plus productifs de Leyde. Ces éditions sont ensuite renvoyées en Angleterre pour y être diffusées tout aussi clandestinement. Les communautés émigrées puritaines/presbytériennes anglaises et presbytériennes écossaises de Leyde et Sedan, par exemple, deviennent de véritables plateformes de circulation d'écrits interdits sur l'île britannique.

Au bout d'une année, la congrégation de John Robinson[1] juge pourtant qu'Amsterdam n'est pas le lieu idéal pour elle. Un des arguments donnés est que leurs enfants ne peuvent grandir correctement dans la foi de Dieu dans ce lieu où la jeunesse est trop libre à leur goût. Bradford nuance cet argument en mettant plutôt en avant les différences de points de vues avec l'autre église de la paroisse. Il explique en effet qu'« ils étaient déjà en conflit ouvert avec l'église locale fondée avant leur arrivée[2] ».

1. Collinson, *op. cit.,* p. 199-200.
2. Bradford, *op. cit.,* chapitre 3, p. 71.

Ces puritains prônent un mode d'éducation strict et craignent que leurs enfants prennent de mauvaises habitudes. La raison moins avouable est qu'ils n'arrivent pas non plus à s'intégrer au sein de la congrégation des *Ancient Brethren*. Des tensions entre certains membres sont devenues difficiles à gérer. Robinson propose de déménager à Leyde. Le 12 février 1609, il obtient l'autorisation du bourgmestre de s'installer avec toute sa congrégation[1]. Bradford explique combien cette congrégation se réjouit alors de s'installer, pour ce qu'ils espèrent durablement, à Leyde, sous l'autorité de John Robinson et William Brewster. Ils y resteront toute une décennie.

Leur vie à Leyde semble répondre à leurs espérances. Bradford raconte combien leur intégration est un succès, au point de devenir un exemple pour les autres puritains en exil. Il écrit :

> *Leur savoir devint de plus en plus grand, l'Esprit de Dieu leur fit don de ses grâces et, tandis qu'ils vivaient ainsi dans la paix, l'amour et la sainteté, nombreux furent ceux qui vinrent de diverses régions d'Angleterre pour se joindre à eux, si bien qu'ils en arrivèrent à constituer une très grande communauté.*[2] »

Leur succès fait des émules. Bradford suggère par cette réflexion qu'ils sont l'objet d'observations des puritains depuis l'Angleterre et que ces derniers sont convaincus que ce nouveau choix de vie et de pratique de la religion vaut la peine malgré tous les sacrifices qu'il implique.

1. Cheetham, *op. cit.*, p. 41.
2. Bradford, *op. cit.*, chapitre 3, p. 72.

Malheureusement pour eux, la trêve entre l'Espagne et les Pays-Bas se termine en 1621. Sur leur décision de quitter les Pays-Bas, Bradford écrit :

> *Ils arrivèrent progressivement à la décision qu'il leur fallait partir. Loin d'être le fruit de leur lubie ou de ces envies écervelées qui conduisent bien souvent les hommes à endurer de grandes souffrances et courir de graves dangers*[1]*…*

Plus encore que la guerre avec l'Espagne, c'est de nouveau l'avenir de leurs enfants qu'ils semblent ne plus arriver à envisager sereinement. Lorsque Bradford écrit cette fois qu'« ils voyaient leur descendance risquer de se corrompre et de dégénérer[2] », il est clair que les membres de sa congrégation n'arrivent toujours pas à accepter le caractère trop libre, autrement dit insuffisamment pieux à leur goût, de la jeunesse hollandaise. Ils craignent que leurs enfants soient pervertis et qu'ils en oublient les valeurs strictes du puritanisme telles que prônées par leur congrégation. Si les Pays-Bas sont une terre d'accueil des dissidents protestants anglais, elle est de toute évidence hermétique à leur envie de réforme des mœurs.

La congrégation de Robinson décide de revenir en Angleterre sans pour autant prévoir d'y rester longtemps. John Robinson reste à Leyde auprès des membres de sa congrégation ne pouvant ou ne souhaitant entreprendre un nouveau voyage. Le groupe rentrant en Angleterre est confié à William Bradford.

1. Bradford, *op. cit.*, chapitre 4, p. 76.
2. Bradford, *op. cit.*, chapitre 4, p. 78.

Le rêve américain

Dès que la décision de repartir pour l'Angleterre est prise, le groupe réfléchit à une nouvelle destination car les persécutions existent toujours dans leur pays natal et ils n'ont aucune intention de renoncer à fonder leur Nouvelle Jérusalem. Ils cherchent un nouveau monde d'une pureté absolue où ils pourraient établir l'Église invisible, à travers leur Église, visible, constituée des élus de Dieu dont ils se disent les représentants[1].

Afin de faire de ce rêve une réalité, les membres de la congrégation font appel aux dons pour financer leur nouveau voyage. Dans le même temps, John Carver, un de ses membres, entreprend des négociations avec Edwin Sandys, le directeur de la *Virginia Company.* La congrégation pense en effet partir s'installer dans le nouveau monde pour y trouver sa Terre promise et y fonder sa Nouvelle Jérusalem. William Brewster connaît Sandys ; ce dernier appuie le projet. Les négociations se font donc avec les marchands. Cette colonie doit exister dans les règles pour pouvoir vivre légalement sur les terres royales de la Nouvelle Angleterre. L'argument de colonie commerciale plutôt que religieuse joue en leur faveur.

Les puritains de Leyde obtiennent finalement le soutien de la compagnie mais aussi du gouvernement. En effet, ils sont séparatistes en religion mais n'en restent pas moins sujets respectueux du roi. Ils obtiennent une patente commerciale royale. Cette patente royale destinée à un établissement sur les territoires de la Virginie n'inclut pas la tolérance religieuse[2]. Le

1. S. Morgan, *Visible Saints: The History of a Puritan Idea*, New York, Cornell, 1963, chap. 1.
2. Bradford, *op. cit.*, livre I, chapitre 5, p. 84.

cas contraire aurait été une forme d'encouragement de l'État envers la dissidence. Automatiquement, leur projet implique donc désormais des investisseurs et des marchands. Ils vont devoir travailler et vivre avec eux, car leur contrat implique la présence de familles de planteurs devant faire fructifier le commerce transatlantique anglais. C'est donc ainsi, en tant que sujets et membres de l'Église établie d'Angleterre, qu'ils partent pour l'Amérique, pour s'installer dans le nord de la Virginie, dans la région de la Nouvelle Angleterre. Celle-ci vient d'être fondée par l'aventurier John Smith, qui y a investi en 1614.

Ces terres éloignées du « Nouveau monde » sont alors peut-être comme la solution pour les puritains, pour continuer à servir leur monarque malgré leurs différends religieux, car certes dissidents, ils n'en restent pas moins des fidèles sujets du monarque anglais. L'idée de s'installer dans cette région du monde avec l'espoir de pratiquer librement sa religion n'est pas nouvelle. Cette destination avait déjà été évoquée sous le règne d'Élisabeth comme solution pour se débarrasser des opposants à l'Église établie. Avec le renforcement des mesures envers la non-conformité en 1584, les puritains sont poussés à considérer l'exil, car celui-ci vaut mieux moralement que l'expulsion. La pression est faite par le conseil privé, qui émet une série de déclarations menaçant le bannissement du pays de ceux refusant d'assister au culte dans leur paroisse. Les brownistes sont alors les principaux visés. Le ministre Richard Hakluyt suggère à ce moment-là à la reine d'envoyer ces récalcitrants en Amérique. L'Angleterre essaie alors de créer une colonie qui est appelée la Virginie. Hakluyt est persuadé que c'est là un moyen de faire cesser leur mauvaise influence en Angleterre tout en peuplant ce territoire d'Anglais, qui n'en restent pas moins des protestants. Il juge que leur radicalisme, voire leur intransigeance religieuse rendrait finalement service à l'Angleterre en garantissant l'établissement du protestantisme jusqu'au sein des tribus de sauvages[1].

De même, un certain Christopher Carleil tenta ainsi de convaincre quelques congrégations de s'installer dans la colonie d'Amérique pour pouvoir pratiquer librement leur conscience[2]. Or, la distance et l'inconnu font peur. Les propositions rencontrent alors peu d'engouement. La présence de puritains dans la colonie de Virginie n'est pas évidente, y compris à partir du moment où celle-ci se développe avec l'établissement de la plantation jacobéenne et la fondation de Jamestown, en 1607. Quant aux puritains de la congrégation de Leyde, le destin, ou la grâce de Dieu, ne les amènera pas non plus en Virginie comme ils l'espéraient. Leur voyage est dévié très au nord de leur route. Cela leur donne l'opportunité de fonder leur propre colonie, en toute autonomie, loin du contrôle des hommes du roi.

La congrégation de Leyde ne semble pas effrayée par les dangers qui l'attendent. Les récits d'attaques des sauvages d'Amérique à Jamestown ne les freinent pas. Pour eux, il semble tout aussi dangereux de rester en Europe. Bradford écrira sur la réflexion faite par sa congrégation au moment de faire le choix de partir pour l'Amérique ou de rester aux Pays-Bas :

1. Adair, *op. cit.*, p. 109.
2. Adair, *op. cit.*, p. 109, 110.

> *L'Espagnol pouvait se montrer aussi sauvage que les sauvages d'Amérique, et la famine et la pestilence aussi destructrice ici que là-bas. Quant à leur espoir de liberté, ne serait-il pas alors plus mince encore ?*[1]

La situation en Hollande vaut, par ses dangers, celle des territoires vierges de Nouvelle Angleterre, mais selon Bradford, les puritains pourraient y pratiquer leur foi librement là-bas, alors que les Espagnols, de nouveau prêts à reprendre les Pays-Bas, risquent d'anéantir tous leurs rêves de liberté. La décision est donc prise de rentrer en Angleterre où leur départ pour l'Amérique pourra être organisé.

L'épreuve du voyage

Lorsque les membres de la congrégation de Leyde arrivent en Angleterre à bord du *Speedwell*, tout est quasiment prêt pour leur départ pour l'Amérique. Le second navire prévu pour le voyage, le *Mayflower*, les attend déjà à Plymouth. Thomas Weston a, en effet, négocié les deux bateaux ainsi que les termes du contrat avec la *Virginia Company*. Or ces termes ne conviennent pas à Carver et Cushman. De plus, il manque de l'argent pour les provisions. Le départ doit être reporté le temps que ces problèmes soient résolus.

Les négociations avec la *Virginia Company* reprennent. Un accord est trouvé. Quelques fonds supplémentaires sont récoltés auprès d'investisseurs et surtout de congrégations soutenant le projet, et dont l'espoir est de rejoindre prochainement l'Amérique à leur tour. Les deux navires entament finalement leur voyage. Or, à peine sorti du port de Plymouth, le *Speedwell*

1. Bradford, *op. cit.*, p. 81.

prend l'eau. Les puritains doivent se résoudre à l'abandonner et se regroupent sur le *Mayflower*. Le nouveau départ se fait finalement le 16 septembre 1620.

Les puritains représentent 35 des 102 passagers. Parmi eux se trouvent John Carver, William Brewster, William Bradford et Edward Winslow. Ils voyagent avec femmes et enfants. Les autres passagers sont des colons – aussi appelés planteurs – ou des aventuriers. Bradford les appelle les « étrangers » (« strangers »).

La traversée est périlleuse. Un serviteur, William Button tombe à l'eau et se noie durant une tempête. Le groupe accueille le petit Oceanus Hopkins. La naissance et la mort sont ainsi vécus par des groupes de gens aux modes de vie très différents. La cohabitation est difficile. Les puritains sont à part et agacent les autres passagers qui n'ont pas forcément envie de mener la vie stricte que ces derniers imposent. Le capitaine Christopher Jones arrive à maintenir un semblant de paix, mais la fin du voyage connaît des tensions. Celles-ci sont amplifiées lorsque les passagers se rendent compte que les hauts fonds ont fait dévier le trajet et que leur destination se trouve désormais à plusieurs centaines de miles de celle prévue à l'origine. Le groupe prend alors conscience qu'il ne bénéficiera pas de la protection des soldats du roi basés en Virginie et qu'il sera en autonomie totale dans un lieu inconnu.

Le *Mayflower Compact* : l'acte de naissance du puritanisme américain ?

Le *Mayflower* accoste enfin en Nouvelle Angleterre, le 26 décembre, à plusieurs centaines de kilomètres de là où il avait été prévu qu'il arrive. Un soulèvement se serait alors produit à bord, motivant Winslow et ses compagnons à rédiger un accord qui deviendra historique, le *Mayflower Compact*. Ce contrat a pour objectif d'offrir une base pour gouverner la colonie en l'absence de représentant de l'autorité royale. Il est le résultat d'une situation qui arrange bien les puritains. C'est en fait un convenant établi dans la tradition puritaine de l'organisation d'une société autour de principes commun, avec Dieu pour témoin.

Le *Mayflower Compact* est considéré aux États-Unis comme le texte le plus emblématique dans la construction du mythe des origines du peuple américain et de la naissance de la démocratie américaine. Son origine et son contenu n'ont pourtant pas matière justifiant cette revendication. Il a été signé à bord du *Mayflower*, de manière tout à fait opportune. Ce contrat a avant tout été élaboré pour prévenir toute tentation anarchiste. En effet, il s'agit plus d'« une mesure d'urgence » face aux menaces séditieuses d'une partie des passagers alors qu'il était devenu évident qu'ils allaient débarquer dans une contrée inconnue, loin des colonies de Virginie et de Nouvelle Angleterre[1]. Il établit les règles de vie de la colonie et affirme l'autonomie de l'administration de cette dernière dans le cadre de son éloignement des autorités royales sans pour autant la remettre en question. Pour les puritains, c'est aussi un moyen d'organiser le

1. Introduction, Henneton, *op. cit.*, p. 28-35.

groupe selon leur principe et d'en devenir les dirigeant directs. Par ce contrat, les puritains réussissent un tour de force. Tout en ménageant les susceptibilités des passagers non puritains par l'établissement de principes de gestion acceptables pour tous, ils prennent ainsi la direction de la nouvelle colonie.

Par l'accord du *Mayflower Compact,* la colonie qui accoste au Cap Cod et s'installe dans la baie de Plymouth, en devient de fait une colonie puritaine régie par des puritains, fondée sur un mode de vie strictement religieux, alors même que les puritains ne représentent alors qu'à peine un tiers du groupe.

Si le *Mayflower Compact* est à tort considéré comme l'acte fondateur de la démocratie américaine, il doit l'être légitimement comme celui qui a permis au puritanisme anglais de se transformer en un puritanisme américain.

La Terre promise de la baie de Plymouth

Les conditions d'arrivée de la colonie l'ont ainsi établie sur les bases d'une société autonome au caractère puritain affirmé. Les rédacteurs du covenant, Winslow en tête, s'assurent que les règles sont appliquées en prenant la gouvernance du groupe. Face à l'unité des puritains, les planteurs de la colonie ne peuvent reprendre la main. Les principes et mœurs puritains s'imposent presque immédiatement comme modèle de vie à toute la communauté.

À peine débarqués, fin décembre, ils construisent une maison commune pour que la congrégation puisse se rassembler[1]. Ce bâtiment symbolise leurs priorités : ils l'érigent avant même la construction de protections contre les attaques éventuelles des indiens, qu'ils savent pourtant à proximité.

La première année est extrêmement difficile. Ils sont décimés de moitié par le froid puis les moustiques dès les premiers mois. Il leur est presque impossible de planter le blé qu'ils ont réussi à amener d'Angleterre. Leurs espoirs d'obtenir une récolte qui leur permettrait de survivre sont quasiment vains. Les indiens finissent par les aider. Le tribut payé par ceux que l'histoire retiendra sous le nom des « Pères pèlerins d'Amérique » est énorme. Pourtant, ils persistent dans leur conviction que ce nouveau monde est leur Nouvelle Jérusalem. Leurs malheurs depuis leur départ ne sont pour eux que le passage obligé que Dieu leur impose pour y arriver. L'ensemble des mémoires de Bradford sont là pour en témoigner.

Les lettres de William Bradford et d'Edward Winslow sont envoyées dès que cela est possible en Angleterre pour informer les autres congrégations d'Angleterre et à Leyde de l'évolution de la colonie. Elles motivent une migration de l'Angleterre vers Plymouth.

L'exemple des puritains de la désormais appelée « colonie de Plymouth », installée dans le Massachussetts, suscite en effet de plus en plus d'admiration en Angleterre. Des vagues de migration de puritains s'ensuivent dès la seconde année après leur installation. De nouveaux groupes commencent à arriver à partir de 1623. Edward Winslow est reparti pour

1. Bradford, *op. cit.*, livre 1, chapitre 10, p. 122.

annoncer l'installation de la colonie à ses coreligionnaires restés en Angleterre. Il revient au début de l'année 1624 à bord du navire *Anne*. Il devient immédiatement une figure au sein de la colonie et en prend le gouvernement. William Bradford le seconde avant de le remplacer. Ils se considèrent comme les représentants de la nouvelle Église de la plantation de Plymouth.

New Plymouth est officiellement fondée. Naissent alors de nouvelles tensions. Cette Église est de toute évidence séparatiste alors qu'elle clame être toujours sous l'autorité de l'Église d'Angleterre. Les dissensions s'affirment. Des sous-groupes se forment et finissent par se dissocier. Ils sont poussés à partir ou quittent d'eux-mêmes la colonie pour s'installer ailleurs, jusqu'à plusieurs dizaines de kilomètres de New Plymouth. La ville de Boston est fondée dix ans après l'arrivée des premiers puritains. Elle se développe très rapidement.

Parmi les puritains à l'origine de congrégations qui migrent en Nouvelle Angleterre ou qui maintiennent des liens avec ces colonies, nous retrouvons des descendants d'exilés mariaux tels qu'Edwin Sandys ou Thomas Wroth[1].

Les premières grandes vagues de migrations de puritains vers la Nouvelle Angleterre coïncident avec le règne personnel de Charles Ier. Entre 1629 et 1640, près de 60 000 puritains traversent ainsi l'Atlantique pour s'installer dans cette colonie anglaise, loin de la couronne et de son Église. Pour autant, dans les premiers temps, ils continuent à se déclarer membres de l'Église d'Angleterre[2].

1. Christina Hallowell Garrett, *Marian Exiles. A Study in the Origins of Elizabethan Puritanism*. Cambridge, Cambridge University Press, 2011, p. 59.
2. Woolrych, *op. cit.*, p. 83.

Onze navires de la *Massachussetts Bay Company* avec environ sept cent émigrants quittent ainsi l'Angleterre pour une nouvelle vie et surtout, pour une grande partie d'entre eux, la liberté de pratiquer leur foi à leur manière. Car contrairement aux apparences laissées par les courriers des puritains, échangés entre les deux continents, tous ces migrants ne sont pas des puritains ; ils sont marchands, fermiers, serviteurs[1].

Les journaux des puritains vivant dans le Massachussetts, participent à ce mouvement migratoire. Ils sont recopiés, transportés vers l'Angleterre. Ils sont alors imprimés et diffusés dans tout le pays. Ces journaux connaissent un véritable succès et sont des mannes d'or pour les éditeurs. Ainsi, le journal de Francis Higginson, un ministre de Leicester qui a fait le voyage en 1629, a son journal publié trois fois tellement il est plébiscité par un lectorat puritain, mais aussi d'aventuriers cherchant une nouvelle vie de l'autre côté de l'Atlantique[2].

Une partie de ces migrants qui arrivent à partir de la fin des années 1620 continue ensuite vers le sud pour fonder Charleston[3]. Ils sont à l'origine de nouvelles congrégations établies autour de covenants avec Dieu. Ils sont dès lors aussi considérés comme des congrégations séparatistes de l'Église d'Angleterre qui pourtant est l'Église officielle établie sur les terres de la Nouvelle Angleterre. Mais la couronne et l'Église sont trop loin pour faire respecter les lois sur la non-conformité et la dissidence. Les puritains aux Amériques n'ont finalement réellement à craindre que Dieu et les Indiens.

1. Adair, *op. cit.*, p. 1, 4.
2. Francis Higgins, *True Relation of the Last Voyage to New England*, 1630.
3. Adair, *op. cit.*, p. 10.

Quelles que soient les congrégations qui s'installent dans les baies de Plymouth et Cap Cod, elles ont pour caractéristique de continuer à vivre dans une stricte application des Écritures. Elles suivent un mode de vie sobre, tourné vers la religion et le respect du sabbat. Les réfractaires sont systématiquement jugés, punis et parfois bannis. Le système de gouvernance est fondé sur une assemblée dirigée par les Anciens. Les pasteurs et ministres du culte sont trouvés parmi les membres du groupe ou sont directement appelés d'Angleterre. Edward Winslow fait ainsi venir plusieurs pasteurs, dont le révérend John Norton, en 1638[1]. Les congrégations qui se forment ne sont pas forcément indépendantes mais elles sont autonomes.

Le puritain John Winthrop part ainsi pour l'Amérique à bord du *Arbella* avec une partie de sa congrégation à la fin du mois de mars 1630. Selon David Hall, Winthrop serait à l'origine du puritanisme américain avec son traité *A Modell of Christian Charity*[2]. Le puritanisme américain serait né du refus de l'uniformité alors que le puritanisme anglais s'en serait accommodé. Cette interprétation, erronée, a participé à l'invention d'un puritanisme identitaire souhaitant se détacher de l'Église établie et justifier ainsi son existence de l'autre côté de l'Atlantique et sa volonté d'autonomie tout en restant sujets du roi, établis sur ses terres, sans pour autant, donc, se considérer comme séparatistes. Winthrop a ainsi posé une des bases du mythe de l'origine des pères fondateurs américains.

Les liens avec l'Angleterre restent malgré tout très serrés en raison des intérêts économiques que les compagnies marchandes sont bien déterminées à protéger. Par exemple,

1. Cheetham, *op. cit.*, p. 125.
2. Hall, *op. cit.*, p. 9-10.

la *Massachussetts Bay Company* est sous la protection du comte de Warwick. Le parlementaire John Pym en est sociétaire et suit de près ce qu'il s'y passe. Pym est en contact étroit avec les puritains du Connecticut (Saybrooke), de Providence Island et du Massachussetts, plus particulièrement[1]. Il participe à créer et renforcer l'établissement de congrégations puritaines sur ces terres. Le témoignage de John Davenport, *A Discourse about Civil Government in a New Plantation Whose Design Is Religion,* démontre parfaitement l'intention de ces puritains de créer une nouvelle société fondée sur leur valeurs religieuses.

Des groupes d'anglais, mais aussi assez vite d'Écossais et de Gallois, s'installent dans la région. Ils restent indépendants les uns des autres. Le groupe de Winthrop, par exemple, rejoint Salem. Le village de Salem est officiellement fondé dans la baie du Massachussetts, à Nahumkeck, avec l'aide de la *Massachussetts Bay Company* dès la fin de l'année 1628 par la congrégation menée par le capitaine Endecott, gouverneur d'environ 350 émigrants anglais installés là depuis alors près de deux ans. L'histoire et la littérature feront de cette ville un emblème de ce qui sera considéré comme du quasi-fanatisme puritain en Amérique – preuve alors que le puritanisme se transforme sur ces terres pour se radicaliser, loin du contrôle de l'État et de l'Église d'Angleterre.

1. Fritz, *op. cit.*, p. 440.

En guise de conclusion… De l'apogée du puritanisme, 1643-1661

Cette étude sur l'émergence du puritanisme religieux et politique est concentrée sur la période couvrant les années 1559-1642 car cette période a bien été celle de l'émergence et de l'affirmation du puritanisme. Toutefois, ses transformations confessionnelles et politiques ne faisaient alors en réalité que commencer. Le puritanisme entame son apogée avec la Guerre civile qui se termine par l'exécution du roi Charles Ier et l'établissement d'une république dirigée par des puritains. Ce sera ainsi que se conclura le grand mouvement puritain anglais né sous Élisabeth Ire et développé en de multiples branches et facettes sous les premiers Stuarts. Il aura fallu moins d'un siècle pour que le puritanisme et ses puritains réussissent à se hisser au sommet de l'État et à imposer une vision puritaine de l'État et de la société, même si cette vision n'est en aucun cas celle de tous les puritains, mais seulement celle du groupe dit des indépendants. Cette étude l'a expliqué dans ses premières pages : le puritanisme d'Oliver Cromwell a cristallisé le puritanisme et l'image du puritain. Lui et ses partisans sont l'image stéréotypée laissée à la postérité. Pourtant avant d'en venir à cette victoire du groupe puritain des indépendants, il a fallu à ces derniers passer au-dessus de tous les autres groupes puritains et les rassembler autour de principes communs. Car l'émergence des indépendants ne s'est pas faite facilement au gré des victoires des armées parlementaires dirigées par leurs partisans. Au regard du processus de confessionnalisation, les courants puritains étaient en effet alors de plus en plus nombreux. Toute idée d'unité puritaine était inenvisageable tellement les professions de foi, parfois même venues de petites congrégations, étaient nombreuses. Tout ce qui se passe avant 1643 n'est en fait qu'un avant-goût de ce que l'Angleterre va connaître en devenant officiellement religieusement, politiquement et socialement puritaine. Ce livre souhaite ici revenir sur la prise de pouvoir des groupes puritains au sein du Parlement de Westminster à partir de 1643.

Leur nouvelle autorité politique, soutenue par l'Église presbytérienne d'Écosse (qui envoie par ailleurs des représentants pour conseiller les ultra-calvinistes anglais), se renforce par les victoires des armées puritaines. Ils réussissent à détrôner le roi, à l'exécuter pour tyrannie et à mettre en place un gouvernement puritain, dirigé par Oliver Cromwell. Les puritains sont ainsi à l'origine de la république éphémère du Commonwealth (1649/1653-1659).

Nous l'avons constaté dans l'ensemble de cette étude : au fil du temps, les puritains ont affirmé de plus en plus ouvertement leurs différences et leurs spécificités au gré des débats théologiques et politiques. Ils se sont constitués en factions religieuses et politiques. Le Parlement de Westminster leur a permis d'exister politiquement jusqu'à devenir un contrepouvoir au roi. Cette tendance s'est renforcée dans les années 1643-1646 lors des débats de l'assemblée de Westminster. L'affirmation politique du puritanisme a mis en évidence une grande diversité des courants religieux puritains. Elles se sont révélées et se sont définies précisément durant ces années-là. Les groupes deviennent Église et sectes selon leur importance numérique. Les sectes se multiplient tout aussi progressivement au sein de la population. La corrélation entre la multiplication de ces derniers et des factions religieuses à Westminster suggère que le Parlement pousse alors la population à se définir au travers de groupes aux spécificités religieuses.

Les puritains ont pris le pouvoir politique grâce au Parlement et à ses victoires sur les armées du roi. Ils ont alors pu s'affirmer sur le plan religieux. En effet, le puritanisme s'est imposé à deux niveaux qu'il est prudent de dissocier même s'ils sont certes dépendants l'un de l'autre. Au niveau religieux, la part de l'Écosse convenantaire est centrale dans le processus qui a permis l'émergence et la définition des groupes puritains les plus notables au Parlement par leur nombre et leur soutien. L'alliance militaire entre Westminster et les covenantaires écossais est en effet à l'origine de la création de l'assemblée des théologiens de Westminster.

L'assemblée de Westminster fut le résultat de diverses pressions exercées sur le Parlement anglais depuis 1640 et plus particulièrement depuis la Grande Remontrance durant laquelle le Parlement avait exprimé le souhait qu'un synode de théologiens soit convoqué pour débattre des réformes religieuses à entreprendre pour consolider le protestantisme en Angleterre. Il faut attendre deux ans pour que les Communes permettent à une telle assemblée de voir le jour. Une ordonnance a finalement été publiée le 12 juin 1643. Elle est intitulée *An Ordinance for the Calling of an Assembly of learned and Godly Divines, to be consulted with by the Parliament, for the Settling of the Government of the Church*. Elle met en place une assemblée composée de 120 ministres choisis par le Parlement et auxquels devaient s'ajouter 10 nobles et 20 parlementaires.

L'Assemblée des théologiens de Westminster est convoquée par une ordonnance datée du 17 juin 1643. Cette décision du Parlement est prise sans l'autorisation du roi. Celle-ci n'est jamais obtenue malgré les deux demandes qui lui sont faites entre le 1er octobre et le 1er décembre 1643. Elle a pour seule mission de discuter les points concernant la religion proposés par le Parlement pour ensuite lui faire des recommandations sur les réformes à mener.

L'ordonnance convoquant l'assemblée de Westminster évoque cette idée en suggérant déjà que l'Église d'Angleterre devait, grâce à l'assemblée, se rapprocher de celle d'Écosse pour s'aligner ainsi sur les Églises réformées du continent majoritairement calvinistes. Il était donc tout à fait perceptible que le calvinisme allait être au centre des réformes à venir : « Nearer agreement with the Church of Scotland and other reformed Churches abroad. » Le point de vue de Westminster sur l'Église a donc considérablement évolué depuis 1641.

L'assemblée de Westminster est une innovation du Parlement anglais. Jamais encore un tel corps n'a jusque-là été convoqué dans le pays. C'est une sorte de synode à l'anglaise. S.W. Carruthers écrit d'elle qu'elle est une « créature du parlement[1] ». Beveridge quant à lui dit qu'elle est « un enfant de son temps[2] ». En effet, elle est la concrétisation de la prise de pouvoir du Parlement sur les affaires religieuses du royaume, mais elle était aussi un concentré des courants confessionnels dominants du pays, reflet d'une société et d'une Église en pleine transition.

1. S.W. Carruthers, *The Everyday Work of the Westminster Assembly*. Philadelphie, Presbyterian Historical Society, 1943. p. 5.
2. W. Beveridge, *A Short History of the Westminster Assembly*. Édimbourg, T&T Clark, 1904. p. 3.

Le Parlement déclare que les réformes à venir seront faites « en accord le plus parfait possible avec l'Église d'Écosse et les autres Églises réformées[1] ».

L'existence même de l'assemblée ainsi que sa mission trouvent leurs racines dans l'idéologie puritaine. D'une part, le Parlement, en tant que seconde institution du royaume après la monarchie, considère qu'il est de son devoir de se charger de terminer la réforme de l'Église en Angleterre afin de ne laisser aucune prise au catholicisme. D'autre part, les puritains (en particulier ceux de la ville de Londres) sont alors nombreux à soutenir un système presbytérien, qui refusant l'intervention du roi dans les affaires de l'Église, leur permettrait de s'opposer d'autant plus à son autorité. Ces deux facteurs justifient la prise de pouvoir sur les affaires religieuses par Westminster. Néanmoins, il est bon de rappeler que si le contexte politique « britannique » a permis cette prise de pouvoir à ce moment-là, ce n'est pas la première fois que les puritains tentent de faire établir des réformes ecclésiastiques en passant par l'intermédiaire du Parlement.

L'assemblée de Westminster est représentative du protestantisme et des protestants européens. Au départ, tous les théologiens qui viennent y siéger ne se différencient pas entre eux. Ils sont tous membres de l'Église d'Angleterre. Ils sont seulement plus ou moins opposés au système religieux en vigueur. Certains indépendants commencent comme presbytériens ; certains érastiens rejoignent aussi les indépendants ; quant à ceux qui soutiennent l'épiscopat, ils changent pour beaucoup leurs positions pour se rallier au presbytérianisme[2]. Aux débuts de

1. *Ordinance for the calling of the Assembly*, 1643. BL
2. R.S. Paul, *op. cit.*, p. 128. Paul cite l'exemple d'Oliver St John, un érastien, qui se maria à la cousine de Cromwell et se rallia par la suite aux indépendants.

l'assemblée, les confessions ne sont donc pas clairement définies. On ne considère que les groupes majoritaires, mais au sein même de ces derniers se trouvent suffisamment de puritains n'étant pas entièrement d'accord avec les principes du groupe auquel ils appartiennent pour former des dizaines d'autres sous-groupes.

Bien que l'assemblée ait mis en avant la doctrine calviniste et qu'elle reste encore aujourd'hui connue pour cela, ce n'est pas son but premier ni la raison de son existence, ni même sa préoccupation première[1].

Les théologiens qui constituent l'assemblée de Westminster ont délibérément été choisis dans chaque région d'Angleterre et du Pays de Galles. Ce choix veut refléter le souci, au moins d'apparence, d'impartialité et d'équité du Parlement.

Bien que cela ne soit que peu visible au départ, on s'aperçoit bientôt au fil des débats que l'assemblée est constituée d'une grande majorité de presbytériens, d'indépendants et d'érastiens et finalement, de très peu d'épiscopaliens modérés ou partisans (religieux) du roi. Ainsi, bien que puissants et influents, leur sous-représentation les défavorise et met en danger leur présence au sein-même de l'assemblée. Or tant que l'épiscopat n'est pas remis en question comme système officiel de l'Église d'Angleterre, ils ont encore leur mot à dire. Or, cette situation ne dure pas. Les autres groupes confessionnels présents à Westminster sont de plus en plus pressants et s'expriment clairement en faveur du système qu'ils défendent. Les presbytériens sont alors les plus influents grâce à la présence des Écossais et l'obligation des membres de l'assemblée de respecter le covenant, qui rappelons-le est fortement teinté de principes presbytériens.

1. R.S. Paul, *op. cit.*, p. 2.

L'influence de l'Église presbytérienne d'Écosse, la Kirk, sur le Parlement anglais soulève de nombreuses polémiques. Les pamphlets tel, par exemple *Anti-Covenant, or a sad Complaint concerning the new Oath or Covenant*[1], écrit par un anonyme se disant « défenseur du parlement » (« *a lover of the Parliament* »), met en avant le risque de voir le pays tomber sous l'emprise des presbytériens. Ces derniers semblent confirmer tous les jours un peu plus leur nouvelle suprématie.

Un événement vient tout de même freiner leur élan. La mort de leur représentant le plus populaire au Parlement, William Pym, ébranle quelque peu leur optimisme. Pym meurt le 8 décembre 1643, son œuvre inachevée. Sa mort est un événement de taille au Parlement de Westminster. L'homme qui a mené l'institution vers une plus grande indépendance et lui a donné une plus grande influence n'est plus et son départ fait craindre pendant un temps que le parlement en a été quelque peu affaibli. La première conséquence de l'absence de Pym est le début de la division entre les parlementaires des Communes qui évolue en une division entre les puritains. Une fois remise de cette perte, l'assemblée des théologiens de Westminster reprend son travail. La donne politique impacte l'évolution des débats des théologiens. Henry Vane est nommé pour remplacer Pym aux Communes. Il exprime immédiatement des attirances pour les idées du parti des indépendants. La suite des réformes religieuses va s'en trouver influencée.

Le processus de confessionnalisation se conclut durant cette période. Les groupes confessionnels se définissent et s'affirment. La prise de pouvoir politique et religieuse des indépendants à partir de 1646 est rendue possible avec le départ des

1. *Anti-Covenant, or a sad Complaint concerning the new Oath or Covenant*. Oxford, 6 juin 1643.

presbytériens écossais. L'exécution du roi, en janvier 1649, permet au Parlement de prendre le contrôle total de l'État. Oliver Cromwell établit un système indépendant en politique et religion. L'Angleterre entre alors dans une décennie où le puritanisme domine au gouvernement. Il est imposé comme modèle unique pour la société. En conséquence, la réforme puritaine des mœurs atteint son paroxysme, instaurant un carcan moral à la société. Celui-ci sera critiqué et rejeté mais défendu par le chef de l'État, le puritanisme résiste. Ce n'est qu'à la mort de ce dernier en 1658 qu'un relâchement peut se faire.

La restauration des Stuarts, en 1660, est majoritairement plébiscitée et soutenue. Or, le paysage religieux est désormais différent. Le nouveau roi, Charles II, ne peut complètement restaurer le système de son père d'avant la Guerre civile. Il rétablit l'Église épiscopale d'État, mais les Anglais restent divisés en religion et les groupes confessionnels protestants – sans oublier les catholiques – sont désormais identifiés et existent. Cela marque la fin de l'empire politique des puritains en Angleterre.

L'Église d'État est nommée « Église anglicane », preuve que les prises de conscience confessionnelle sont abouties. La monarchie en Angleterre fait de son Église épiscopale une Église établie avec une identité clairement identifiée comme nationale. Cela implique qu'elle se fait la garante de valeurs religieuses spécifique anglaise. L'Écosse aboutira au même processus au début des années 1690 avec l'établissement officiel, par le Parlement, de l'Église presbytérienne comme Église nationale[1].

1. Sabrina Juillet Garzón, "The resistance of the Churches in Scotland on the arrival of William III to maintain Scotland free from the English control, 1688-1693", in J. Berton et S. Juillet Garzón (ed.), *Freedom as Resistance in Scotland*. Collection *Caledonia : Regards sur l'Écosse*. Besançon, Presses Universitaires de Franche-Comté, 2022.

La spécificité nationale des Églises établies d'Angleterre et d'Écosse sera par ailleurs rappelée comme condition sine qua non en préambule du traité d'Union de 1707 entre les deux royaumes[1].

Après les différents jugements des meneurs puritains aux tribunaux royaux, la nécessité d'apaiser la société pousse Charles II à tenter une politique de tolérances des divers groupes confessionnels selon leur degré de dissidence et de non-conformisme. Il émet une série de loi qui les reconnait sans pour autant leur donner une place dans les décisions en politique religieuse. Il ne pourra pour autant pas les contrôler totalement. Sa tolérance sera donc de courte durée. Les lois du Test dans les années 1670 finiront de catégoriser les puritains dissidents comme des groupes exclus du courant officiel. Ces groupes – ou sectes – sont dès lors mis à part et placés sous une surveillance accrue. La crainte royale est en effet qu'ils reviennent à l'avant-scène du pouvoir et poussent la société à une nouvelle guerre civile.

Le puritanisme anglais perdurera mais avec difficulté, sans jamais retrouver la place qu'il a acquise durant la première moitié du dix-septième siècle. Quant au puritanisme anglo-américain, sur le sol américain, en revanche, ce siècle n'est que le début de son émergence, de son affirmation et de ses multiples transformations.

1. […] for establishing the Protestant religion and Presbyterian Church government within the kingdom of Scotland, had passed in the same session of Parliament an Act intituled, Act for Securing of the Protestant religion and Presbyterian Church Government, which by the tenor thereof was appointed to be inserted in any Act ratifying the treaty, and expressly declared to be fundamental and essential condition of the said treaty of union in all times coming […] (Préambule du traité d'Union de 1707)

Bibliographie

Abréviations

BL = British Library; TNA = National Archives in Kew; NLS = National library of Scotland; NRS = National Records of Scotland; BNF = Bibliothèque nationale de France

Sources primaires et archivistiques

BRUCE, John (ed.), *Letters of Queen Elizabeth and King James VI of Scotland*. Londres, Camden Society, 1849.

Calendar of State Papers of the Reign of Elizabeth relating to Ireland, vol. 9, mars 1599-octobre 1600 ; vol. 10, novembre, 1600-octobre 1601 ; vol. 11, 1601-1603, Londres, 1903.

Calendar of State Papers Scottish. En plusieurs volumes de 1547-1603. Édimbourg, 1910.

Calendar of State Papers, Venetian. Vol. 1621-1623.

Calendar State Papers, Domestic Series, James I, 1619-25, 1623-25, 1625-49, 1649-60, 1661-68, Charles II, 1660-85, James II 1685-88.

CARRUTHERS, S.W., *Calvinism in Europe. A Collection of Documents, 1540-1610*. Manchester, 1992.

CONSEIL PRIVÉ D'ÉCOSSE, *Collection of Original Letters from the Bishops to the Privy Council, 1564*.

GARDINER, Samuel, *Constitutional Documents*. Oxford, Clarendon Press, 1889.

GEE, Henry et W. J. HARDY (eds.), *Documents Illustrative of English Church History*, Londres, MacMillan, 1921.

GENERAL ASSEMBLY OF SCOTLAND, *Acts*. NLS CH1/9, CH1/1/7//8

KENYON, John, *The Stuart Constitution. Documents and Commentary*. Second edition. Cambridge, Cambridge University Press, 1986.

LARKIN, James F. & Paul HUGHES (ed.), *Stuart Royal Proclamations. 1603-1646*. Vol. II & II. Oxford, Clarendon Press, 1973.

MITCHELL, F. (ed.), *Minutes of the Sessions of the Westminster Assembly of Divines, While engaged in Preparing their Directory for Church Government, Confession of Faith, and Catechisms (Nov. 1644 to March 1649). From Manuscripts of Originals*. Édimbourg & Londres, William Blackwood & Sons, 1874.

NOTESTEIN, Wallace, *The House of Commons, 1621*. New Haven, Yale University Press, 1935.

NOTESTEIN, Wallace, *The House of Commons, 1629*. Minneapolis, Mineapolis, University of Minnesota 1921.

Pamphlet series, NLS 1-444.

PROTHERO (ed.), *Select Statutes and Other Constitutional Documents Illustrative of the Reigns of Elizabeth and James I*. Oxford, Clarendon Press, 1906.

SOMMERVILLE, J. (ed.), *King James VI and I Political Writings*, Cambridge, Cambridge University Press, 1994.

Sources

A Declaration for the authorizing and Uniformity of the Book of Common Prayer to be used throughout the realm. 5 mars 1604, BL, C.112.H1 (35).

A proclamation enjoining conformity to the form of the service of God established, 16 juillet 1604, in Kenyon, *The Stuart Constitution. Documents and Commentary*. Second edition. Cambridge, Cambridge University Press, 1986, p. 119.

ANON, *The Jury of inquisition de Jure Divino, whether by Divine Right it is Lawful to inflict Punishment upon the offending Lordly Bishops*, Londres, 1640.

ANON, *Triple Episcopacy, or a threefold order of Bishops*, Londres, Samuel Satterthwaite, 1641.

ANON., *Anti-Covenant, or a sad Complaint concerning the new Oath or Covenant*, Oxford, 6 juin 1643.

ANON., *Ordinance for the calling of the Assembly*, 1643. BL

ASSEMBLÉE GENERALE D'ÉCOSSE, *Act anent Service Book*, Édimbourg, 13 juin 1637.

BAILLIE, Robert, *A Scotch Antidote Against English Infection of Arminianism* Londres, 1652.

BAILLIE, Robert, *Anabaptism, the True Fountaine of Independency, Brownisme, Antinomy, Familism, and Most of the Other errours which the Time doe Trouble the Church of England*, Londres, 1647.

BAILLIE, Robert, *Letters and Journals*, vol. II, p. 422.

BARLOW, William, *The Summe and Substance of the Conference, which, it pleased His Excellent Majestie to Have with the Lords, Bishops, and Other of His Clergie, at Hampton Court*, Londres, John Windet, 1604.

BAXTER, William, *Holy Commonwealth* (1659), Cambridge, Cambridge University Press, 1994.

BOTFIELD, Beriah, *Original Letters on Ecclesiastical Affairs of Scotland*, Vol. I 1603-1614, Vol. II, 1614-1625. Édimbourg, 1851.

BRADFORD, William, *Of Plymoth Plantation*, 1620-1647, Francis Murphy (ed.), New York, Modern Library College Editions, 1981.

BROWNE, Robert, *A Treatise of Reformation without Tarying*, 1582.

BUCKERIDGE, John, Archbishop of Rocherster, *Letter to the Duke of Buckingham*, 2 août 1625.

BULLINGER, Heinrich, *Cents Sermons sur l'Apocalypse de Jésus Christ/ Apocalypsim Jesu Christi*, Genève, 1558.

BUNYAN, John, *Grace Abounding: With other Spiritual Autobiographies*, 1666.

CHARLES Ier, *Anent Communicating in the Royal chapel*, 1634.

CHARLES Ier, *Proclamation for the Establishing of the Peace and Quiet of the Church of England*, 1626.

DE BEZE, Théodore, *Epistolae*, Genève, 1575.

DENT Arthur, *The Plaine Mans Path-way to Heaven*, Londres, 1601.

DURIE, John, *Israel's Call*, 1646.

ÉRASME, Didier, *Paraphrases*, 1526.

FOXE, John, *"Book of Martyrs". Acts and Monuments of these latter and Perilous days wherein are comprehended and described the great persecutions and horrible troubles that have been wrought and practiced by the Romish Prelates, Specially in this Realm of England and Scotland, from the year of our Lord 1 000 unto the Time Now Present*. 1570/1576.

HALL, Joseph, *A Common Apologie of the Church of England Against the unjust Challenges of the Over just Sects, Commonly Called Brownists*, Londres, 1610.

HIGGINS, Francis, *True Relation of the Last Voyage to New England*, 1630.

JACQUES VI & I, *By the King. A Proclamation Enjoyning Conformity of the Church of England. Londres, Barker, 1604. A Declaration for the authorizing and Uniformity of the Book of Common Prayer to be used throughout the realm.* 5 mars 1604. BL, C.112.H1 (35) ; A Proclamation enjoining Conformity to the Church of England. 16 juillet 1604. BL, C.112 H1(41).

JACQUES VI & I, *James's Proclamation for the use of the Book of Common Prayer*, 5 mars 1604, in Gee et Hardy, *Documents illustrative of English Church History*. Londres, MacMillan, 1921.

JEWEL, John, *Works*, 8 volumes, JELF, Richard W. (ed), Oxford, 1848.

MARSHALL, Stephen, *A letter from Mr Marshall and Mr Nye appointing assistants to the Commissioners of Scotland*, Londres, Bellamy & Smith, 1643. NLS mf SP 165 (17)

MIDDLETON, Thomas, *The puritaine or The Widdow of Watling-streete, Acted by the Children of Paules*, Londres, G. Eld, 1607.

MILTON, John, *Against Smectymnws*, 1641.

MILTON, John, *An Apology Against a Pamphlet Called A Modest Confutation of the Animadversion*, 1642.

MILTON, John, *De Doctrina Christiana*, (1644 ?), Cambridge, Cambridge University Press, 1825.

MILTON, John, *Reason of Church Government*, 1642.

MILWARD, Peter (ed.), *Religious Controversies of the Jacobean Age: A survey of Printed Sources*, Nebraska University Press, 1978.

MINISTRES DE LA PAROISSE DE LINCOLN, *The Abolishing of the Book of Common Prayers*, Londres, Samuel Satterthwaite, 1641.

PARLEMENT D'ÉCOSSE, *The Oath taken by the parliament of England, concerning the maintenance of the Protestant religion and the advancement of his Majesties honour and regall Prerogative. Whereunto is annexed the oath of the Dukes, Earls, Barons... of Scotland*, Londres, 17 juin 1642.

PARLEMENT DE WESTMINSTER, *Act Anent For Publishing of abuses on the Sabbath Day*, 1621.

PARLEMENT DE WESTMINSTER, *An Abstract of the Proceedings of Parliament from the First Convention*. 3 novembre 1642-10 juin 1642.

PARLEMENT DE WESTMINSTER, *Diurnals of Parliaments proceedings*. Novembre 1641-1642. BL 14 79 c 18

PARLEMENT DE WESTMINSTER, *Heads of the articles to be insisted on, and agreed upon at the subcommittee for religion*, 24 février 1629.

PARLEMENT DE WESTMINSTER, *Protestations of the House of Commons*, 2 mars 1629.

PARLEMENT DE WESTMINSTER, Rapport du 5 septembre 1635, PRO 31/3/68, F216v.

PARLEMENT DE WESTMINSTER, *Resolutions on Religion Presented by a Committee of the House of Commons*, 1629.

PARLEMENT DE WESTMINSTER, *Resolutions on Religion Presented by a Committee of the House of Commons*, 1629. Gee et Hardy, *Documents illustrative of English Church History*, Londres, MacMillan, 1921.

PARLEMENT DE WESTMINSTER, *Resolutions on religion, presented by a committee of the House of Commons*, 1629, in Gee et Hardy, *Documents illustrative of English Church History*. Londres, MacMillan, 1921, p 521.

PARLEMENT DE WESTMINSTER, *The Common's Petition on Religion*, juillet 1610, dans Kenyon, *The Stuart Constitution*, p. 126.

PRYNNE, William, *A Proclamation for the suppressing of a Book intituled Appello Caesarem, or, An Appeal to Cesar*, 17 janvier, 1629.

PYM, John, A Message of Thanks delivered to the Lords Commissioners for Scotland. Westminster, 1642.

PYM, John, *A short view of the life and actions of the Late Deceased John Pym*, Londres, 1643, BL, E. 68,13

Roots and Branches, dans Kenyon, *The Stuart Costitution*, p. 154.

WHITGIFT, John, *The Defense of the Answer to the Admonition Against the Reply of Thomas Cartwright*, Londres, 1573.

WINSLOW, Edward, BRADFORD, William, *Mourt's Relation. A Journal of the Pilgrims at Plymouth*, Londres, 1622.

WINSLOW, Edward, *Good Newes from New England*, 1624.

Études

ADAIR, John, *Puritans. Religion and Politics in Seventeenth Century England and America*, Stroud, Sutton Publishing, 1982.

BARROS, Paula, « De la "sobre intempérance" divine à la sanctification des passions humaines : Émotion et spiritualité dans l'Angleterre du premier XVIIe siècle », in Chrystel Bernat (ed.), p. 321-42. Turnhout, Brepols, 2019.

BOROT, Luc, « Domination par la religion, ou religion sous domination ? Le cas de l'Angleterre du milieu du XVIe à la fin du XVIIe. Essai d'interprétation", *in Cahiers d'études Du Religieux. Recherches Interdisciplinaires*, 2007, p. 37-61. https://journals.openedition.org/cerri/101.

BOROT, Luc, "James VI & I and the Book of Revelation: How to Discourage Millenarian Aspirations", in Jean- Louis BRETEAU (ed.). *Millénarisme et Utopie dans les pays anglo-saxons*, Toulouse, Presses universitaires du Mirail, 1998.

BOROT, Luc, "Richard Overton and radicalism: the new intertext of the civic methods in mid seventeenth-century England, dans Glenn Burgess", in Matthew FESTENSTEIN (ed.), *English radicalism: 1550-1850*. Cambridge University Press, 2007, p. 37-61.

BOROT, Luc, « Niveleurs et Bêcheux dans la Révolution Puritaine : une vision populaire de l'identité nationale anglaise au XVIIe siècle », dans Charles-Olivier CARBONELL (ed.), *Identités en Europe, identité de l'Europe. Sources et méthodes*, Montpellier, Presses de l'Université des sciences sociales, 1996, p. 65-78.

BOURDIN, Bernard, *Autour de la pensée de Jacques Ier d'Angleterre. Le paradigme théologico-politique de la Réforme et de l'âge classique*. Mémoire de diplôme post-doc tram, 2005.

BOURDIN, Bernard, *La Vraie Loi des Libres monarchies de Jacques VI d'Ecosse, 1er d'Angleterre*. Mémoire post-doctoral, École pratique des Hautes Études. Décembre 2005.

BOZEMAN, Theodore Dwight, *To Live Ancient Lives. The Primitivist Dimension in Puritanism*, Chapel Hill, University of North Carolina Press, 1988.

BURRELL, A., "The Apocalyptic vision of the Early Covenanters", *Scottish Historical Review* vol. XLIII (1964), p. 1-24 (BL. 6214b)

CALDERWOOD, *History of the Kirk of Scotland*, vol. 6, Édimbourg, Wodrow Society, 1849.

CAMBERS, Andrew, *Godly Reading Print, Manuscript and Puritanism in England, 1580-1720. Cambridge Studies in Early Modern British History,* Lancaster, Lancaster University, 2014.

CARRUTHERS, S.W., *The Everyday Work of the Westminster Assembly*, Philadelphie, Presbyterian Historical Society, 1943.

CHEETHAM, Keith, *On the Trail of the Pilgrim Fathers,* Édimbourg, Luath Press, 2001.

CLARKE, Elizabeth, DANIEL, Robert W. (eds.), *People and Piety. Protestant Devotional Identities in Early Modern England,* Manchester, Manchester University Press, 2020.

COFFEY, John & LIM Paul C. H. (eds.) *The Cambridge Companion to Puritanism,* Cambridge, Cambridge University Press, 2008.

COFFEY, John, *John Goodwin and the Puritan Revolution: Religion and Intellectual Change in Seventeenth-Century England,* Rochester, Boydell & Brewer, 2006.

COLLINSON, Patrick, *Archbishop Grindal, 1519-1583: The Struggle for a Reformed Church,* Londres, Jonathan Cape, 1979.

COLLINSON, Patrick, *The Elizabethan Puritan Movement,* Londres, Routledge, (1967) 2020.

COPELAND, Rita, *Pedagogy, Intellectuals and Dissent in the Later Middle Ages, Lollardy and Ideas of Learning,* Cambridge, Cambridge University Press, 2004.

COTTRET, Bernard, *Cromwell,* Paris, Fayard, 1992.

COTTRET, *Bernard, Histoire d'Angleterre. XVIe-XVIIIe siècle,* Paris Presses Universitaires de France, 1996.

COTTRET, Bernard, *Histoire de la Réforme,* Paris, Perrin, 2000.

COTTRET, Bernard, *Terre d'Exil, l'Angleterre et ses réfugiés. 16e-17e siècles.* Paris, Aubier, 1985.

CROSS, Claire, 'The Political Enforcement of Liturgical Continuity in the Church of England 1558-1662', in *Revue Française de Civilisation Britannique. French Journal of British Studies* 22, n° 1 (2017). https://journals.openedition.org/rfcb/1215.

CURELLY, Laurent, SMITH, Nigel (eds.), *Radical Voices, Radical Ways. Articulating and Disseminating Radicalism in Seventeenth and Eighteenth-Century Britain*, SEAA, Manchester, Manchester University Press, 2016.

DE MÉZERAC-ZANETTI, Aude (ed.), "1517, and All That: Dating the Beginning of the Reformation in Early Modern Britain and France", Vol. 32. *Etudes Epistéme*, 2017. https://journals.openedition.org/episteme/1794.

DIEHL, Huston, "Disciplining Puritans and Players: Early Modern English Comedy and the Culture of Reform", Vol. 32, n° 2, *Faith and Faction: Religious Heterodoxy in the English Renaissance*, Londres, The University of Notre Dame, 2000, p. 81-104. https://www.jstor.org/stable/40059867

DUCHEIN, Michel, *Jacques Ier Stuart*, Paris, Fayard, 2003.

DURSTON, Christopher & EALES, Jacqueline, *The Culture of English Puritanism*, Basingstoke, Macmillan, 1996.

EALES, Jacqueline, "Sir Robert Harley, K.B. (1579-1656) and the Character of the Puritan", *British Library Journal* 15, 2 (1989), p. 150-152.

FERRY, Patrick, "Confessionalization and Popular Preaching: Sermons against Synergism in Reformation Saxony", *Sixteenth Century Journal*, 28, 1997, p. 1143-1166.

FINCHAM, Kenneth, *The Early Stuart Church 1603-1642*, Londres, Macmillan, 1993.

FINLAYSON, Michael G., "Puritanism and Puritans: Labels or Libels?" *Canadian Journal of History/Annales Canadiennes d'Histoire* 8, n° 3 (1973), p. 201-223.

FRITZ, Ronald & ROBISON, William, *Historical Dictionary of Stuart England, 1603-1689*, Londres, Greenwood Press, 1996.

GARDINER, Samuel, *History of the Commonwealth and Protectorate. 1649-1956*, Gloustershire, The Windrush Press, 1903.

GOODARE, Julian (ed.), *The Reign of James VI*, Édimbourg, John Donald Publ., (2000) 2022.

GOUNELLE, André, *Le protestantisme*, Paris, Publisud, 1992.

GREEN, Ian, *Print and Protestantism in Early Modern England*, Oxford, Clarendon Press, 2000.

GREENBERG, Devorah, "Community of the Texts: Producing the First and Second Editions of "Acts and Monuments"". *The Sixteenth Century Journal,* Vol. 36, n° 3 (Fall, 2005), *Sixteenth Century Journal,* p. 695-715, https://www.jstor.org/stable/20477486

HALL, David (ed.), *Puritans in the New World: A Critical Anthology,* Princeton, Princeton University Press, 2004.

HALL, David D., "The Puritans: A Transatlantic History", in SPURLOCK, R. Scott (ed.), *The Journal of British studies.* Volume 61 : Number 1 (janvier, 2022), Cambridge, Cambridge University Press, p. 199-200.

HALLOWELL GARRETT, Christina, *Marian Exiles. A Study in the Origins of Elizabethan Puritanism,* Cambridge, Cambridge University Press, (1938) 2011.

HENNETON, Lauric (ed.), *Histoire de la colonie de Plymouth. Chroniques du Nouveau Monde (1620-1647).* Traduction en français de William Bradford, of Plymouth plantation, par Lauric Henneton, Sabrina Juillet, Brian Valès et Michael Mariaule, Genève, Labor et Fidès, 2004.

HERMAN, Margot, *Puritanism and theatre: Thomas Middleton and opposition drama under the early Stuarts,* Cambridge, Cambridge University Press, 1980.

HILL, Christopher, « Religion and Politics in 17th century England », dans *Collected Essays,* vol. II, Brighton, Harvester Press, 1986.

HILL, Christopher, *Milton and the Revolution,* Londres, Faber, 1977.

HILL, Christopher, *The Intellectual Origins of the English Revolution. Revisited,* Oxford, Clarendon Press, 1997.

HILL, Christopher. *The Collected Essays of -.* Vol. I. *Writing and Revolution in 17th Century England.* Vol. II. *Religion and Politics in 17th Century England.* Vol. III. *People and Ideas in 17th Century England,* Brighton, The Harvester Press, (1978) 1985.

HUME, David, *The history of England, from the invasion of Julius Cæsar to the revolution in 1688,* Dublin, James Williams, 1780.

JUILLET GARZÓN, Sabrina, « La correspondance entre Élisabeth I et Jacques VI comme base d'une future unité britannique », in *La Renaissance anglaise : horizons passés, horizons futur,* Lyon, 2011. http://cle.ens-lyon.fr/82989457/0/fiche___pagelibre/&RH=CLE_ANG110100

JUILLET GARZÓN, Sabrina, « La différence identitaire et culturelle au sein de la cour anglo-écossaise du roi Jacques VI et I : un avantage dans le projet d'union et d'unité britannique jacobéen ? », in Sabrina JUILLET GARZÓN, Pierre FOURNIER, Arnaud FIASSON (eds.), *L'Écosse : la différence/Scotland, the Différence.* Collection *Caledonia,* Besançon, Presses Universitaires de Franche-Comté, 2021, p. 58-70.

JUILLET GARZÓN, Sabrina, "The resistance of the Churches in Scotland on the arrival of William III to maintain Scotland free from the English control, 1688-1693", in J. Berton et S. Juillet Garzón (ed.), *Freedom as Resistance in Scotland.* Collection « *Caledonia : Regards sur l'Écosse* ». Besançon, Presses Universitaires de Franche-Comté, 2022.

JUILLET GARZÓN, Sabrina, « Le rêve d'universalité du Roi Jacques comme contexte à la Bible de 1611 », in Ch. Tournu (ed.), *La Bible de 1611*, Strasbourg, Presses universitaires, 2013, p. 39-52.

JUILLET GARZÓN, Sabrina, « Le vagabond en Écosse sous le règne de Jacques VI » in F. DESVOIS, M. LANDI (eds.), *Le vagabond en Occident. Sur la route, dans la rue.* Harmattan, 2012, p. 95-104.

JUILLET GARZÓN, Sabrina, "The place of Scotland in the marriage negotiations, 1623", in Aniela Korzeniowska (ed.), *Imaging Scotland*, Varsovie, 2017, p. 189-195.

JUILLET GARZÓN, Sabrina, « La correspondance de Charles de Galles et de ses proches lors des négociations de mariage à Madrid en 1623 : regards intimes sur la cour d'Espagne », in e-Spania, *Revue interdisciplinaire d'études hispaniques médiévales et modernes* 37 | octobre 2020, Ekphrasis et hypotypose (Moyen Âge et Siècle d'Or) / Intime et intimité au Siècle d'Or (URL : http://journals.openedition.org/e-spania/36567)

KEY, Newton, BUCHOLZ, Robert (eds.), *Sources and Debates in English History. 1485-1714*, Oxford, Blackwell Publishing, 2004.

LAKE, Peter, « Lancelot Andrewes, John Buckeridge, and Avant-Garde Conformity at the Court of James I", in Linda Levy Peck (ed.), *The mental World of the Jacobean Court*, 1991.

MAIER, Paul L. & LINNENKUGEL (ed.), R. C., *John Foxe's Book of Martyrs*, Michigan, Kregel publication, 2016.

MANNING, Roger, *Village Revolts: Social Protest and Popular Disturbances in England, 1509-1640*, Oxford, Clarendon Press, 1988.

McGEE, John, *The Godly Man in Stuart England: Anglicans, Puritans, and the Two Tables, 1620- 1670*, New Haven & Londres, Yale University Press, 1976.

MCGRATH, Alister, *In the Beginning. The Story of King James Bible*, Londres, Hodder & Stoughton, 2001.

MORGAN, John, *Godly Learning. Puritan Attitudes towards Reason, Learning, and Education, 1560-1640*, Cambridge, Cambridge University Press, 1986.

MORGAN, S., *Visible Saints: The History of a Puritan Idea*, New York, Cornell, 1963.

PAUL, L. MAIER and R. C. LINNENKUGEL (ed.), *John Foxe's Book of Martyrs*, Michigan, Kregel publication, 2016.

PAUL, Robert S., *The Assembly of the Lord: Politics and Religion in the Westminster Assembly and the Grand Debate*. Édimbourg, T&T Clark, 1985.

PEARSON, Scott, *Thomas Cartwright and Elizabethan Puritanism,* Cambridge, Cambridge University Press, 1925.

PENNINGTON, Donald & KEITH, Thomas (eds.), *Puritans and revolutionaries: essays in seventeenth-century history presented to Christopher Hill,* Oxford, Clarendon Press, 1978.

PETRIE, Charles (ed.), *The Letters and Proclamations of King Charles I,* Londres, Cassell, 1935.

RAATH, Andries & DE FREITAS, Shaun, "Heinrich Bullinger and the Marian Exiles: The Political Foundations of Puritanism". In *Studia Historiae Ecclesiasticae,* XXVIII, n° 2, (2001), p. 1-34.

RAYMOND, Joad, *Pamphlets and Pamphleteering in Early Modern Britain,* Cambridge, Cambridge University Press, 2003.

ROW, John, *History of the Kirk*. Maitland Club, 1842.

RUPP, Gordon, « A Devolution of Rapture in English Puritanism », in R. KNOX (ed.), *Reformation, Conformity and Dissent – Essays for G.F. Nuttall,* 1977.

SHARPE, Kevin, *The Personal Rule of Charles I,* New Haven & Londres, Yale University Press, 1992.

SMOUT, T. C., *A History of the Scottish people, 1560-1830,* Londres, Fontana Press, 1998.

SPUFFORD, Margaret. *The World of Rural Dissenters, 1520-1725,* Cambridge, Cambridge University Press, 1995.

SPURR, John, *English Puritanism,* Jeremy Black (ed.), Londres, MacMillan, 1998.

STARKEY, David, *Elizabeth,* Londres, Chatto & Windus, 2000.

STEVENSON, David, *The Scottish Revolution, 1637-44,* Édimbourg, John Donald, 2003.

THOURET, Clotilde, *Le théâtre réinventé. Défenses de la scène dans l'Europe de la première modernité,* Rennes, Presses universitaires de Rennes, 2019.

TOURNU, Christophe (ed.), *La Bible de 1611,* Strasbourg, Presses universitaires, 2013.

TYACKE, Nicholas, *Aspects of English Puritanism, c. 1530-1700,* Manchester, Manchester University Press, 2001.

VAN PARYS-ROTONDI Julie, « Le devenir du corps dans l'intimité de la prière : le cas des pratiques dévotionnelles de la reine Katherine Parr (c. 1512-1548) », in *Les lieux de l'intime et le rapport au corps en Europe au XVIe et XVIIe siècles,* Collections du CRES, Presses Sorbonne Nouvelle, 2022.

VAN PARYS-ROTONDI, Julie, "Queen Katherine Parr as a translation bellwether: The instances of Mary and Elizabeth Tudor", in Adriana ŞERBAN & Rim HASSEN (eds.) *Women translators of religious texts,* Numéro spécial de la revue *Parallèles,* (n° 34 :1), Université de Genève, 2022. https://www.paralleles.unige.ch/en/tous-les-numeros/numero-34-1/parys-rotondi/

VAN PARYS-ROTONDI, Julie, « Catherine Parr : lecture de la Bible et écriture d'une conversion », in É. BOILLET, M. T. Ricci (éd.). *Les Femmes et la Bible de la fin du Moyen Âge à l'époque moderne. Pratiques de lecture et d'écriture (Italie, France, Angleterre),* Paris, Honoré Champion, coll. « Savoir de Mantice », 2017.

VINE, Emily & WHITEHOUSE, Tessa (eds.), *Religion and Life Cycles in Early Modern England,* Manchester, Manchester University Press, 2021.

W. Beveridge, *A Short History of the Westminster Assembly,* Édimbourg, T&T Clark, 1904.

WANEGFFELEN, Thierry, « Construction et Acculturation confessionnelles : les enseignements de l'historiographie allemande. » Communiqué à l'auteur par Thierry Wanegffelen, 2000.

WANEGFFELEN, Thierry, « Les chrétiens face aux Églises dans l'Europe Moderne », *Nouvelle Revue du Seizième Siècle* – 1993 – n° 11, p. 37-53.

WANEGFFELEN, Thierry, « Réforme, Réformations, protestantisme », dans *L'Europe protestante aux XVIe et XVIIe siècles,* sous la direction de John Miller, Paris, 1997.

WANEGFFELEN, Thierry, *L'Édit de Nantes,* Paris, Librairie générale française, 1998.

WHITE, Peter, *Predestination,* Cambridge, Cambridge University Press, 1992.

WILLIAMS, Neville, *The Life and Times of Elizabeth I,* in Antonia FRASER (ed.), Londres, Weidenfeld & Nicolson, 1992.

WOOLRYCH, Austin, *Britain in Revolution,* Oxford, Oxford University Press, 2004.

WORMALD, Jenny, "Ecclesiastical Vitriol: The Kirk, the Puritans and the Future King of England", in John GUY (ed.), *The Reign of Elizabeth I: Court and Culture in the Last Decade,* Cambridge, Cambridge University Press, 1995, p. 171-91.

YULE, George, *Puritans in Politics, the Religious Legislation of the Long Parliament 1640-1647.* Cambridge University Press, 1981.

Index

L

M

N

P

Table des matières

Dépôt légal : août 2022 N° imprimeur : 082272901

Imprimé en France par Présence Graphique - Monts.